国家出版基金项目

香江哲学丛书

丛书主编 黄　勇 王庆节

从礼乐文明到
古典儒学

贾晋华　著

From Ritual Culture to Classical Confucianism

中国出版集团

东方出版中心

办的钱穆讲座、余英时讲座、新亚儒学讲座都各自安排其中的一次讲座为公众讲座,在香港中央图书馆举行。香港一些大学的哲学教授每年还举办有一定主题的系列公众哲学讲座。在这些场合,往往都是座无虚席,到问答阶段,大家都争相提问或者发表意见。另外,还有一些大学开办自费的哲学硕士课程班,每年都有大量学生报名,这些都说明:香港浓厚的哲学氛围有很强的社会基础。

由于香港哲学家的大多数著作都以英文和一些欧洲语言出版,少量以中文出版的著作大多是在台湾和香港出版,内地学者对香港哲学家的了解较少,本丛书即是要弥补这个缺陷。我们希望每年出版三到五本香港学者的哲学著作,细水长流,经过一定的时间,形成一个相当的规模,为促进香港和内地哲学界的对话和交流作出贡献。

王庆节 黄 勇

2019 年 2 月

目　录

导论

等通过翔实考证,指出《仪礼》等所记祭祀、丧葬礼仪,在已发掘的先秦墓葬和出土简帛中得到大量的证明。① 宋镇豪、刘雨、袁俊杰等的研究说明,《仪礼》等所记射礼,见于商代甲骨文、西周青铜铭文及其他考古和传世文献。② 许多学者注意到,新出土战国中期的楚简中发现与《礼记》相当的篇章,如《缁衣》(郭店简、上博简),或与《礼记》中许多篇章内容相近的论述,包括《曲礼》《礼运》《乐记》《坊记》《中庸》《表记》《孔子闲居》《大学》等篇。③ 钱玄、沈文倬、彭林、王锷等运用传世和出土资料,

① 陈公柔:《士丧礼、既夕礼中所记载的丧葬制度》,《考古学报》4(1956):67—84;曹建敦:《东周祭祀研究》,清华大学博士论文,2007年;曹建敦:《周代祭礼用牲礼制考略》,《文博》3(2008):18—21;杨华:《新出简帛与礼制研究》,台北:台湾古籍出版公司,2007年;杨华:《古礼新研》,北京:商务印书馆,2012年;何丹:《两周丧礼研究:仪式与思想》,北京:科学出版社,2018年。
② 宋镇豪:《从花园庄东地甲骨文考述晚商射礼》,收王建生、朱歧祥编:《花园庄东地甲骨论丛》,台北:圣环图书公司,2006年,第77—98页;刘雨:《西周金文中的射礼》,《考古》12(1986):112—121;袁俊杰:《两周射礼研究》,北京:科学出版社,2013年。
③ 主要参看李学勤:《郭店简与〈礼记〉》,《中国哲学史》4(1998):29—32;李学勤:《先秦儒家著作的重大发现》,及《郭店楚简与儒家经典》,收《郭店楚简研究》,《中国哲学》第二十辑,沈阳:辽宁教育出版社,2000年,第13—21页;郭齐勇:《郭店儒家简的意义与价值》,《湖北大学学报》2(1999)4—6;廖名春:《新出楚简试论》,台北:台湾古籍出版公司,2001年;William G. Boltz, "*Liijih 'Tzy i' and the Guodiann Manuscript Matches,*" in Reinhard Emmerich *et al.*, eds., *Und folge nun dem, was mein Herz begehrt: Festschrift für Ulrich Unger zum 70. Geburtstag.* Hamburger: Hamburger Sinologische Schriften, 2002, pp. 209-221;陈伟:《郭店竹书别释》,武汉:湖北教育出版社,2003年;李天虹:《郭店竹简〈性自命出〉研究》,武汉:湖北教育出版社,2003年,第246—255页;池田知久编:《郭店楚简儒教研究》,东京:汲古书院,2003年;浅野裕一编:《古代思想史と郭店楚简》,东京:汲古书院,2005年;Edward L. Shaughnessy, *Rewriting Early Chinese Texts*, Albany, NY: State University of New York Press, 2006;虞万里:《上博馆藏楚竹书〈缁衣〉综合研究》,武汉:武汉大学出版社,2009年;Kuan-yun Huang, "A Research Note on the Textaul Formation of the 'Ziyi'," *Journal of the American Oriental Society* 132.1 (2012):61-71;Wen Xing, "New Light on the *Li ji* 礼记: The *Li ji* and the Related Warring States Period Guodian Bamboo Manuscripts," *Early China* 37 (2014):519-550;林素英:《〈礼记之先秦儒家思想:〈经解〉连续八篇结合相关传世与出土文献之研究》,台北:台湾师范大学出版中心,2017年。

考证《礼记》绝大部分篇章由孔门后学撰写于战国时期，原本皆以单篇流行，至汉代编纂成书。① 沈文倬、贾海生等通过分析传世和考古文献如甲骨文、铜器铭文和楚简，证明三礼所记礼乐仪式和规制中的很大一部分在先秦时是实际施行的。② 姚小鸥、江林等通过分析《诗经》的诗篇，也证实三礼所记多种礼仪制度。③ 由于考古和考证成果的有力证明，目前学界关于三礼的基本可靠性可以说已经大致趋向一致。因此，谨慎地将三礼与其他传世和出土文献资料相对照，用来探讨西周至战国时期的礼乐文化传统，应是可行的方法。

　　本书分为上下两编。上编讨论礼乐文化与古典儒学伦理学的一组核心观念的源流关系，共包括七章。首章研究古典儒学的义观念。文中对义的形音义作出新的分析，说明义和仪本为一字。在西周至春秋的礼乐文化中，威义/威仪是对于贵族成员的一套伦理规范，要求每一成员依照其君臣父子、贵贱高低的名位角色，保持适宜的仪容外表，实践恰当的言论行为，履行合宜的义务责任。大致从春秋末年开始，义字孳乳出仪字，礼义和礼仪也开始分离。礼义代表义务德行，是礼的本质内容；礼仪代表礼容仪式，是礼的外在表现。礼义和礼仪的轻重本末和义的价值内涵成为春秋战国诸子讨论的对象，在此过程中古典儒学既发展礼文化有关义的社会伦理观念，也逐步将义内化为个体的心理道德自觉。同时，义字的意蕴也逐渐扩展，延伸出诸如适宜、正义、公义等

① 钱玄：《三礼通论》，南京：南京师范大学出版社，1996 年；沈文倬：《宗周礼乐文明考论》，杭州：杭州大学出版社，1999 年；彭林：《郭店楚简与〈礼记〉的年代》，《郭店简与儒学研究》，《中国哲学》第 21 辑，沈阳：辽宁教育出版社，2000 年，第41—59 页；王锷：《礼记成书考》，北京：中华书局，2007 年。
② 沈文倬：《宗周礼乐文明考论》，杭州：浙江大学出版社，1999 年；贾海生：《周代礼乐文明实证》，北京：中华书局，2010 年。
③ 姚小鸥：《〈诗经〉三颂与先秦礼乐文化》，北京：北京广播学院出版社，2000 年；江林：《〈诗经〉与宗周礼乐文明》，上海：上海古籍出版社，2010 年。

伦理的原则建立在心理情感的基础之上，伦理和心理、理智和情感结合起来塑造理想人性和道德人格，引导道德行为，由此而达至道德主体的愉乐情感和社会的和谐秩序。

第六章研究古典儒学的命观念。从西周到春秋战国，礼文化中作为宗教、政治、伦理权威的天命观念逐渐扩展演变为个体的命运观念。孔子和孟子一方面敬畏超出人类控制力的天命和命运，另一方面相信个体具有自主决定和自觉努力的力量。这一天人之际的张力通过他们的知命说和立命说而化解为天人和谐相知。天命的限制激发了他们关于社会历史使命的强烈意识，促使他们立志在有限的生命和历史条件中实现个体的存在价值。他们相信通过自我修养和自我认知（知命），个体可以完成其社会历史使命，实现其生命价值，从而在无穷的时空中确立一个永恒的宇宙位置（立命）。个体因此不仅可以超越所有外加于其人生经历的艰难挫折，而且也超越死亡的终极命运。这一终极关怀代表儒学伦理学的宗教性方面，并在后来成为传统儒士的精神家园。他们沿袭知命和立命的宇宙视野，勤勉地修养，为社会和文化秩序的发展作出贡献，以此挑战天赋的命运。

第七章研究古典儒学的性别观念。近三十年来在西方汉学界，一种关于早期中国宇宙论，特别是《周易》经传所体现的宇宙观超越了性别问题的看法被普遍接受。但是，细致阅读和分析《周易》经传全文的结果，却表明性别化的、相互感通的夫妇关系被突出强调，并被设立为所有人伦的、社会的、宇宙的关联关系的根源性模式。换句话说，和谐的夫妇关系被视为和谐的社会、政治和宇宙秩序的根基。《周易》经传所体现的早期关联宇宙论并未超越性别，相反这一宇宙论被性别化了。《周易》古经是西周宫廷占卜仪式的记录，其本身就是周礼的一部分和最重要的典籍之一。《周易》古经中有众多关于婚姻嫁娶和夫妇关系的

第十一章研究诗可以群的观念。周代是宗法制社会,由具有绝对权威之父家长(族长)领导的族群维持社会等级秩序,而礼制正是对等级化的宗法社会和人伦关系的规范。这一结构和关系的核心是父与君:父是家族的权威,正如君是邦国或王朝的统治者;父子关系被用来比拟君臣关系。"群"字原本应写为"宭",蕴含父和君之权威,指的是等级化的、由父和君领导的族群。诗可以群强调诗歌的政治伦理和人际交往功用,指出学习和运用《诗经》可以使人懂得如何协调个人与族群和社会成员的各种人伦关系,自觉地实践仁、义、忠、孝等伦理观念,起到维护礼制的等级秩序的作用。诗可以群的观念既是周代礼乐文化的反映,也是春秋时期赋诗言志的功用的总结。这一观念强调诗歌的社会伦理和人际交往功用,对其后两千多年中国传统诗歌的发展产生了深远的影响,有效地促使诗歌朝着应酬化、普及化和技术化的方向发展,促成了诗歌王国的繁荣,并在一定程度上促进了社会秩序的稳定和人际关系的和谐。

第十二章研究感应观念。"感"字的初构为"咸"字,其早期意义可以追溯至上古至商代巫术传统中巫觋感通神灵的能力和仪式。从西周至春秋战国时期,由于礼乐文化的推动和古典儒学的发展,人神感通的巫术仪式被理性化为关联思维的模式,发展为天人感应和万物感通的观念,不仅成为关联宇宙论的基础,还衍化出儒学政治伦理的感化说、《易传》哲学的感易说、医学理论的感疾说,以及古典儒学诗学的感物说。这些关联模式解释人类与自然的、超自然的环境及人与人之间的感应、融通、互动的关系,涉及宇宙自然、社会政治、伦理道德、医学、心理、美学、文学、艺术等众多领域。这些模式用感应解释充满变化关系的世界,说明各种关联、互动和感通关系的驱动力量。通过感应的力量,人类一方面努力于构建自己的和谐持续的社会秩序,另一方面融入宇宙过程的自然韵律,与万事万物共存共荣于同一个世界。揭开其神秘面纱,这一驱动和融合的感应力量实际上以人类的情感力量为基础,并经由道德和理性的强化,从而与关联的、共存的、和谐的宇宙力量相感相融、共同运行。

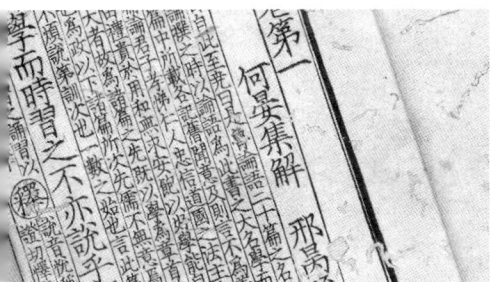

上
编

从礼乐到古典儒学伦理观念

第一章

从礼文化到古典儒学的义观念[*]

　　义是中国礼文化、儒学伦理学及中国思想史上最重要的概念之一，但也是最难阐释和翻译的词语之一。在中文的意蕴表达中，义有义务、正义、公义、道义、义气、适宜、合理、正确、善等意项；在英译中，义曾被译为 righteousness，rightness，right conduct，propriety，justice，morality，virtue，principle，duty，sense of duty，obligation，moral duty，等等。义还是仪的初构；在西周至春秋战国的礼文化发展中，义和仪，或礼义和礼仪，经历了一个从合一到分离的过程。本章首先对义

[*] 本章原为 1998 年在科罗拉多大学通过博士资格考试的论题之一，承柯睿(Paul W. Kroll)师和卡斯(Victoria B. Cass)师给予指正和鼓励，谨此致谢。后于 2001 年发表于澳大利亚国立大学举办的 "The Seventh Biennial Conference of the Chinese Studies Association of Australia"。其后正式发表为 "From Clan Manners to Ethical Obligation and Righteousness: A New Interpretation of the Term *yi*," *Journal of the Royal Asiatic Society* 17.1（2007）：1 - 10；并入选 Xinzhong Yao and Wei-ming Tu, eds., *Confucian Studies*, London: Routledge, 2010，vol. 2，162 - 174。此论文为本人独立撰写，由于郭鹏飞提供了有关"我"字在出土文献中的通用字的信息，发表时也署上其名字；现在恢复为在下页页下注释第 5 条注明其贡献。本章的一部分还曾以《义和仪在早期礼文化中的合一和分离》为题，发表于 2018 年 12 月武汉大学中国传统文化研究中心主办的"礼学与中国传统文化国际学术研讨会"。

字的形音义进行新的分析,然后探讨义和仪在早期礼文化发展过程中的合一和分离,最后论述古典儒学如何在这一过程中形成义的伦理道德观念。

一、义字新析

许慎(58? —147?)将义解释为会意字:"义,己之威仪也,从我从羊。"①许慎关于"己之威仪"的解说符合义字初义,但其关于义字构形的分析并不准确。义字初构并非"我"和"羊"之会意字,而是象征插饰羽毛于"我",一种可能用为族徽的兵器,代表氏族的威仪。

首先分析我,这一构成符号既是义符又是音符,因此,应是义字的字根。清代学者宋保已经指出义应读为我;②现代学者的上古音重构也表明此二字音近同韵,皆属于歌部。③ 出土文献中,我通假为义,④而𢦡、悉、𨕖皆用为义之异体字。⑤

许慎释我为第一人称代词:"我,施身自谓也。"⑥然而,这是我字后

① 许慎:《说文解字》卷十二,北京:中华书局,1963 年,第 267a 页。
② 宋保:《谐声补逸》卷十二,北京大学图书馆藏 1803 年抄本,第 7b 页。
③ Bernhard Karlgren, *Grammata Serica Recensa*, 1957; reprint, Taipei, 1972, no. 2a-g, 2r-t;李方桂:《上古音研究》,北京:商务印书馆,2001 年,第 53—54 页;汉字形音义演变大字典编辑委员会:《汉字字音演变大字典》,南昌:江西教育出版社,2012 年,第 673、1416 页。
④ 荆门市博物馆:《郭店楚墓竹简》,北京:文物出版社,1998 年;《唐虞之道》,第 157 页;《语丛一》,第 194 页;《语丛三》,第 209 页;马承源:《上海博物馆藏战国楚竹书》,第二册,上海:上海古籍出版社,2002 年,第 165—166 页,第 170—171 页,第 173 页。
⑤ 关于𢦡,见《郭店楚墓竹简》,《忠信之道》,第 163 页。关于悉,见同书《缁衣》,第 129 页;《语丛一》,第 198 页;《语丛三》,第 210—211 页;《上海博物馆藏战国楚竹书》,《简大王泊旱》,第 196 页;《曹沫之陈》,第 264 页。关于𨕖,见《上海博物馆藏战国楚竹书》,《缁衣》,第 174—175 页。以上信息承郭鹏飞提供,谨此致谢。
⑥ 《说文解字》卷十二,第 267a 页。

来的扩展义,并非其初义。在甲骨文中,我字构形象一种戈形兵器,①其用法主要有两种。第一种是用为第一人称的集体代词。陈梦家在考察了我字在甲骨文中的所有第一人称用法后,得出一个重要的结论,即我只用于集体代词,表示"我们""我们的"等,尚未被用为个人的自我代称。② 我字的第二种用法是作为氏族名、地名、人名或贞人名。③ 值得注意的是,许多上古氏族以兵器作为族徽,以斧形和戈形兵器为多。例如,大汶口文化遗物中的两个斧形图像,即被一些学者鉴定为族徽。④ 许多学者指出,甲骨文和金文中所出现的各种形态的斧形和戈形图像,可能也被用为族徽。⑤ 曹定云甚至提出,那些在商代以戈为族徽或以戈形成分为图像的氏族,其祖先可能属于夏代的氏族。⑥ 虽然杨晓能对郭沫若等学者的族徽理论有异议,但他还是同意这一理论适合很大一部分图像,并指出从史前到商代,族徽日益增多和

---

① 刘鹗:《铁云藏龟》卷二百一十九,1904 年石印版,第 3 页;董作宾编:《殷虚文字乙编》,台北:"中央研究院"历史语言研究所,1994 年,第 4604 号。参看林沄:《说戚我》,收于省吾、姚孝遂编:《甲骨文字诂林》,第三册,北京:中华书局,1996 年,第 2431—2433 页;李实:《释俄》,收《甲骨文字丛考》,兰州:甘肃人民出版社,1997 年,第 121 页。

② 陈梦家:《殷墟卜辞综述》,北京:中华书局,1988 年,第 94—96 页。

③ 陈梦家:《殷墟卜辞综述》,第 158—159 页;饶宗颐:《殷代贞卜人物通考》,见《甲骨文字诂林》,第三册,第 2428 页;白玉峥:《契文举例校读》,见《甲骨文字诂林》,第三册,第 2428 页;张秉权:《殷墟文字丙编考释》,见《甲骨文字诂林》,第三册,第 2428—2429 页。

④ 参看裘锡圭:《汉字形成问题的初步探索》,《中国语文》3(1978):165—166;William G. Boltz, *The Origin and Early Development of the Chinese Writing System*, New Haven: American Oriental Society, 1994, p. 48。唐兰考定此二图形为"斤"和"戊",见其《从大汶口文化的陶器文字看我国最早文化的年代》,《光明日报》,1977 年 7 月 14 日。

⑤ 丁山:《甲骨文所见氏族及其制度》,北京:科学出版社,1956 年,第 93—99 页;William G. Boltz, *The Origin and Early Development of the Chinese Writing System*, p. 48;许倬云:《西周史》,北京:生活·读书·新知三联书店,1994 年,第 40 页。

⑥ 曹定云:《殷代族徽戈与夏人后裔氏族》,《考古与文物》1(1989):72—79。

图像化,反映了氏族族群的增加,祭祀仪式的标准化,及文字系统的持续发展。① 另外一些学者则指出,斧钺一类的武器,特别是玉制品,在上古至商周时代,可能被用为仪仗类的礼兵器、氏族/军事首领的权杖或王权的象征物。② 我字的构形可能出自被一些氏族用为族徽、礼兵器或权杖的某种戈形兵器,用来象征族权、军权和神权,因此也就自然而然地被氏族的族长们用来指称"我们"以代表其族群,其后可能逐渐被同化为文字系统,成为第一人称的通用代词。③

关于义字的另一构成符号,许慎释为羊。但是一些现代学者不同意这一解说。④ 受到李孝定将美字的上部构形释为羽饰的启发,⑤刘翔分析甲骨文的义字构形𢦏,⑥将其解说为象兵器上插饰羽毛之状,作为美饰,以充作仪仗;其后羽饰因形近羊而讹变,义字本义也因此而隐晦了。⑦ 许进雄也相信义是一种礼兵器,其上部象装饰羽毛或兽角。⑧ 根

① Xiaoneng Yang, *Reflections of Early China: Decor, Pictographs, and Pictorial Inscriptions*, Seattle: Nelson-Atkins Museum of Art and University of Washington Press, 1999, pp. 17-18, p.141, p.148, p.154, pp. 101-102.
② 主要参看张光直:《商文明》,沈阳:辽宁教育出版社,2002年,第194—199页;林沄:《说王》,《林沄学术文集》,北京:中国大百科全书出版社,1998年,第1—3页。
③ 在甲骨文中,我字有时用为氏族名,而义及其他数个以我为字源的构成字则用为地名,但地名往往也是氏族名;见徐中舒:《甲骨文字典》,成都:四川人民出版社,1998年,第1379—1384页。至周代仍有我族存在,见《我且丁觯》;参看张世超等著:《金文形义通解》,京都:中文出版社,1995年,第2980—2984页。
④ 李孝定:《甲骨文字集释》,第四册,台北:"中央研究院"历史语言研究所,1991年,第1323页。
⑤ 李孝定释美为:"上不从羊,似象人首插羽为饰,故有美义。以形近羊,故讹为从羊耳。"见《甲骨文字集释》,第四册,第1323页。王献唐、徐中舒及姚孝遂皆接受这一解释;见王献唐:《释由美》,《中国文字》第35辑,1970年,第2页;徐中舒:《甲骨文字典》,第416页;姚孝遂:《甲骨文字诂林》,第一册,第224页。
⑥ 董作宾:《殷虚文字甲编》,台北:"中央研究院"历史语言研究所,1976年,第3445号。
⑦ 刘翔:《中国传统价值观阐释学》,上海:上海三联书店,1996年,第112页。
⑧ 许进雄:《中国古代社会:文字与人类学的透视》,台北:商务印书馆,1995年,第526、548页。

据他们的解说,我进一步将义字的上部阐释为象征以羽毛修饰作为族徽的兵器我,以代表氏族的威仪。

除了义字本身的形音义分析,文献和考古的证据也支持将义字上部解释为羽毛的象形。首先,在周代有一种运用羽毛作为舞具的祭祀舞蹈,被称为义。《周易·渐卦》记:"上九,鸿渐于陆,其羽可用为仪,吉。"毛奇龄(1623—1716)释此处的仪(本字当为义,仪字后出,见下节考)为用羽毛制成的舞具。[1] 然而古代舞蹈往往以所用舞具而命名,因此,义/仪也可能指称某种祭舞,如《周礼》所载祭舞中即有称为皇或义者,用于祈雨的祭祀仪式。《周礼·地官司徒·舞师》载:"教皇舞,帅而舞旱暵之事。"郑众释曰:"皇舞蒙羽舞,书或为翌,或为义。""皇舞者,以羽冒覆头上,衣饰翡翠之羽。"[2]许慎亦释翌为"乐舞,以羽帽自翳其首,以祀星辰也"。[3]在甲骨文中,皇字构形正像羽冠。[4] 良渚玉器中随处可见的面纹,其典型构形是头戴大羽冠。[5] 学者们普遍认为此类相当一致的面纹可能象征一位最高神灵,[6]其构形与皇字构形相似。[7] 郑众关于皇

---

[1] 毛奇龄:《仲氏易》卷二十二,《四库全书》本,第 18a—18b 页。

[2] 郑玄(127—200)、贾公彦(活动于 7 世纪中叶):《周礼注疏》卷十二、二十三,收《十三经注疏整理本》,北京:北京大学出版社,2000 年,第 721b、793b 页。关于羽毛、舞蹈及祈雨仪式的关系,参看 Marcel Granet, *Festivals and Songs of Ancient China*, London: George Routledge & Sons, 1932, pp. 152 - 155, 170n. 2.

[3] 《说文解字》卷四,第 75b 页。

[4] 参看汪荣宝:《释皇》,《国学季刊》1.2(1923):4;李学勤:《论新出大汶口文化陶器符号》,《文物》12(1987):75—85。

[5] 浙江省文物考古研究所反山考古队:《浙江余杭反山良渚墓地发掘简报》,《文物》1(1988):10—29,图 20;浙江省文物考古研究所:《余杭瑶山良渚文化祭坛遗址发掘简报》,《文物》1(1988):36—47。

[6] 刘兵:《良渚文化玉琮初探》,《文物》2(1990):30—37。

[7] 杜金鹏:《说皇》,《文物》7(1994):55—63。林巳奈夫认为良渚、龙山和殷代器物上的羽冠与祈雨仪式相关联;见其《中国古代遗物上所表示的气之图像性表现》,杨美莉译:《故宫学术季刊》9.2(1991):31—73。然而,如果那些面纹代表的是最高神灵如上帝,其权力和作用应更为复杂。

舞为蒙羽舞、又称为义舞的解释,也证明义字构形与羽毛的关联。[①]

此外,出土文物也可证实羽毛、族徽和兵器之间的关联。良渚出土的头戴羽冠的神灵面纹亦见于出土玉斧,[②]另一些良渚玉斧仅雕刻羽毛纹。[③]大量的商周青铜器上饰有穿戴羽饰或羽冠的面纹,亦即传统所称饕餮纹。[④]先秦时期的戈、矛、戟等兵器也常见羽饰。[⑤]

根据以上的分析,义字上部可释为羽,象征对作为族徽的我的美饰。这一解释与许慎对义的定义"己之威仪"相合。我本是一种戈形兵器,可以激发威武的感觉,"有威而可畏谓之威";羽毛的装饰则可产生仪容的美感,"有容而可象谓之仪"。[⑥]如果加上羽饰与玉器铜器中的神灵面纹的关联,威仪的含义就更为明显了。不过,如同我在开始时仅用为"我们"的代表氏族的集体代词,义在开始时也可能仅用来象征氏族的威仪或作为氏族代表的族长的威仪。

二、义和仪在早期礼文化中的合一和分离

西周至春秋时期的金文中,威仪皆写作"威义",可见义应是仪的本

---

① 高亨认为羽毛用于文舞,盾和矛用于武舞;见其《周易古经今注》,北京:中华书局,1984年,第317页。然而,先秦文献中没有这样的明确区分。例如,万舞是武舞(《左传·庄公二十八年》),但其表演者手持羽毛(《左传·隐公五年》)。

② 浙江省文物考古研究所反山考古队:《浙江余杭反山良渚墓地发掘简报》,第15—16页,图26。

③ 浙江省文物考古研究所:《余杭瑶山良渚文化祭坛遗址发掘简报》,第39—40页,图16。

④ 王毓彤:《荆门出土一件铜戈》,《文物》1(1963):64—65;中国社会科学院考古研究所:《殷墟发掘报告》,北京:文物出版社,1987年,图188:10;林巳奈夫:《中国古玉の研究》,东京:吉川弘文馆,1991年,图4:85,4:97。

⑤ 林巳奈夫:《中国殷周时代の武器》,东京:吉川弘文馆,1995年,第99—103页,图113:3。

⑥ 《春秋左传正义》卷四十,《十三经注疏整理本》,襄公三十一年,第1304a页。

字。从义字孳乳出仪字,迄今发现的最早的仪字构形㪿见于春秋末年的《侯马盟书》,仅用为人名。[①] 但是,根据《左传》和《论语》所记对礼义和礼仪的区分(见下),从义字孳乳出来的仪字,在春秋末年应该也已经用为礼仪之仪。许慎释仪为"度也,威仪之形也",度指适宜的仪容;[②]这与他释义为"己之威仪"相近。虽然许慎并未明确指出仪字孳乳自义字,但是他的释义明确显示了两字之间的关联和相近意义。威义/威仪一词是周代礼乐文化中十分重要的概念,仅《诗经》中就出现了十五次。《礼记·中庸》云:"礼仪三百,威仪三千。"[③]《大戴礼记》称引孔子的话曰:"礼仪三百,可勉能也;威仪三千,则难也。"[④]郑玄认为"威仪三千"指的是《仪礼》中所载《曲礼》,主要是对士君子所应遵循的礼仪和容表的详细描述。[⑤]

　　然而,在义和仪尚未分家的西周至春秋的礼乐文化中,作为对士君子的规范,威义不仅是对于仪容外表的要求,还包括了对于责任义务和言论行为的要求。例如,《左传·襄公三十一年》(前542)十二月载,北宫文子相卫襄公如楚,曾三次论礼。第一次是在路过郑国时行聘礼,北宫称赞郑国"有礼",理由为子产(?—前522)能够择能用贤,各位大夫皆称职尽力。第二次是在楚国见令尹围之威仪后,北宫预测令尹有他志而不能终。第三次是卫襄公问"何谓威仪",北宫答曰:

---

① 山西省文物工作委员会编:《侯马盟书》,北京:文物出版社,1976年,第360页。何琳仪读此字为仪;见其《战国古文字典》,北京:中华书局,1998年,第857页。

② 引自徐锴:《说文系传》,收丁福保编:《说文解字诂林正补合编》,第七册,台北:鼎文书局,1975年,第184页。传世《说文解字》仅释仪为"度也"。

③ 郑玄(127—200)注、孔颖达疏:《礼记正义》卷五十三,《十三经注疏整理本》,《中庸》,第1699a页。

④ 高明:《大戴礼记今注今译》卷六十,台北:台湾商务印书馆,1984年,第235页。

⑤ 《礼记正义》卷十,《礼器》,第1435b页。

有威而可畏谓之威,有仪而可象谓之仪。君有君之威仪,其臣
畏而爱之,则而象之,故能有其国家,令闻长世。臣有臣之威仪,其
下畏而爱之,故能守其官职,保族宜家。顺是以下,皆如是。是以
上下能相固也。卫诗曰:"威仪棣棣,不可选也。"言君臣上下,父子
兄弟,内外大小,皆有威仪也。……故君子在位可畏,施舍可爱,进
退可度,周旋可则,容止可观,作事可法,德行可象,声气可乐,动作
有文,言语有章,以临其下,谓之有威仪也。①

从这一言论涉及责任和德行看,威仪的原文应为威义。北宫文子
详细解说了威义的内容、类型及政治伦理意义。威义的内容包括责
任、义务、容表、举止、行为、品德、言谈、声气等。威义的类型则依照
各人在家族和社会的名分地位而分为君臣父子兄弟等人伦秩序,而
且对各人的责任义务和仪容言行的规范各不相同,这解释了为什么
有三千之多的威仪。威义的政治伦理意义是"有其国家"和"保族宜
家",维持氏族群体、社会等级和政治秩序的持续发展。由于北宫文
子在同一段时间里三次论礼,其关于威义的论述,也应指的是周礼
的内容。

西周文献诸如《尚书》《诗经》中出现的威仪,以往大多仅被解释为
仪容举止。然而,联系北宫文子对威仪的解说来重新考察,我们发现这
些文献中的威仪,有不少也应含有责任义务和品德言行的内涵。例如,
《尚书·顾命》所载周成王临终之言:"尔尚明时朕言,用敬保元子钊弘
济于艰难,柔远能迩,安劝小大庶邦。思夫人自乱于威仪,尔无以钊冒
贡于非几。"②成王嘱咐群臣辅保太子姬钊(康王)渡过艰难,安柔远邦,

① 《春秋左传正义》卷四十,襄公31年,第1304a—1306a页
② 孔安国传、孔颖达疏:《尚书正义》卷十八,《十三经注疏整理本》,第586a—586b页。

协和近邦,并以威仪自正,不使太子冒进于非事危事。宋林之奇
(1112—1176)、蔡沈(1167—1230)解释此段,皆引北宫文子之语,说明
此处的威仪含有责任、行为、法则等意义,而不仅是指仪容之表。[①] 再
如《诗经·大雅·烝民》有云:

> 仲山甫之德,柔嘉维则。
> 令仪令色,小心翼翼。
> 古训是式,威仪是力。
> 天子是若,明命使赋。

"令仪令色"指仪表容色,"威仪是力"则包括了勤力于职务的德行
法则,如郑玄所注:"力,犹勤也。勤威仪者,属居官次,不解于位
也。"[②]其他如《诗经·大雅·民劳》之"敬慎威仪,以近有德",《诗经·
大雅·抑》之"抑抑威仪,维德之隅",[③]都将威仪与德并称,也应包括了
礼的仪容和德行两方面内容。其他文献,如西周晚期《叔向父禹毁》中
之"恭明德,秉威义,用申貉,奠保我邦我家",[④]此处与明德并称而能保
有邦家的威仪,也应该不仅是指外在的仪容。

北宫文子将仪容举止和义务德行笼统地归纳于威义/威仪的范畴
之中,显然还未有将礼义和礼仪相区别的概念。然而,春秋后期是社会
政治激烈动荡变化的时代,宗法分封制开始解体,礼乐开始崩坏,这些

---

① 林之奇:《尚书全解》,《通志堂经解》本;蔡沈:《书集传》,清户部刊于江南书局
  本;转引自顾颉刚、刘起釪:《尚书校释译论》,北京:中华书局,2005 年,第
  1732—1733 页。
② 毛亨传、郑玄笺、孔颖达疏:《毛诗正义》卷十八,《十三经注疏整理本》,第 1434b 页。
③ 《毛诗正义》卷十七、十八,第 1342a、1366a 页。
④ 中国社会科学院考古研究所编:《殷周金文集成释文》,第八册,香港:香港中文
  大学中国文化研究所,2001 年,第 4242 号,第 361 页。

迫使人们重新思考礼的本质内容和伦理价值,从中寻找维护和修补社会政治秩序的依据。时隔仅 15 年,在鲁昭公十五年(前 527),晋国大夫女侯(叔齐/叔侯)将礼和仪相区别,批评鲁公出访时虽然不失仪式节度,却不善于治国保民,颠倒了礼和仪的本末关系,是不知礼的表现。[①] 10 年后,在鲁昭公二十五年(前 517),郑国卿相游吉(子大叔,? 一前 506)更清楚地阐明仪和礼的区别,将仪解说为"揖让周旋"的仪容,将礼定义为天地人之准则,并解说为君臣父子兄弟夫妻等人伦秩序,以及政事、刑罚、婚姻等政治社会法则:

> 子大叔见赵简子,简子问揖让周旋之礼焉。对曰:"是仪也,非礼也。"简子曰:"敢问何谓礼?"对曰:"吉也闻诸先大夫子产曰:'夫礼,天之经也,地之义也,民之行也。'天地之经,而民实则之……为君臣上下,以则地义;为夫妇外内,以经二物;为父子、兄弟、姑姊、甥舅、昏媾、姻亚,以象天明;为政事、庸力、行务,以从四时;为刑罚威狱,使民畏忌,以类其震曜杀戮;为温慈惠和,以效天之生殖长育。"[②]

显然,女侯和游吉关于仪和礼的区分,实际上就是礼仪和礼义的区分。[③] 与游吉大致同时,孔子提出义为礼质,更为明确地将礼义和礼仪区分开来,开始在礼文化的基础上形成儒学关于义的伦理道德观念。于是,与春秋末年仪字从义字孳乳分化出来的情况相应,义作为义务德行的伦理秩序意蕴也被突出强调,从而与仪分离开来。

---

① 《春秋左传正义》卷四十三,鲁昭公五年,第 1400a—1400b 页。
② 《春秋左传正义》卷五十一,鲁昭公二十五年,第 1666a—1674b 页。
③ 关于此时期对于礼和仪的区分,参看李泽厚:《中国古代思想史论》,北京:人民出版社,1986 年,第 18—20 页;陈来:《古代思想文化的世界:春秋时代的宗教、伦理与社会思想》,台北:允晨文化公司,2006 年,第 234—237 页。

三、古典儒学的义观念(上)：伦理规范和角色义务

根据《论语》所记,孔子及其弟子辈将礼义和礼仪相区别,并集中阐发和突出义的人伦秩序和角色义务内涵：

> 礼云礼云,玉帛云乎哉？乐云乐云,钟鼓云乎哉？
>
> 君子义以为质,礼以行之,孙以出之,信以成之。君子哉！
>
> 子路曰："不仕无义。长幼之节,不可废也。君臣之义,如之何其废之。欲洁其身,而乱大伦。君子之仕也,行其义也。"
>
> 君子义以为上。君子有勇而无义为乱,小人有勇而无义为盗。①

玉帛、钟鼓仅是外表的礼节仪式,并非礼的主要方面。义才是礼的本质内容,其基本内涵是一套关于人伦、义务、言行的社会规范,规定了每人在社会家族中的君臣长幼等名位角色、等级秩序相应的义务和责任。士人出仕是履行其义务,不仕就会扰乱伦常大节。即使是有勇气的言行,也必须适合每人的角色义务,否则就会造成社会政治秩序的混乱。这一套伦理规范是外在性和权威性的,是维护宗法制社会秩序的重要保证。

至战国时期,义作为伦理秩序和角色义务的基本内涵,被孔门后学进一步阐述发展。例如,郭店楚简《成之闻之》云："天降大常,以理人伦。制为君臣之义,著为父子之亲,分为夫妇之辨。是故小人乱天常以

---

① 《论语·阳货》,17.11；《卫灵公》,15.18；《微子》,18.7；《阳货》,17.23。

逆大道,君子治人伦以顺天德。"①孟子所述相似:

圣人有忧之,使契为司徒,教以人伦:父子有亲,君臣有义,夫
妇有别,长幼有序,朋友有信。

谨庠序之教,申之以孝悌之义,颁白者不负戴于道路矣。

仁之实,事亲是也;义之实,从兄是也。

无礼义,则上下乱。

仲子不义与之齐国而弗受,人皆信之,是舍箪食豆羹之义也。

人莫大焉亡亲戚君臣上下。以其小者信其大者,奚可哉?②

以上所引各章都是在阐述作为人伦秩序和社会规范的义的内容:
亲、义、别、序、信、孝悌、从兄、敬长等,讲的都是父子、君臣、夫妇、长幼、
朋友等所应遵守的人伦秩序和应尽的角色义务,也就是后来《礼记·文
王世子》所说的:"[周公]欲令成王知父子君臣长幼之义也。"③由于君
和臣的相互关系和责任义务最重大,故"君臣之义"经常被更突出地点
出,但所有其他人伦关系和义务也都同样属于义的规范。最后一章批
评陈仲子不接受任何不符合其名位角色的利益,坚守礼关于义利关系
的规定,却离弃母兄不仕君主,这是守小义而弃大义,违背了最重要的
伦理义务。

此外,孟子的义为人之正路说,经常被学者解释为由心性而能动地
展开的道德正路,由此而建构人伦秩序和展开道德实践。④ 此类解说

① 《成之闻之》,收《郭店楚墓竹简》,第168页。
② 《孟子·滕文公上》,5.4;《梁惠王上》,1.7;《离娄上》,7.27;《尽心下》,14.12;《尽心
上》,13.34。
③ 《礼记正义》卷二十,《文王世子》,第744a页。
④ 主要可参看周海春,荣光汉:《论孟子之"义"》,《哲学研究》8(2018):44—51,60。

往往剥离义路说相关章节的上下文而自由发挥,但是如果我们细加考察,就会发现恰恰相反,《孟子》中涉及义路说的四个章节,除了有一章未明确交代背景,①其余三章都是从礼义和礼仪的人伦秩序推演出来的。其中最明显的是以下一章:

> 以大夫之招招虞人,虞人死不敢往。以士之招招庶人,庶人岂敢往哉。况乎以不贤人之招招贤人乎? 欲见贤人而不以其道,犹欲其入而闭之门也。夫义,路也;礼,门也。惟君子能由是路,出入是门也。②

虞人、士、庶人、贤人各有与其名位角色相应的礼义(责任义务)和礼仪(招待仪式)的社会伦理秩序,这一秩序是不允许任何僭越破坏的。义/礼义是通往这一秩序的必由之路,礼/礼仪是进入这一秩序的必由之门。文中的贤人之道和接待贤人之门,与义路礼门相互呼应,有力地说明此处的义路说并不是在讲心性。其他两章如下:

> 仁义而已矣。杀一无罪,非仁也;非其有而取之,非义也。居恶在? 仁是也;路恶在? 义是也。居仁由义,大人之事备矣。③
> 自暴者,不可与有言也;自弃者,不可与有为也。言非礼义,谓之自暴也;吾身不能居仁由义,谓之自弃也。仁,人之安宅也;义,

---

① 此章为《孟子·告子上》(11.11):"仁,人心也;义,人路也。舍其路而弗由,放其心而不知求,哀哉! 人有鸡犬放,则知求之;有放心,而不知求。学问之道无他,求其放心而已矣。"
②《孟子·万章下》,10.7。
③《孟子·尽心上》,13.33。

人之正路也。旷安宅而弗居,舍正路而不由,哀哉!①

上一章"非其有而取之",讲的是礼所规定的义利关系:符合每个人的名分义务的利益是可以取有的,而不符合的则不可取有。下一章"自暴"者是言语诋毁礼义,"自弃"者是放弃有为,也就是放弃履行自己既定的角色义务。因此,此两章主要仍然是从礼义而非心性的角度讲义路。

到了荀子那里,义的伦理价值和角色义务的内涵有了更为清楚的说明:"人有气,有生,有知,亦且有义,故最为天下贵也。力不若牛,走不若马,而牛马为用,何也?曰:人能群,彼不能群也。人何以能群?曰:分。分何以能行?曰:义。"②荀子指出人类之所以能将自己与动物区别并超越之,是由于人类能组织族群;③而族群之所以能生存,是由于按照"贵贱有等,长幼有差"的名分建立了人伦秩序;④而名分秩序之所以能维持,是由于遵遁义的伦理义务规范。荀子对此论点进一步表述:

贵贵,尊尊,贤贤,老老,长长,义之伦也。

遇君则修臣下之义,遇乡则修长幼之义,遇长则修子弟之义,

---

① 《孟子·离娄上》,7.10。
② 王先谦(1842—1918):《荀子集解》卷五,北京:中华书局,1988 年;《王制》,第164 页。
③ 《礼记》载:"三年之丧,何也?曰:称情而立文,因以饰群,别亲疏贵贱之节,而不可损益也。"郑玄注云:"群,谓亲之党也。"孔颖达疏云:"群,谓五服之亲也"(《礼记正义》卷五十八,第 1a—1b 页)。五服的亲属范围包括自高祖至玄孙的九代和父母妻三族,因此此处群指的是族群。参看本书第十一章。
④ 《荀子集解》卷十三,《礼论》,第 347 页。

遇友则修礼节辞让之义,遇贱而少者,则修告导宽容之义。①

以贵为贵、以尊为尊、以老为老等,就是义的人伦秩序,而君、臣、长、幼、友各有其应尽的义务。《礼记》所述相同:

> 何谓人义?父慈,子孝;兄良,弟弟;夫义,妇听;长惠,幼顺;君仁,臣忠;十者谓之人义。②
> 君子之所谓义者,贵贱皆有事于天下。③
> 正君臣之位、贵贱之等焉,而上下之义行矣。④

义是一套义务和伦理的规范,适合每个人在社会和家族的名分地位、角色关系和等级秩序,诸如君臣父子夫妇长幼等,是处理个人与族群社会的伦理关系的适宜的、正确的行为规范:君的义务是仁爱和保护百姓,臣的义务是为君主尽忠做事;父的义务是慈爱养育子女,子的义务是孝顺服从父兄,等等。相似的说法,也见于《墨子》《管子》《商君书》《韩非子》《吕氏春秋》等,由此可知周礼和古典儒学的义观念,也为战国诸子所普遍认可。

卜弼德(Peter Boodberg)对义的阐释可谓独具见解:

> 义似乎与仁相对而言……运作于较为狭窄的义务范围,是关于个人对家族、长者、君主、伴侣、族人的直接忠诚;也就是说,是相对于"我们的"群体而言,而不是较为宽广的、包括"你们的"和"他

---

① 《荀子集解》卷二十七,《大略》,第491页;卷三,《非十二子》,第100页。
② 《礼记正义》卷二十二,《礼运》,第802b页。
③ 《礼记正义》卷五十四,《表记》,第1727b页。
④ 《礼记正义》卷二十,《文王世子》,第759a页。

们的"社会契约。①

卜弼德将义解释为处于族群人伦关系中的个体应尽的义务责任，而不是履行正义、公义的普遍社会契约。葛瑞汉（A. C. Graham，1919—1991)进一步发展卜弼德的观点，清楚地将义定义为"角色义务"（role obligation)："义是符合一个人的角色和身份的行为，例如父亲或儿子，君王或臣子。"②其后，安乐哲（Roger T. Ames)进一步发展这些看法，提出角色伦理学(role ethics)的理论。③

因此，作为义字的基本意蕴，伦理秩序和角色义务是早期礼文化和古典儒学伦理思想中最重要的概念之一。梁漱溟早就敏锐地指出：

> 父义当慈，子义当孝，兄之义友，弟之义恭。夫妇、朋友乃至一切相与之人，莫不自然互有应尽之义。伦理关系，即是情谊关系，亦即是相互间的一种义务关系。伦理之理，盖即于此情与义上见之。④

只有注意到由伦理秩序所规定的角色义务这一意蕴，才能真正深入地理解义在早期礼文化和古典儒学伦理思想中的基本内涵。

----

① Peter Boodberg，"The Semasiology of Some Primary Confucian Concepts," *Selected Works of Peter Boodberg*, comp. Alvin Cohen, Berkeley：University of California Press，1979，p.39.

② A. C. Graham，*Disputers of the Tao: Philosophical Arguments in Ancient China*, La Salle：Open Court，1989，p. 11. 亦可参看 William G. Boltz，"Review of Richett, Guanzi," *Journal of American Oriental Society* 106（1986)：844；Heiner Roetz，*Confucian Ethics of the Axial Age: A Reconstruction under the Aspect of the Breakthrough toward Postconventional Thinking*, Albany：State University of New York Press，1993，p. 113.

③ Roger T. Ames，*Confucian Role Ethics: A Vocabulary*, Honolulu：University of Hawaii Press，2011.

④ 梁漱溟：《中国文化要义》，上海：上海人民出版社，2005 年，第 72 页。

四、古典儒学的义观念(下)：道德自觉和普遍准则

礼义的社会伦理规范是外在的、权威性的和客观性的,是维护宗法制社会政治秩序的重要保证。然而在战国时期,在宗法分封制解体和礼乐崩坏的大背景下,经过诸子的反复讨论,义的意蕴也不断在扩充发展,从伦理规范和角色义务的社会规范进一步延伸为适宜的、正确的、道义的、正义的、公义的道德自觉和普遍准则,从而成为包括"你们的"和"他们的"所有群体的社会契约和道德价值。

在这一过程中,孟子对义的内化起了重要的作用。在告子和孟子关于仁义内外的著名辩论中,告子认为仁内义外,主要理由为仁是亲亲的内在心理情感,而对长者的尊敬是外在的、权威性的社会规范和义务,不分亲疏,人人都应遵守。① 类似看法还见于郭店楚简《语丛一》《六德》及《管子·戒》等,可知是战国时期的普遍观念。② 孟子提出仁

---

① 《孟子·告子上》,11.4。
② 《语丛一》以亲亲论证仁内,尊尊论证义外(《郭店楚墓竹简》,第194—197页),与告子的看法相同。《六德》以门内门外谈仁内义外,门内指父、子、夫的亲亲之恩情,门外指君、臣、妇的名位之区别(《郭店楚墓竹简》,第188页)。《礼记·丧服四制》(卷六十三,第1952b页)和《大戴礼记·本命》(王聘珍:《大戴礼记解诂》卷十三,北京:中华书局1983年,第253页)也有类似说法。此类说法虽然表述不同,但基本上仍是以亲亲、尊尊区分内外,与告子所论在实质上是相近的。《管子》谓"仁从中出,义从外作。……孝弟者,仁之祖也"(黎翔凤、梁运华:《管子校注》卷十,北京:中华书局,2004年,《戒》,第509—510页),与告子一样以孝弟亲亲为仁为内。《墨子》则不同意区分仁义内外:"仁,爱也;义,利也。爱利,此也;所爱所利,彼也。爱利不相为内外,所爱利亦不相为内外。其为(谓)仁内也、义外也,举爱与所利也,是狂举也。若左目出右目入"(孙诒让:《墨子间诂》卷十,北京:中华书局,2001年,《经说下》,第391页)。学界关于这些论述的解说与本章有所不同,主要可参看王博:《早期儒家仁义说的研究》,《哲学门》11(2005):71—97;梁涛:《郭店竹简与思孟学派》,北京:中国人民大学出版社,2008年,第308—309、387—389页;唐文明:《仁义与内外》,收山东师范大学齐鲁文化研究中心编:《儒家思孟学派论集》,济南:齐鲁书社,2008年,第388—403页。

义皆内,则是沿袭孔子以仁释礼、在外在社会伦理规范的基础上构建内在道德主体的创举,①进一步提出人性本有仁义礼智四端,可以扩而充之,从而将义也解说为个体承担社会责任的自觉心理和道德意志。告子以敬长为例,说明义是外在的社会规范;孟子在其他地方也说:"圣人有忧之,使契为司徒,教以人伦:父子有亲,君臣有义,夫妇有别,长幼有序,朋友有信"(《滕文公上》)。故二人所说的义本来都蕴含伦理义务的观念。但是,由于孟子还将义解释为内在的心性情志,这就使得义在作为外在伦理规范的同时,也成为个体的道德心理,于是"尊长"的角色义务转化为"我长之之心",②从而超越了伦理秩序的范围,由"行仁义"的社会伦理要求转化为"由仁义行"的自觉道德活动。郭店楚简《性自命出》也有近似说法:"道始于情,情生于性。始者近情,终者近义。知[情者能]出之,知义者能内之。"③如同学者们所指出,此处道指人道,亦即礼。④ 礼产生自人的性情,最终形成义的外在社会规范;但由于礼义与性情的渊源关系,义也能返回而内化为道德情感和意志。郭店楚简和马王堆帛书《五行》亦论述仁义礼智圣皆有内外:"形于内谓之德之行,不形于内谓之行。"⑤此处形于内之行应指由心志自主的道德实践,形于外之行应指遵循社会规范的伦理实践。简帛接着称道德自觉的实践为德,伦理规范的实践为善,而"善,人道也;德,天道也"。这是由于

---

① 参看 Benjamin I. Schwartz, "Transcendence in Ancient China," *Daedalus* 104.2 (1975): 57 - 68;李泽厚:《中国古代思想史论》,北京:人民出版社,1986 年,第 7—51 页。

② 朱熹(1130—1200):《四书章句集注》,济南:齐鲁书社,1992 年,第 157 页。

③ 《郭店楚墓竹简》,简 2—4,第 179 页。

④ 刘昕岚较早指出此点,见其《郭店楚简〈性自命出〉篇笺释》,《郭店楚简国际学术研讨会论文集》,武汉:湖北人民出版社,2000 年,第 330 页。

⑤ 庞朴:《竹帛〈五行〉篇校注》,收《古墓新知》,《庞朴文集》第二卷,济南:山东大学出版社,2005 年,第 117—151 页。

心性出自天命,故为天道;而伦理出自礼规,故为人道。

　　虽然道德(Morality)和伦理(Ethic)经常被相提并论和混用,但是自从柏拉图开始,哲学家们时常以各种方式对此两者有所区分。例如,黑格尔区分道德(*Moralität*)的范畴和伦理生活或秩序(*Sittichkeit*)的范畴。前者指的是康德所提倡的由自主性、主体性和自由意志所决定的道德;后者指的是"以风俗和传统为基础,通过符合社群的客观法规的行为和仿效而发展的伦理行为"。① 黑格尔进一步提倡融合此两个范畴,其所设计的融合过程是通过家庭、公民社会和国家的伦理体系,逐渐从道德转换到伦理秩序。② 然而,黑格尔这一融合两个范畴的过程基本上是理想的、抽象的和逻辑的演绎,并不是对实际的历史进程的概括。李泽厚则更为清楚地区分伦理和道德,其所描述的伦理和道德的互动关系也更符合实际的历史发展过程:"人的道德行为和心理,都从社会伦理规范而来。从而,我严格区分伦理(ethics,外在制度、风俗、规约、习惯……)与道德(morality,内在心理,即意志、观念、情感),并认为由前者构建后者,后者反馈于前者。这也就是人文(文明)与人性(心理)的辩证关系。"③

---

① Georg Wilhelm Friedrich Hegel, *Elements of the Philosophy of Right*, ed. Allen W. Wood, Cambridge: Cambridge University Press, 1991, §106, 145, 150, 153; Hegel, *Phenomenology of Spirit*, Delhi: Motilal Banarsidass Publishers, 1998, p. 266.

② Hegel, *Elements of the Philosophy of Right*, §142–340.

③ 李泽厚:《伦理学新说述要》,北京:世界图书出版公司,2019 年,第 24—28 页。关于伦理和道德的区分,学界目前主要运用于阐述各行各业的行为准则或宗教、社群组织的伦理规则。例如,Tabetha Hazels, "Ethics and Morality: What Should be Taught in Business Law?" *Academy of Educational Leadership Journal*: 19.2 (2015): 77–89。此外值得注意的是,与大多数学者相反,有些学者将道德定义为社会规则,将伦理定义为个体品德。例如,Ronald Dworkin, *Justice for Hedgehogs*, Cambridge, MA: Harvard University Press, 2011, p. 191。这种不同的解说可能产生自对于伦理和道德的不同定义。

李泽厚这一关于伦理、道德的区分和关联及其历史发展的描述，可以用来恰当地解释古典儒学经由礼的外在伦理规范而建构人的内在道德心理并将两者相融合的过程。礼是由社会风俗、规约、习惯等长期发展而形成的外在社会伦理规范。孔子以仁释礼，将外在的伦理规范内化为个体的自觉要求，建立起道德主体的观念，将严格的、强迫性的社会要求提升为主体的自觉理性和自由意志，于是他律的伦理规范与自律的道德心理开始融为一体，由此而开创儒学伦理学的伦理——道德模式。孔子之后，从其弟子辈至孟子，又进一步将仁义礼智皆内化为道德主体的心性自觉。[①] 孟子以"羞恶之心"作为义的道德心理的开端。虽然羞恶之心可能有多种解释，[②]但基本上指不做不适宜、不正确、不合理的事，是道德活动的理性自律，"人皆有所不为，达之于其所为，义也"。[③] 这种道德主体实践适宜、正确、良善之事的心理自觉，被孟子解说为人类的"心之所同然者"，于是义的内涵也被扩展成为理性的心理法则："心之所同然者何也？谓理也，义也。圣人先得我心之所同然耳。故理义之悦我心，犹刍豢之悦我口。"[④]道德主体不仅接受由社会和家族所分配的伦理规范和角色义务，而且倾听其内在的理义道义之声。于是，"行仁义"的权威性社会伦理要求，被转化为"由仁义行"的自觉心理和道德实践。[⑤] 朱熹对"由仁义行"的解说已指出此点："仁义已根于心，而所行皆从此出；非以仁义为美，而后勉强行之，所

① 不少学者认为郭店简《五行》可能出自子思或其弟子；主要可参看梁涛：《郭店竹简与思孟学派》，第184—231页；陈来：《竹简〈五行〉篇讲稿》，北京：生活·读书·新知三联书店，2012年，第48—88、100—119页。
② 关于羞恶之心的各种阐释，参看 Shun, *Mencius and Early Chinese Thought*, pp. 58-63.
③《孟子·尽心下》，14.31。
④《孟子·告子上》，11.7。
⑤《孟子·离娄下》，8.19。

谓安而行之也。"①孟子著名的"浩然之气",所描述的也是这种内在心志的道义力量:

> 夫志,气之帅也;气,体之充也。夫志至焉,气次焉。……我善养吾浩然之气。……其为气也,至大至刚,以直养而无害,则塞于天地之间。其为气也,配义与道;无是,馁也。是集义所生者,非义袭而取之也。行有不慊于心,则馁矣。我故曰告子未尝知义,以其外之也。②

直,正也。这一"配义与道"的浩然之气是由道德主体的独立心志培养支配的、自内而外的道义之气,凝聚了道德理性的强大刚正力量,而不是由作为社会规范的礼义自外而内地"袭而取之"。因此,最后孟子批评告子"义外说"为不知义。赵岐(? —201)、孙奭(962—1033)、焦循(1763—1820)等皆认为此段是孟子对其义内说的阐发,甚是。③

此外,"行仁义"和"由仁义行"的区别,在很大程度上也是"工具"(means)和"目的"(ends)的区别。在以礼义伦理秩序为基础的社会政

---

① 朱熹,《孟子集注》卷八,第 294 页。
② 《孟子·公孙丑上》,3.2。
③ 赵岐、孙奭:《孟子注疏》卷六,收《十三经注疏整理本》,第 98—99 页;焦循:《孟子正义》卷六,北京:中华书局,1987 年,第 202—203 页。学者们已经指出孟子的"浩然之气"具有道、义的属性,而"集义"是一种理性的凝聚。主要可参看李泽厚:《中国古代思想史论》,第 50—51 页;徐复观:《孟子知言养气章试释》,收《中国思想史论集》,台北:学生书局,1983 年,第 142—154 页;黄俊杰:《孟学思想史论》第一卷,台北:东大图书公司,1991 年,第 335—413 页;李明辉:《孟子知言养气章的义理结构》,收李明辉主编:《孟子思想的哲学探讨》,台北:"中央研究院"中国文哲研究所筹备处,1995 年,第 115—158 页;张奇伟:《孟子"浩然之气"辨正》,《中国哲学史》2(2001):42—45;晁福林:《孟子"浩然之气"说探论》,《文史哲》2(2004):38—43;王兴国:《孟子"知言养气"章义解:兼论孟子与告子的不动心之道》,《深圳大学学报》29.5(2012):27—38。

治秩序中,人伦义务是社会家族分配给个体的角色责任,个体在履行既定的义务责任的同时,也为自己获取与之相配的权力利益:君有君的义务和权利,臣有臣的义务和权利,等等。① 个体由于履行其角色义务而获得的权利是一己一家的私利,所谓"天下为家,各亲其亲,各子其子,货力为己"。② 因此在这一意义上作为社会规范的义主要是工具而非目的。而内化为人的道德心理的义则从工具转化为目的,经由道德主体的"羞恶之心"的自由抉择和理性自律,不再被动地接受外在的人伦规范和角色义务,而是自觉地承担社会责任,不计较个人的得失成败。郭店楚简《鲁穆公问子思》记成孙弋评子思曰:"为义而远禄爵,非子思,吾恶闻之矣。"③据此,子思时儒者已经出现不计权利、超越角色义务的道义观念。

如前所述,荀子最为清楚地界定和阐发义的伦理规范和角色义务的传统内涵。但是,荀子同时也承袭孟子对义的内化,进一步论述和发展义作为主体的心理自觉和道德自律的观念。荀子指出:

> 志意修则骄富贵,道义重则轻王公,内省而外物轻矣。传曰:"君子役物,小人役于物。"此之谓矣。身劳而心安,为之;利少而义多,为之;事乱君而通,不如事穷君而顺焉。故良农不为水旱不耕,良贾不为折阅不市,士君子不为贫穷怠乎道。
>
> 义之所在,不倾于权,不顾其利,举国而与之不为改视,重死持义而不桡,是士君子之勇也。④

---

① 参看本书第二章。
② 《礼记正义》卷二十一,《礼运》,第 771a 页。
③ 《郭店楚墓竹简》,第 141 页。
④ 《荀子集解》卷一,《修身》,第 27—28 页;卷二,《荣辱》,第 56 页。

　　"修志意"和"内省"是内在的道德修养和自律,由此而可以骄富贵、轻王公,超越贵贵尊尊的人伦规范,达至不为物役、不重权利、安于贫困的自由意志和道义勇气。此处同样体现出和孟子相同的从工具到目的的转换。

　　不过,与孟子的理义多谈道德主体的心性情志有所不同,荀子的道义更强调由道德主体的志意和行为所"外烁"的社会作用,由此而形成公正、公义的公共道德法则和价值观念,并试图将道德价值与伦理规范融合兼容,以实现理想统治和社会秩序。荀子说:"夫主相者,胜人以埶也,是为是,非为非,能为能,不能为不能,并己之私欲,必以道。夫公道通义之可以相兼容者,是胜人之道也。"①一位称职的卿相必须正确地判断是非,公平地对待有才能和无才能者,摒弃私欲,实行公道。在战国文献中,"公"字具有公共、公正、公平、公门等各种意义。② 荀子此处所述"公道"涉及对于是非贤能的判断对待,应该指的是公平、公正和公共利益的共同价值观念。如《礼记·礼运》所述:"大道之行也,天下为公。选贤与能,讲信修睦。故人不独亲其亲,不独子其子。"③不独亲其亲子其子,也就是以公平无私、选授贤能而超越礼文化的亲亲尊尊的人伦秩序。此外,在《荀子》中,公道与公义意思相同,都强调摒除私欲,公正不偏地坚持公众的利益。例如,"君子之能以公义胜私欲也";"公道达而私门塞矣,公义明而私事息矣。"④另一方面,上引"公道通义之可以相兼容者"之句中,"通义"的"通"意谓"通行"或"常规",故通义指的是通行的礼义伦理秩序,如荀子在其他地方所说,"少事长,贱事贵,不

① 《荀子集解》卷十一,《强国》,第295页。
② 参看沟口雄三,《中国的公与私·公私》,郑静译,北京:生活·读书·新知三联书店,2011年,第230—259页。
③ 《礼记注疏》,卷二十一,第769页上。
④ 《荀子集解》卷一,《修身》,第36页;卷八,《君道》,第239页。

肖事贤,是天下之通义也。"①与通义兼容的公道,则是去除私欲、天下
为公的公义。荀子所描述的士君子、卿相和君王,基本上可以说是理想
道德人格的代表,既兼容又超越礼的人伦规范和义利关系,大公无私,
以利民利国的道义公义为价值指向。荀子有意地将内在道德自觉与外
在伦理规范相融合,义既是自主选择也是社会义务,既是自律的道德行
为也是他律的伦理规范,从而进一步发展完善孔孟以来的伦理——道
德理论。②

五、结语

综上所述,义的初构象插羽于我,一种可能用为族徽、仪仗或权杖
的戈兵器,以象征氏族的威仪。义和仪本为一字;在西周至春秋的礼文
化中,威义/威仪是对于贵族成员的一套伦理规范,要求每一成员依照
其君臣父子、贵贱高低的名分地位及在家庭和社会所承担的相应角色,
保持适宜的仪容外表,实践恰当的言论行为,履行合宜的义务责任。大

---

① 《荀子集解》卷三,《仲尼》,第113页。
② 黄俊杰已经注意荀子的公义观念,并将这一观念与荀子对公私关系的思考相联系,虽然他的分析和结论与本章不同。见其《孟学思想史论》,第145—159页。此外,《墨子》中也强调实践仁义必须以是否利益天下人为准则,要求摒除私欲私利,打破亲亲尊尊的人伦秩序,并明确提出正义、公义等普遍性的道德准则。见孙诒让:《墨子间诂》卷七,北京:中华书局,2001年,《天志下》,第209页;卷二,《尚贤上》,第46页;卷十,《经说上》,第334页;卷十一,《耕柱》,第430页;卷八,《非乐上》,第251页;卷十一,《大取》,第45页,等等。萧公权和泽田多喜男皆认为孟子的义说与《墨子》所述有相合之处;见萧公权:《中国政治思想史》,台北:中华文化出版事业委员会,1954年,第131页;[日]泽田多喜男:《先秦思想史研究一斑:孟子仁义说成立考》,《东洋文化研究所纪要》,第92号,1982年12月,第93—128页。佐藤将之则指出荀子的义观念受到墨家的重要影响;见其《参于天地之治:荀子礼治政治思想的起源与构造》,台北:台大出版中心,2016年,第329—330页。不过,这些学者所述孟、荀的义观念与本章所述不同。

致从春秋末开始,义字孳乳出仪字,礼义和礼仪开始在观念上分离。义代表义务、责任、德行,是礼的本质内容;仪代表礼节、容表、仪式,是礼的外在表现。礼义和礼仪的轻重本末和义的价值内涵成为春秋战国诸子讨论的对象。其中从孔子至孟子、荀子等的古典儒学逐渐形成有关义的伦理—道德理论,既继承发展周礼有关义的社会伦理规范和角色义务,也逐渐将义内化为主体的心理自觉和道德自律,并进而将两者相融兼容,将每个人看成既是按特定的名位角色活动于人际关系的社会存在,也是有能力独立选择道义德行的自主个体。在此后两千多年的中国思想文化传统中,这一伦理—道德模式在维持人际关系、社会秩序和培养道德主体、理想人格两方面都发挥了重要的功用。

第二章

义务和权利：从礼制到古典儒学的义利观 *

　　关于义利关系的讨论，亦即所谓义利之辨，开始于先秦时期，秦汉之后继续展开，成为传统中国指导社会经济活动的思想理论基础。这一讨论一直延续至今日，许多学者仍旧尝试通过重新阐释义利关系来寻找现代商道的价值导向。本章集中于追根溯源，探讨西周礼制关于义和利的规定及其对古典儒学义利观念的影响，并附带述及其对现代商道的启示。

　　关于义利关系，学界有两种流行的说法，其一是"孔孟提出义利之辨"，其二是"孔孟主张尚义排利"。这两种说法皆有一定理据，但皆不够充分恰当。孔子之前，义利关系，或更明确地说义务和权利的关系，不但已经包含于西周至春秋的礼制之中，而且是礼的最重要内容之一。对于礼制的这一重要内容，学界尚未给予充分注意，这是因为义的意蕴在后代有丰富多样的衍生和演化，使得人们对其所指向的义务责任的

---

　　* 本章初稿为 2008—2012 年我在澳门大学讲授《论语》课的专题讲义，其后以《古典儒学的义利观及其对现代商道的启示》为题，于 2018 年 6 月发表于香港恒生大学主办的"商道与文化研讨会"。

早期意义认识不清，从而也影响到对义利关系的早期内涵的分析厘定。在前一章分辨清楚义观念的起源和发展的基础上，我们现在可以进一步较为深入地探讨义和利的关系。

一、周礼关于义务和权利的政治伦理规定

在周代礼制中，义是礼的本质内容，是一整套关于义务、伦理、言行的准则，适合每一个体在社会上扮演的君、臣、父、子等角色的义务和责任。[1] 而利是社会财富的分配，其分配原则是义，也就是符合贵族成员依照各自的名分地位而履行的义务责任。天子有天子的义务和权利，国君有国君的义务和权利，大夫有大夫的义务和权利，士有士的义务和权利。名分地位和责任义务不同，所获得的权利和财富也不同。符合各人名位义务的所得，是符合义之利，可以取；超出各人名位义务的所得，是不义之利，不能取。

众所周知，周礼是涵括宗教、政治、伦理等多重维度的社会规范。周礼中关于义务和权利的规定，主要建立于西周的分封制和宗法制的基础之上。西周前期，周王持续地将土田臣民和礼器舆服授予王族、姻亲、功臣及先代贵族，将他们分封到各地去开疆拓土，迁徙融合族群，建立地方邦国，赋予他们在领地内的行政和军事权力。其中土地和人民是当时社会经济的主要来源，这是受封者所获得的最重要利益。同时，周王也要求这些诸侯必须履行各种义务责任，包括屏藩王朝、臣服朝聘、献纳贡物、提供赋役、应召出征，等等。以这种"天子建国"为模式，诸侯进一步"立家"，在各自的封国内实行再分封，将田邑民众分给宗亲

---

① 参看本书第一章。

贵族。卿大夫在其采邑内也拥有相对独立的行政权力和经济利益,但同样也需要履行对国君的各种义务责任。[1] 王国维指出,分封制使得"天子诸侯君臣之分始定于此";[2]而名分既定,上下的权利和义务也同时厘定。分封制又与宗法制密切相关,宗法制以家族为中心,按血统、嫡庶、大小宗来分配权力财产,是分封制的基础和根据。由此而确立起一整套土地财产和社会政治地位的分配和继承的等级化制度,尊卑贵贱各有其规定的名位、权利和义务。[3] 分封制和宗法制共同运作,把"国"和"家"相结合,将天子、诸侯、大夫、士庶的君臣关系与父子兄弟亲

---

[1] 有关西周分封制的讨论极多,分歧也较大。与本章此处所采用看法相关者,主要可参看王国维:《殷周制度论》,收《观堂集林》卷十,1923 年重印,石家庄:河北教育出版社,2001 年,第 231—244 页;杨希枚:《姓字本义析证》,《历史语言研究所集刊》23(1952):409—442;许倬云:《西周史》,1984 年重印,北京:生活·读书·新知三联书店,1994 年,第 142—176 页;杜正胜:《周代封建的建立:封建与宗法(上篇)》,"中央研究院"历史语言研究所中国上古史编辑委员会:《中国上古史》第三本《两周编之一史实与演变》,台北:"中央研究院"历史语言研究所中国上古史编辑委员会,1985 年,第 53—120 页;葛志毅:《周代分封制度研究》,哈尔滨:黑龙江人民出版社,1992 年;杨宽:《西周史》,上海:上海人民出版社,1999 年,第 373—394 页;Edward L. Shaughnessy, "Western Zhou History," in Michael Loewe and Shaughnessy, eds., *The Cambridge History of Ancient China*, Cambridge: Cambridge University Press, 1999, pp. 292-351;王玉哲:《中华远古史》,上海:上海人民出版社,2000 年,第 577—592 页;周书灿:《西周王朝经营四土研究》,郑州:中州古籍出版社,2000 年;Li Feng, *Bureaucracy and the State in Early: China Governing the Western Zhou*, Cambridge: Cambridge University Press, 2008, pp. 235-270.

[2] 王国维:《殷周制度论》卷十,第 238 页。

[3] 有关周代的宗法制及其与分封制的关系,学界讨论甚多,但也有许多分歧。与本章所采用看法相关者,主要参看王国维:《殷周制度论》卷十,第 231—244 页;许倬云:《西周史》,第 154—165 页;杜正胜:《周代封建制度的社会结构:封建与宗法(下篇)》,《中国上古史》第三本《两周编之一史实与演变》,第 121—184 页;钱杭:《周代宗法制度史研究》,上海:学林出版社,1991 年;杨宽:《西周史》,第 426—452 页;王玉哲:《中华远古史》,第 566—577 页;周书灿:《西周王朝经营四土研究》;Lothar von Falkenhausen, *Chinese Society in the Age of Confucius* (1000-250 BC): *The Archaeological Evidence*, Los Angeles: Cotsen Institute of Archaeology, UCLA, 2006, pp. 66-68.

属的家族关系相融合。如同周书灿所指出："西周王朝在对四土大规模政治、军事经营过程中，创造性地推行了封藩建国之制。分封制与宗法制相结合，从而使宗法制原则贯穿西周王朝的政治生活，在此基础上产生的家国同构的观念及人伦至上的文化精神，构成中国传统文化的基本框架。"①

在这一过程中，礼仪逐渐系统化和制度化，形成一套等级化的伦理价值规范。各阶层人物获得与其在社会和家族中的名位角色相应的权力利益，同时也履行相应的义务责任，这就是周礼关于义利关系的政治、经济、伦理规定。王国维强调："周之所以纲纪天下，其旨在纳上下于道德，而合天子、诸侯、卿、大夫、士、庶民以成一道德之团体。古之所谓国家者，非徒政治之枢机，亦道德之枢机也。"②许倬云在总结西周分封制时指出："礼仪的系统化与制度化，一方面意味着一个统治阶层的权力已由使用武力作强制性的统治，逐步演变到合法的地位的象征。另一方面，规整的礼仪也代表统治阶层内部秩序的固定，使成员间的权利与义务有明白可知的规律可以遵循，减少了内部的竞争与冲突，增加了统治阶层本身的稳定性。"③

周礼中涉及权利和义务的内容，见于册命礼、祭礼、丧礼、葬礼等。其中最重要的是册命礼，经由这一典礼，周王赐予诸侯臣工、诸侯赐予臣民特定的权力利益，并宣示其义务责任。铜器铭文中的很大一部分，《尚书》《逸周书》中的诰命，《诗经》中的部分篇章，《左传》《国语》等文献中的一些记载等，都记录了册命的礼仪和内容。关于册命礼，学界已有

① 周书灿：《西周王朝经营四土研究》，第 229 页。
② 王国维：《殷周制度论》卷十，第 232 页。
③ 许倬云：《西周史》，第 165 页。

众多研究，①此处仅举两个例子。其一为毛公鼎铭文，文中陈述周宣王即位之后，励精图治、拨乱反正，故委命叔父毛公以首辅的权力，治理邦国和家族一切大小政务，警饬毛公勤勉公正地履行职责，辅助屏卫王位，最后颁赠毛公丰厚的旗章舆马、礼器宝物。② 其二为《诗经·大雅·韩奕》，诗中述韩侯初立来朝，周宣王举行册命的典礼：

> 奕奕梁山，维禹甸之，有倬其道。韩侯受命，王亲命之："缵戎祖考。无废朕命，夙夜匪解。虔共尔位，朕命不易。干不庭方，以佐戎辟。"
>
> 四牡奕奕，孔修且张。韩侯入觐，以其介圭，入觐于王。王锡韩侯，淑旗绥章，簟茀错衡，玄衮赤舄，钩膺镂锡，鞹鞃浅幭，鞗革金厄。
>
> ……
>
> 溥彼韩城，燕师所完。以先祖受命，因时百蛮。王锡韩侯，其追其貊，奄受北国，因以其伯。实墉实壑，实亩实藉。献其貔皮，赤豹黄罴。③

周王首先亲自颁布册命，要求受封的韩侯绍继其祖考之旧业，日夜不懈，虔诚地供奉职位，不改易王命，征伐不臣服的方国，辅佐周王。接

---

① 主要参看齐思和：《周代锡命礼考》，《燕京学报》32（1947）：197—226；陈梦家：《西周的策命制度》，载《西周铜器断代》，《考古学报》1（1956）：98—114；张光裕：《金文中册命之典》，《香港中文大学中国文化研究所学报》（第十卷下册）（1979）：241—271；武者章：《西周册命金文分类の试み》，收松丸道雄编《西周青铜器とその国家》，东京：东京大学出版会，1980 年，第 49—132 页；许倬云：《西周史》，第 165—175 页；陈汉平：《西周册命制度研究》，上海：学林出版社，1986 年。
② 主要参看王国维：《毛公鼎铭考释》（《广仓学窘丛书》本）第一集，第三册，1916 年。
③ 《毛诗正义》卷十八，《十三经注疏整理本》，第 1442b—1455b 页。

着周王赏赐韩侯丰厚的旗章舆服，符合其作为侯伯的名位身份。最后周王追述韩侯先祖受命节制百蛮，赐予韩侯追、貊之国，使其为北土方伯，修其城池，治其田亩，贡其所有于周王。① 上引二例中，天子皆对诸侯臣工清楚地颁布其权力利益和职位义务。于是，通过册命等礼仪，天子与诸侯、君与臣之间厘定了双方的权利和义务，"上对下有礼，下对上尽忠。史官读命书，受命者受策。加之以赏赐，信之以瑞玉，正是为了确定双方的权利与义务"。②

二、古典儒学的义利观

周礼中关于权利和义务的政治、经济、伦理规定，至春秋时期被智者贤士观念化为对于义和利关系的理性思考，并继续成为政治活动中的实践指南。《国语·周语中》记襄王十三年（前 639）富辰的话如下："夫义所以生利也，祥所以事神也，仁所以保民也。不义则利不阜，不祥则福不降，不仁则民不至。古之明王不失此三德者，故能光有天下，而和宁百姓，令闻不忘。王其不可以弃之。"富辰所说的以义生利阜利，治国安民，也就是周礼关于通过履行角色义务而获得权力利益的规定，这是对礼的准确阐发。《国语·晋语》记邵郑语"义以生利，利以丰民"；③《左传·成公十六年》（前 575）记申叔语"祥以事神，义以建利"，

---

① 古今有关《韩奕》一诗的阐释各有出入，本章此处所释主要根据朱熹：《诗集传》，收朱杰人、严佐之、刘永翔编：《朱子全书》第一册，卷十八，上海：上海古籍出版社；合肥：安徽教育出版社，2002 年，第 710—712 页。
② 许倬云：《西周史》，第 176 页。
③ 徐元诰编，王树民、沈长云点校：《国语集解·晋语一》，北京：中华书局，2002 年，第 256 页。

昭公十年(前 532)记晏子语"义,利之本也",①与富辰所述是一致的。同书宣公十五年(前 594)载,晋侯派解扬使宋,劝无降楚,却为郑人因而献诸楚;楚子厚赂解扬,要其劝宋降楚,但解扬宣示时仍恪守原命;楚子欲杀之,解扬答曰:"君能制命为义,臣能承命为信,信载义而行之为利,谋不失利,以卫社稷,民之主也。义无二信,信无二命。君之赂臣,不知命也。受命以出,有死无陨,又可赂乎。臣之许君,以成命也,死而成命,臣之禄也。寡君有信臣,下臣获考,死又何求。"②此段话大意是说,君王履行其义务而命令臣下出使,臣下以诚信承受使命,为社稷民生担负责任,并由于履行义务而获得利禄;即使因此而丧生,也是恪守信义、完成使命、死得其所。这同样是实践礼关于权利和义务之规范的言行。③

从春秋末年到战国时期,孔子及其后学随顺时势变化,深入地思考义和利的关系,逐渐形成古典儒学关于义利的观念。④ 前章已经指出,孔子阐发义的人伦秩序和角色义务的内涵,突出强调义是礼的本质内容。孔子有关义利关系的论述,以其复兴周礼的目标为基础,基本上沿

---

① 《春秋左传正义》卷二十八,《十三经注疏整理本》,成公十六年,第 889b 页;卷四十五,昭公十年,第 1473a 页。
② 《春秋左传正义》卷二十四,宣公十五年,第 768a 页。
③ 一些学者已经注意春秋时期智者关于以义生利、义以建利的观念,但往往将义解释为"道德规范",将利解释为"群体利益",或"公利"与"私利"的矛盾,与本章的分析角度不同。
④ 战国时期礼坏乐崩,礼所规定的名分地位和义利关系都发生了根本变化,君臣上下追逐权利的种种劣行与旧的礼规发生激烈冲突,于是义利之辨成为战国诸子争论的中心命题之一。例如,《孟子·尽心上》(13.26)所述杨朱、墨子、子莫关于利的观念;《墨子》《韩非子》《吕氏春秋》等书中也有较多关于义利关系的论述。限于篇幅和主题,本章仅集中讨论古典儒学的义利观。关于其他战国诸子的义利观的研究,主要可参看张岱年:《张岱年全集》卷二,石家庄:河北人民出版社,2007 年,第 418—419 页;黄伟合:《墨子的义利观》,《中国社会科学》3(1985):300—308;朱家桢:《义利关系辨正》,《中国经济史》2(1987):111—124;许青春:《法家义利观探微》,《中南大学学报》6(2006):657—661。

循周礼及春秋智者的思考而进一步展开。《论语·宪问》记："子问公叔
文子于公明贾曰：'信乎，夫子不言、不笑、不取乎？'公明贾对曰：'以告
者过也，夫子时然后言，人不厌其言；乐然后笑，人不厌其笑；义然后取，
人不厌其取。'子曰：'其然？岂其然乎？'"①"义然后取，人不厌其取"是
说，只要公叔文子的行为符合义，也就是其角色义务，其获取再多的财
利，百姓也不反对。这是西周礼制的规定，故孔子完全赞同公叔文子的
做法。《论语》又记："孔子曰：'君子有九思：视思明，听思聪，色思温，
貌思恭，言思忠，事思敬，疑思问，忿思难，见得思义。'""子张曰：'士见
危致命，见得思义，祭思敬，丧思哀，其可已矣。'"②孔子和子张所说的
"见得思义"，"得"指获得利益，"思义"指思考是否符合义；君子不是不
能获得任何利益，而是必须考虑所获得的利益是否符合其角色义务；这
也是周礼的内涵。《论语·述而》记："子曰：'饭疏食饮水，曲肱而枕之，
乐亦在其中矣。不义而富且贵，于我如浮云。'"同篇又记："子曰：'富而
可求也，虽执鞭之士，吾亦为之。如不可求，从吾所好。'"③如同许多
学者已经指出，孔子并未反对富贵，而是反对不符合义的富贵。以上所
引孔子及其弟子辈关于义利关系的话语，基本上是从观念上对周礼关
于权利和义务的规定展开阐发。《左传·成公二年》(前 589)将以下话
语归属于孔子："唯器与名，不可以假人，君之所司也。名以出信，信以
守器，器以藏礼，礼以行义，义以生利，利以平民，政之大节也。"④礼器
和名位由君王依照礼的规定而颁赐臣下，臣下信守君命，履行其义务而
获得利益，其结果使得民众安定。这与前引富辰等人所说的"义所以生

① 《论语·宪问》，14.13。
② 《论语·季氏》，16.10；《子张》，19.1。
③ 《论语·述而》，7.16，7.12。
④ 《春秋左传正义》卷二十五，成公二年，第 795a 页。

利""义以建利""义,利之本也"及由义利均衡而导致的"光有天下,和宁百姓"的结果,是相一致的。

但是,我们还应看到,孔子关于义利关系的思考,也在一定程度上超越了周礼的政治伦理规范。《论语·里仁》记,"子曰:'君子喻于义,小人喻于利。'"①这句话经常被解说为孔子将义和利对立,"强调两者的不相容",但这是一种不够深刻的理解。孔子这里的君子、小人不是以名位角色区分,而是以道德品格区分。道德品格高尚的君子将责任义务看得比权力利益重要,而道德品格低劣的小人只关注个人的权利得失。此处孔子超越了周礼的社会伦理规范,将义利关系道德化、心理化和人格化,从"功利境界"上升到"道德境界"(借用冯友兰的概念);因此,孔子"罕言利"。②君子已经不仅是恪守礼的外在社会规范,将履行角色义务责任看成获取权力、利益的功利手段,而是在心理上自觉地承担社会责任和历史使命。这既是孔子对于义利关系的深入一层思考,也是他在"知天命"后的人生实践:不计得失、不顾成败,"知其不可而为之",自觉地承担和完成自己的历史使命。③

孔子之后、孟子之前的儒者如子思等,也对义利关系展开讨论。郭店楚简《六德》云:"父兄任者,子弟大材艺者大官,小材艺者小官;因而施禄焉,使之足以生,足以死,谓之君,义使人多。"④君之德行责任(义)是衡量臣的才艺大小而授官任职,并依职务责任的大小而给予俸禄(利)。这一论述基本上仍是周礼关于权利和义务予取相应的规定。但是,郭店楚简《鲁穆公问子思》记成孙弋评子思曰:"为义而远禄爵,非子

---

① 《论语·里仁》,4.16。
② 《论语·子罕》,9.1。
③ 关于孔子的知命和承担历史使命,参看本书第六章。
④ 荆门市博物馆:《郭店楚墓竹简》,《六德》,第 187 页。

思，吾恶闻之矣。"①据此，子思及同时代儒者沿袭孔子，也在一定程度上超越义利平衡的礼规，强调履行社会义务而不计得失的自觉意志。

　　孟子以其关于义的思想观念为基础，对义利关系作出多维度的阐述和发展。在此方面，孟子最为人们所注目的是试图以义矫正唯利是求的时弊。《孟子》开头第一章，梁惠王问如何利其国，孟子答以"王何必曰利，亦有仁义而已矣"。②《孟子·告子下》记宋牼将往见秦楚之王，以两不利说其罢兵，孟子又说"何必曰利"。③"何必曰利"的话使得古今不少学者认为孟子将义利对立，尚义排利，以言利为耻，但这是一种不够全面的理解。如前所述，义实际上已包含利，即符合各人之角色义务的利，各人按其名位履行责任后应得的那一份权力利益。千乘之家保持其千乘的权利，这是符合义；如果不满足，还要弑君夺取更多的权利，这就是不义。故孟子接着说："苟为后义而先利，不夺不餍。"孟子以"何必曰利"截断梁惠王的问题，此为论辩需要，矫枉不妨过正，目的为警告梁惠王利欲不止就不免有大夫杀诸侯的事发生。苏辙《孟子解二十四章》注云："圣人躬行仁义而利存，非为利也。惟不为利，故利存。"④朱熹《孟子集注》引程颐语："当是之时，天下之人唯利是求，而不复知有仁义，故孟子言仁义而不言利，所以拔本塞源而救其弊，此圣贤之心也。"⑤战国时礼制崩坏，人人唯利是求，故在应得之利（符合义）之外，不能再讲利。孟子接着又说："未有仁而遗其亲者，未有义而后其君者也。"朱熹注云："此言仁义未尝不利。"⑥不遗其亲不后其君便是

① 《郭店楚墓竹简》，《鲁穆公问子思》，第141页。
② 《孟子·梁惠王上》，1.1。
③ 《孟子·告子下》，12.4。
④ 苏辙(1039—1112)：《栾城后集》(《四库全书》本)卷六，第1a页。
⑤ 朱熹：《孟子集注》卷一，收《四书章句集注》，北京：中华书局，2010年，第202页。
⑥ 朱熹：《孟子集注》卷一，第201页。

利,故孟子矫枉过正的义利之辨,并非真的不能言利。

在试图以义矫正唯利是求的时弊之外,孟子实际上如同孔子,主要阐发的是基于周礼的义利观念。孟子有一长段关于"周室班爵禄"叙述,详细描绘从天子至下士的名位等级及相应的土地俸禄。[①] 孟子所述过于整齐划一,未必就是实际的周制,但仍从大体上说明了周礼关于权利和义务的分配制度,并强调其在战国时期仍然具有合法性和必要性:"夫仁政必自经界始。经界不正,井地不钧,谷禄不平,是故暴君污吏必慢其经界。经界既正,分田制禄,可坐而定也。""遵先王之法而过者,未之有也"。[②] 此外,《孟子》中反复阐述:

> 非其有而取之,非义也。
>
> 尊者赐之,曰:"其所取之者,义乎,不义乎?"
>
> 伊尹耕于有莘之野,而乐尧舜之道焉。非其义也,非其道也,禄之以天下,弗顾也;系马千驷,弗视也。[③]

其中关于"非其有而取之,非义也"和"其所取之者,义乎,不义乎"的思考,正是上述孔子和子张所说的"见得思义",取得权利时要考虑是否符合自己的角色义务。伊尹在耕作之时,不接受汤赏赐的丰厚俸禄,因为他在彼时尚未履行宰臣的义务;后来他担任宰臣,就可以心安理得地接受厚利。孟子对于陈仲子的批评,也清楚地说明他对周礼关于权利和义务关系的理解。《孟子·尽心上》记:"仲子,不义与之齐国而弗受,人皆信之,是舍箪食豆羹之义也。人莫大焉亡亲戚君臣上下。以其

① 《万章下》,10.2。
② 《孟子·滕文公上》,5.3;《离娄上》,7.1;
③ 《孟子·尽心上》,13.33;《万章下》,10.4;《万章上》,9.7。

小者信其大者，奚可哉？"①陈仲子不接受任何不符合其名位责任的权利，坚守周礼关于义利关系的规定，却离弃母兄不仕君主，这是守小义而弃大义，违背了最重要的伦理义务，这也就是子路所说的"不仕无义"。②孟子又云："然则治天下独可耕且为与？有大人之事，有小人之事。且一人之身，而百工之所为备。如必自为而后用之，是率天下而路也。故曰：或劳心，或劳力；劳心者治人，劳力者治于人；治于人者食人，治人者食于人，天下之通义也。"③此段备受不少现代学者诟病的话，实际上主要也是在阐发周礼关于权利和义务的名分等级，说明社会各阶层需要分工合作，履行各自的角色义务，以获得相应的利益；劳心者不劳力，但如果尽了统治者的义务，就可以享有由劳力者所生产的财物。因此，孟子最后总结说这是人类社会通行的义，也就是周礼关于权利和义务的规定。

　　另一方面，孟子沿承孔子、子思等，对周礼关于义利关系的规范作出重要的新拓展。如同前章所述，孟子通过与告子辩论仁义内外，将义的社会规范内化，将之解说为个体承担社会责任的自觉心理和道德意志。告子以敬长为例，说明义是外在的社会规范；孟子在其他地方也说："圣人有忧之，使契为司徒，教以人伦：父子有亲，君臣有义，夫妇有别，长幼有叙，朋友有信。"④故二人所说的义本来都蕴含周礼关于角色义务的规定。但是，由于孟子还将义解释为内在的心性情志，这就使得义在作为外在伦理规范的同时，也成为个体的道德心理，于是"尊长"的角色义务转化为"我长之之心"，⑤从而超越了伦理秩序的范围，由"行

---

① 《孟子·尽心上》，13.37。
② 《论语·微子》，18.7。
③ 《孟子·滕文公上》，5.4。
④ 《孟子·滕文公上》，5.4。
⑤ 朱熹：《孟子集注》卷十一，第327页。

仁义"的社会伦理要求转化为"由仁义行"的自觉道德活动。[①] 孟子云：
"有天爵者,有人爵者。仁义忠信,乐善不倦,此天爵也;公卿大夫,此人
爵也。古之人修其天爵,而人爵从之。今之人修其天爵,以要人爵;既
得人爵,而弃其天爵,则惑之甚者也,终亦必亡而已矣。"[②]此处的天爵
和人爵讲的也是义利关系。人爵是经由外在的社会规定所获得的爵位
权利,天爵是实践仁义忠信而乐善不倦的自觉道德心理。代表孟子的
理想人格的"古之人"通过修养天爵而自然获得人爵,所突出的是义的
内在道德意志,而不是礼的外在伦理规范。

至战国晚期,荀子及其同时代的儒士,其中可能包括许多他在稷下
学宫三任祭酒时的学生,进一步全面而深入地思考总结孔子以来儒学
有关义利关系的思想观念。首先,荀子等儒士重新强调,义作为礼的规
范,是划定君臣父子等各阶层人物的角色义务的重要准则:"贵贵,尊
尊,贤贤,老老,长长,义之伦也。""何谓人义? 父慈,子孝;兄良,弟弟;
夫义,妇听;长惠,幼顺;君仁,臣忠;十者谓之人义。"[③]其次,如同学者
们已经注意到,荀子主张人的本性是好利的,君子小人同此;[④]基于礼
规关于权利和义务的予取平衡,荀子等强调义利两存:

> 义与利者,人之所两有也。虽尧舜不能去民之欲利,然而能使
> 其欲利不克其好义也。虽桀纣不能去民之好义,然而能使其好义
> 不胜其欲利也。[⑤]

---

① 《孟子·离娄下》,8.19。参看本书第一章所述。
② 《孟子·告子上》,11.16。
③ 王先谦:《荀子集解》卷十九,北京:中华书局,1988 年,《大略》,第 491 页;《礼记
　正义》卷二十二,《十三经注疏整理本》,《礼运》,第 802b 页。详见本书第一章。
④ 《荀子集解》卷十七,《性恶》,第 434—449 页
⑤ 《荀子集解》卷十九,《大略》,第 502 页。

利者，义之和也。①

事君大言入则望大利，小言入则望小利。故君子不以小言受大禄，不以大言受小禄。②

义是每个人的角色义务，利是符合每个人的角色义务的利益，义和利在治世和乱世都是民众的欲求和需要，缺一不可；义和利相生相成，大的德能责任接受大的利禄，小的德能责任接受小的利禄。其三，荀子沿袭发展孔孟将义内化为自觉履行社会责任的道德意志的观念，明确提出"先义后利""重义轻利""以义制利"等修身治国原则，强调在义利关系中，义是更本质的、起决定性的方面：

荣辱之大分，安危利害之常体：先义而后利者荣，先利而后义者辱；荣者常通，辱者常穷；通者常制人，穷者常制于人；是荣辱之大分也。

身劳而心安，为之；利少而义多，为之。

巨用之者，先义而后利，安不恤亲疏，不恤贵贱，唯诚能之求，夫是之谓巨用。小用之者，先利而后义，安不恤是非，不治曲直，唯便僻亲比己者之用，夫是之谓小用之。

请成相，道圣王，尧、舜尚贤身辞让。许由、善卷，重义轻利行显明。尧让贤，以为民，泛利兼爱德施均。辨治上下，贵贱有等明君臣。

故义胜利者为治世，利克义者为乱世。上重义则义克利，上重

---

① 王弼（226—249）、孔颖达：《周易正义》卷一，《十三经注疏整理本》，《乾·文言》，第 14a 页。
② 《礼记正义》卷五十四，《表记》，第 1738a 页。

利则利克义。故天子不言多少，诸侯不言利害，大夫不言得丧，士不通货财。

圣王在上，决德而定次，量能而授官，皆使民载其事而各得其宜。不能以义制利，不能以伪饰性，则兼以为民。①

荀子指出，先义后利的人能够荣耀通达，成就大的功用；先利后义的人将会受辱穷困，只能有小的功用；圣王贤士重义轻利，以义胜利，从天子诸侯到大夫士人皆不过度积累财富，不计较利害得失。圣王治国，应根据臣下的德能而授官，并使民众从事对各自合适的工作，从而使得臣民皆能获得相应的利益，这就是以义制利。② 与孟子将义内化而主要阐述道德主体的心性情志有所不同，荀子的公义更强调由道德主体的志意而"外铄"的社会作用，以及内在道德价值与外在伦理规范的融合兼容，义既是自主选择，也是社会义务；既是自律的道德行为，也是他律的伦理规范，从而进一步完善了孔孟以来的伦理—道德模式。

三、古典儒学的义利观对现代商道的启示

关于传统的义利之辨和现代商道的关系，学界有大量的讨论。但几乎所有讨论都着眼于一种二维的关系，诸如道义和功利的关系，道德和物质利益的关系，社会利益和个人利益的关系，道德人的合理性原则和经济人的利己主义原则的关系，合作和竞争的关系，等等。学者们尝

---

① 《荀子集解》卷二，《荣辱》，第 58 页；《修身》卷一，第 27 页；《王霸》卷七，第 209 页；《成相》卷十八，第 462 页；《大略》卷十九，第 502 页；《正论》卷十二，第 331—332 页。
② 许多学者已经注意荀子关于以义制利的观念，但往往将此处的义解释为"公利"，将利解释为"私利"，或认为荀子只以此观念讨论治国，与本章的分析不同。

试对这些二维关系的对立矛盾加以改革和调和，以发展适合现代商道的义利观，亦即价值导向原则。

此类二维关系中所谈到的义，实际上指的都是道义、道德、社会公义等，是义字后来所逐渐扩充衍生的意义，与西周礼制和古典儒学义利观所说的义并不完全一致。基于对西周礼制和古典儒学义利观的新认识，特别是义作为责任义务的本义，我们认为在这些二维关系中，还应加上一个责任义务的维度，从三维的角度来讨论义利关系。

首先，在各种社会经济活动中，参与活动的各方，不论是代表个体的、群体的甚或是国家的，都应厘清各自在分工合作中的地位，所扮演的角色，及所承担的责任和义务。在各方恪尽责任义务的基础上，所进行的物质利益分配就能较为有效地达到公平互利的道德原则。道德的范围十分宽泛，难以界定其内涵，而且不同文化、宗教传统对道德有不同的定义，难以统一；责任则可以明确地规定和量化。抛开角色分工和责任义务的合理规定和自觉执行，商务活动中的伦理道德和公平互利比较容易陷入空谈的境况，而道义和功利、道德和物质利益等的冲突，也难以达到真正的调解。

其次，更为重要的是，这里所说的责任义务，除了企业的经济和法律责任外，还包括从 20 世纪后半期以来兴起的企业社会责任（Corporate Social Responsibility）。1997 年 10 月，社会责任国际组织（Social Accountability International）制定《社会责任标准》（Social Accountability 8000，简称 SA 8000），是全球首个有关道德规范的国际标准，其目的是确保生产商及供应商所提供的产品皆符合社会责任的要求。2010 年 11 月，国际标准化组织（International Organization for Standardization）正式发布《社会责任指南》（Guidance on Social Responsibility，简称 ISO 26000）。这一指南的目标是通过鼓励企业及其他组织为其决策和活动承担社会责任,改善对员工、环境及社群的影响,从而为人类社会的可持续发展作出贡献。在这些社会责任的标准和指南的引导下,企业在经济活动中应该承担所涉及的社区、环境、群体、公益等社会责任。而这种结合了经济、法律和社会责任的经济活动,既对参与活动的各方有益,促使商业活动和谐地成功实行,也有助于改善社会,为人类发展作出贡献。

四、结语

古典儒学的义利观从西周礼制有关权利和义务的政治伦理规范发展而来,既强调宗法社会中个体的名位义务与权力利益分配的一致性,也突出个体履行社会责任的心理自觉和道德意志。在以礼义伦理秩序为基础的社会政治秩序中,人伦义务是社会家族分配给个体的角色责任,个体在履行既定的义务责任的同时,也为自己获取与之相配的权力、利益:君有君的义务和权利,臣有臣的义务和权利,等等。个体由于履行其角色义务而获得的权利是一己一家的私利,所谓"天下为家,各亲其亲,各子其子,货力为己"。[①] 因此,在这一意义上作为社会规范的义主要是"工具"(means)而非"目的"(ends)。而内化为人的道德心理的义则从工具转化为目的,经由道德主体的"羞恶之心"的自由抉择和理性自律,不再被动地接受外在的人伦规范和角色义务,而是自觉地承担社会责任,以实践普遍公认的正确言行为终极目的,不计较个人的得失成败。从孔子到荀子,古典儒学逐渐将外在伦理规范与内在道德自觉融合兼容,义既是社会义务也是自主选择,既是他律的伦

---

① 《礼记正义》卷二十一,《礼运》,第 771a 页。

理规定也是自律的道德行为，从而使儒学的伦理—道德模式趋于完美。

在其著名的《论义务》（亦译为《论责任》，*On Duty*）中，西塞罗（前106—前43）汲取班纳杜斯（Panaetius，约前185—约前109）所代表的斯多葛伦理学（Stoic ethics），讨论了两种义务（duty）。一种为平常的或有用的（ordinary or expedient）义务，应用于日常生活中的实际规则，有助于个人为自己和家庭增加资源和利益。另一种为道德义务，应用于至善的法则，有益于发扬美德、正直、尊严和正义。① 与之相似，康德也区分两种义务（duty）。一种为法律义务，是外在的，应用于权威所强制要求的行动，因此是"遵照义务而行"（acting in conformity with duty）。另一种为道德义务，是内在的，应用于源自个人对道德法则的自觉行动，因此是"出于义务而行"（acting from duty）。② 古典儒学的义观念兼容伦理义务和道德自觉两方面，与西塞罗和康德对义务的两分大致相应。义的角色义务是外在的、权威的和有益的，个人由于社会伦理规范的要求而行动，并为自己和家庭获取相应的权利。而义的道德自觉是内在的、自主的和无私的，个体由于对道德正确和公众利益的自觉意识而行动，也可以称为道德义务。的确，孟子对于"行仁义"和"由仁义行"的区分与康德对于"遵照义务而行"和"出于义务而行"的区分，两者何其相似！

虽然现代社会已经不再存在宗法制度，但是古典儒学的义利观对

① Marcus T. Cicero, *De Officiis with An English Translation*, trans. Walter Miller, Cambridge, MA: Harvard University Press, 1913, book I, esp. 1.7, 1.8, 1.9, 1.12, 1.15; book II, esp. 2.1, 2.11, 2.13, 2.22.
② Immanuel Kant, *Groundwork for the Metaphysics of Morals*, ed. and trans. Allen W. Wood, with essays by J. B. Schneewind et al. New Haven, CT: Yale University Press, 2002, pp. 13 - 21.

于当今的社会经济活动仍然具有重要的启示意义,可以从社会观和价值观方面引导我们合理处理物质利益、伦理道德及责任义务的三维关系,以达至活动各方的公平互利,使得各类经济活动和谐成功,从而促进人类社会的和平稳定和长远发展。

第三章

恕和仁：古典儒学的道德银律和金律 *

一、引言

在《论语》中，"恕"的观念主要被解释为"己所不欲，勿施于人"。在近代，当西方传教士来到中国，他们发现这一观念是基督教的道德金律"已所欲，施于人"（Do unto others as you would have them do unto you）的否定模式，并将之称为银律。除了基督教和儒学外，此两种模式还分别出现于世界上许多文化和宗教传统中，诸如印度教、佛教、耆那

---

* 本章初稿为 2008—2012 年我在澳门大学讲授《论语》课的专题讲义。其中有关仁的部分，于 2014 年 10 月以 "Confucian Ethics of Emotion and Its Inspiration to the Changing World Cultural Order" 为题，发表于夏威夷大学和东西方中心主办的 "Inaugural Conference of World Consortium for Research on Confucian Culture"。2015 年 10 月并入 "Li Zehou's Reconception of Confucian Ethics of Emotion" 一文，发表于夏威夷大学和东西方中心主办的 "International Conference on Li Zehou and Confucian Philosophy"；并正式发表为："Li Zehou's Reconception of Confucian Ethics of Emotion," *Philosophy East and West* 66.3 (July 2016)：757 - 786；以及 *Li Zehou and Confucian Philosophy*，ed. Roger T. Ames and Jinhua Jia, Honolulu：University of Hawaii Press，2018, pp. 155 - 186。另外全章曾以《恕和仁：古典儒学的道德银律和金律》为题，于 2018 年 7 月演讲于香港中文大学举办的"第十六届中华美德教育行动师资培训班"。

教、琐罗亚斯德教(袄教)、犹太教、伊斯兰教、锡克教、巴哈依教等。①

　　许多学者对此两种模式进行了比较,但结论却很不一致。一部分学者认为两种模式在实质上或逻辑上代表相同的道德法则,只不过一则采用肯定的表达形式,一则采用否定的表达形式。② 另一部分学者则相信两者表现的是不同的道德观念,但又可分为两种主要的不同看法。有些学者认为肯定模式高于否定模式,因为我们不可能仅仅由于不做不道德的事而成为道德之人;肯定模式提倡积极行动,表现对他人的关爱,而否定模式是一种消极的限定,没有积极行动的意义。③ 有些学者则偏爱否定模式,认为这一模式"维护个体的道德自主和选择",或由于提倡相互尊重而"更能达到良好的对话机制"。④

　　我赞同两种模式是不相同的、并且有高低层次之分的说法,但不同意学界关于古典儒学只提出否定式道德律或银律的普遍看法。我认

---

① 主要参看 H.T.D. Rost, *The Colden Rule: A Universal Ethic*, Oxford: George Ronald, 1986; Hans Küng, *A Global Ethic: The Declaration of the Parliament of the World's Religions*, New York: Continuum, 1993; Jeffrey Wattes, *The Golden Rule*, New York: Oxford University Press, 1996。

② 有关道德金律、银律或金律的肯定、否定模式的论著极多,不胜枚举。篇幅所限,本章注释中仅列举涉及中国思想传统者。认为两种模式相同者,主要参看陈荣捷: Wing-tsit Chan, "The Evolution of the Confucian Concept of Ren," *Philosophy East & West* 4 (1955): 295 - 320; H.G. Creel, *Confucius and he Chinese Way*, New York: Harper & Row, 1960, pp. 131 - 132; Philip J. Ivanhoe, "Reweaving the 'One Thread' of the Analects," *Philosophy East and West* 40.1 (1990): 17 - 33; Hans Küng, *A Global Ethic*.

③ 主要参看理雅各: James Legge, *The Chinese Classics*, 1861; reprint, Taipei: SMC Publishing INC., 1994, p. 177; 赵敦华:《只是金规则吗: 评宗教对话的一个误区》,《社会科学战线》2(2008): 32—36。

④ 主要参看 Robert E. Allinson, "Confucian Golden Rule: A Negative Formulation," *Journal of Chinese Philosophy* 12 (3) (1985): 305 - 315; Allinson, "The Golden Rule as the Core Value in Confucianism & Christianity: Ethical Similarities and Differences," *Asian Philosophy* 2.2 (1992): 173 - 185; 杜维明:《儒家的恕道是文明对话的基础》,《人民论坛》12(2013): 76—77。

为，孔子以"己所不欲，勿施于人"的"恕"观念提出否定模式或银律，作为对一般人的普遍性道德要求，但他还以"己欲立而立人，己欲达而达人"的"仁"观念提出与道德金律相似的肯定模式，作为对士君子的理想人格的要求。以下分别对古典儒学关于恕和仁的观念从道德律的角度作出新的阐释。

二、恕：古典儒学的道德银律

孔子关于恕的基本定义是"己所不欲，勿施于人"：子贡问曰："有一言而可以终身行之者乎？"子曰："其恕乎！己所不欲，勿施于人。"[①]自己不欲的事物，一般是对自己有害无益的事物。因此，恕要求人们应该将心比心，尊重别人的意愿，不做损害别人的事。这是一项基本的社会契约，是每个人都应遵循的社会公德和行为，也是维持人伦关系的道德底线。如果你不能爱和帮助别人，至少不能损害任何人；而在人类社会中，如果人人都不损害他人，世界就会变得更美好。因此，恕主要是面向所有人的普遍性道德律令，是维持社会群体和处理人际关系的基本准则。如同杨联陞精当地指出："恕作为一项道德原则被用于各种关系上，它为君子和小人提供了一个共同的基础。"[②]

然而，由于曾子将忠恕解说为孔子的"吾道一以贯之"的观念，[③]不少学者将恕或忠恕看成孔子之道的中心观念，极力将其内涵往深度挖掘。例如，爱莲心（Robert E. Allinson）认为孔子有意设计恕的否定模

---

① 《论语·卫灵公》，15.24。
② Lien-sheng Yang, "The Concept of Pao as a Basis for Social Relations in China," in *Chinese Thought and Institutions*, ed. John K. Fairban, Chicago: University of Chicago Press, 1957, pp. 291 - 309.
③ 《论语·里仁》，4.15。

式,而这一否定模式具有高于肯定模式的道德金律的优势,包括(1)人们知道什么是有害的比知道什么是有益的更容易;(2)其重点在于避免道德伤害和鼓励道德成长;(3)维护个体的道德自主和选择;(4)禁止行为比规范行为更为有效。① 这些优势虽然言之有理,但基本上是围绕着道德行为的边沿打转,说明道德认知和不行动有时可能比道德行为更有益,并未说明道德主体应如何以实际行为来进行道德实践。因此,这些优势是否能超过自觉地关爱帮助别人的道德金律,仍缺乏说服力。其他一些学者则将恕提高至仁的高度,用《论语》中关于仁的论述来解说恕,其主要根据是《论语·颜渊》:“仲弓问仁。子曰:‘出门如见大宾,使民如承大祭;己所不欲,勿施于人;在邦无怨,在家无怨。’仲弓曰:‘雍虽不敏,请事斯语矣。’”②《论语》中关于“问仁”的问和答基本上都不是在讲什么是仁,而是如何实践仁(详见下文)。孔子的回答提出多种实践方法,包括如何出门做事,如何役使民众,如何对待别人,以及是否出仕的正确态度;“己所不欲,勿施于人”只是其中的方法之一。仁以爱人为基本观念,不伤害别人含有爱人之意,是仁的一个方面。但如果将恕的方法和内容直接等同于仁,显然并不符孔子的原意。

　　由于恕的否定式表达明显缺乏积极行动的意义,不少学者借对忠的观念的阐释来添加肯定式表达和积极行动的意义,说明忠恕的组合等同甚至高于“己所欲,施于人”的道德金律。在 20 世纪 30 年代,冯友兰将《论语·雍也》中的“夫仁者己欲立而立人,己欲达而达人”解释为忠,援引孔子其他言语说明“忠有为人之意”,并将恕解释为推己及人的否定表

---

① Robert E. Allinson, "Confucian Golden Rule: A Negative Formulation," pp.305 - 315; Robert E. Allinson, "The Golden Rule as the Core Value in Confucianism & Christianity: Ethical Similarities and Differences," pp.173 - 185.

② 《论语·颜渊》,12.2。

达方式,将忠解释为推己及人的肯定表达方式。① 然而,冯友兰的这一解说是有问题的,因为孔子此句的开头是"夫仁者",明确地用"己欲立而立人,己欲达而达人"来解释仁而非忠,虽然忠也是实践仁的一个方法和方面(下文将对此章详加分析)。而且,忠在《论语》中出现十八次,从来未被用于说明推己及人的观念。但是冯友兰此说影响很大,为其后众多学者所接受,并用来论证忠含有道德金律的肯定模式的内涵。② 芬格莱特(Herbert Fingarette,1921—2018)也将忠和恕作了区分,认为恕只是通过要求人们在想象中把自身置于他人之境,并未为人们的道德行为提供实质性的指导,但忠在孔子的道德律中的确扮演实质性的角色。③

然而,细细考察忠字的古典含义及其在《论语》中的用法,我们发现冯友兰、芬格莱特及其他学者对于忠可能做了过度的解说。忠字的本字为"中",本义为中正、公正;加上心旁则强调个体在履行礼制所规定的社会、家族责任时尽心尽力,达到言语行为的正直诚实,代表人与人之间的公平、信任和责任关系。在《论语》中,忠恕并称仅一次见于曾子所述,因此,将忠恕说成为孔子之道的核心观念的说法是很可怀疑的。孔子单独述忠字十次,曾子单独述一次。在此十一次中,忠基本上皆指对别人(包括朋友、上司和国君等)和职务的言语和行事要诚实公正,尽心尽责。例如:

---

① 冯友兰:《中国哲学史》,1934 年重印,上海:华东师范大学出版社,2000 年,第 61—62 页;Fung Yu-lan, *A Short History of Chinese Philosophy*, trans. Derk Bodde, New York: The Macmillan Co., 1953, pp. 43 - 44.
② 主要参看陈荣捷:Wing-tsit Chan, *A Source Book in Chinese Philosophy*, Princeton, NJ: Princeton University Press, 1963, p. 27; David S. Nivision, "Golden Rule Arguments in Chinese Moral Philosophy," in *The Ways of Confucianism: Investigations in Chinese Philosophy*, ed. Bryan W. Van Norden, Chicago: Open Court, 1996, pp. 59 - 76。
③ Herbert Fingarette, "Following the 'One Thread' of the *Analects*," *Journal of the American Academy of Religion: Thematic Issue* 47.3 (1979): 387 - 391.

> 子张问政。子曰:"居之无倦,行之以忠。"
>
> 子贡问友。子曰:"忠告而善道之,不可则止,无自辱焉。"
>
> 曾子曰:"吾日三省吾身。为人谋而不忠乎?与朋友交而不信乎?传不习乎?"①

其中有一次,孔子还明确指出"忠"并不是"仁":"子张问曰:'令尹子文三仕为令尹,无喜色。三已之,无愠色。旧令尹之政,必以告新令尹。何如?'子曰:'忠矣!'曰:'仁矣乎?'子曰:'未知。焉得仁?'"②此外,《论语·述而》载:"子以四教:文、行、忠、信。"③孔子称只许极少数学生为仁,但他却教导和要求所有学生达到忠和信,可见忠、信和恕一样,是人人需要遵循的社会性公德。再者,孔子有五次将忠信并称,其中两次指的是言语的公正诚信,"言忠信";④另一次则曰:"十室之邑,必有忠信如丘者焉,不如丘之好学也。"⑤只有十户人家的小乡邑,就可找到忠信之人。由此也证明忠信和恕一样,是普遍的行为准则和社会公德。

总的说来,根据孔子的相关话语分析,恕和忠都指的是社会性公德,是维持人际关系的道德底线。但是,由于《论语》记曾子(前505—前432)将忠恕称为"一以贯之"的孔子之道,从汉代到现代的经学家和研究者大多将忠恕称许为孔子道德思想的核心观念,有些学者甚至认为此观念优越于道德金律。然而,如前所述,《论语》中忠恕仅出现一次,而且是以曾子的叙述口气出现,将忠恕称为孔子的核心观念,显然证据不足。钱穆即清楚指出,此说只能代表曾子一系的思想:"曾子曰:

---

① 《论语·颜渊》,12.14,12.23;《学而》,1.4。
② 《论语·公冶长》,5.19。
③ 《论语·述而》,7.25。
④ 《论语·卫灵公》,15.6。
⑤ 《论语·公冶长》,5.28。

'夫子之道，忠恕而已矣。'此后孟子曰：'尧舜之道，孝弟而已矣。'此正可以见学派。然谓一部《论语》，只讲孝弟忠恕，终有未是。"①另有一些学者也对此说表示怀疑，并认为此章是由曾子或曾子弟子编造增添的。②

如果恕或忠恕并不能代表孔子道德思想的核心观念，那么哪一个观念才是？如果恕或忠恕只代表道德金律的否定模式，那么古典儒学是否曾经提出一个肯定模式的金律？我们接下来要讨论仁的观念，可以肯定地回答此两个问题。

三、仁：古典儒学的道德金律

如前所述，有些学者指出，《论语·雍也》的"己欲立而立人，己欲达而达人"是道德金律的肯定模式，但他们将此模式解说为忠或忠恕的表现。然而，细读此章，孔子并非在讨论忠，而是清楚地在说仁："子贡曰：'如有博施于民，而能济众，何如？可谓仁乎？'子曰：'何事于仁，必也圣乎！尧舜其犹病诸！夫仁者己欲立而立人，己欲达而达人。能近取譬，可谓仁之方也已。'"③此章仁字四次出现，子贡问的是仁，孔子则以三个仁字回答，既未涉及忠，也未涉及恕。特别是孔子明确地以"夫仁者"领头来说明"己欲立而立人，己欲达而达人"，显然是在讲实践仁的方法（"仁之方"），是推己及人、积极地关爱别人和帮助别人的行为，也是孔子所树立的仁人的理想人格。而救世济众则是仁的进一步升华，是圣

---

① 钱穆：《论语新解》，北京：生活·读书·新知三联书店，2002 年，第 104 页。

② E. Bruce Brooks and A. Taeko Brooks, *The Original Analects*, New York: Columbia University Press,1998, pp.148 - 149; Bryan Van Norden, "Unweaving the 'One Thread' of *Analects* 4:15," in Van Norden, ed., *Confucius and the Analects*, Oxford: Oxford University Press, 2002, pp. 216 - 236.

③ 《论语·雍也》,6.30。

人的实践,圣人是仁的最高实现。

为什么明明孔子说"夫仁者己欲立而立人,己欲达而达人",学者们却要拐弯抹角地将此句解说成是在讲忠恕? 这可能主要出于两个原因。其一是"己欲立而立人,己欲达而达人"与恕一样采取将心比心、推己及人的方式,这可能是一些学者将此行为误解为忠恕的原因。其二是以往对仁的理解有偏差,对仁的字形初构和孔子对于问仁的回答的理解皆不够恰当。例如,芬格莱特在论述恕和忠时的确注意到了仁的重要性,并专设一节来讨论仁和忠、恕的关系,但由于他将仁理解为德之总名或全德,从而最终还是将"仁"轻轻放过。① 因此,我们首先要看一下"仁"字的字源含义。

许慎释仁为"亲也,从人二"。② 这使得一些学者认为,《论语》中仁的含义并非以心理观念为基础,仁字要到后来才发展出心理的、主观的用法。③ 但是,许慎的解释局限于汉代隶定之后的仁字;尽管他也列出了此字的两种战国古文,却没有加以考究及追溯更早的构形。在战国的玺印文中,有一个由"身"和"心"构成的字,④丁佛言(1878—1930)和郭沫若皆认为此字就是仁。⑤ 此字用通行的标准字体表示即是"㥁"。其后刘翔进一步考察所有战国古文的仁字构形,确定此字应是仁的初构,而身为既表义又表声的字根。⑥ 值得注意的是,身的早期构形描绘的是一个腹部凸起的人体,肚皮上还有一个点,象征有孕在身,因此也

---

① Herbert Fingarette, "Following the 'One Thread' of the *Analects*," 387 - 391.
② 许慎:《说文解字》,北京:中华书局,1963 年,第 161b 页。
③ Herbert Fingarette, *Confucius: The Secular as Sacred*, New York: Harper & Row, 1972, pp. 37 - 56.
④ 罗福颐(1905—1981):《古玺文编》,北京:文物出版社,1981 年,第 264 页。
⑤ 丁佛言:《说文古籀补补》,北京:中华书局,1988 年,第 37 页;郭沫若:《金文丛考》,北京:人民出版社,1954 年,第 216 页。
⑥ 刘翔:《中国传统价值观阐释学》,上海:上海三联书店,1996 年,第 157—161 页。

象征人和人的生命。① 因此，由身和心所构成的仁字包含着在心中思念、珍惜、爱护人的身体、生命以及人类的意思。后来这个字逐渐变化、简化或假借，变成由"千"和"心"构成的忎字，因为在战国时期的文献，尤其是晋国文献中，身字在结构和读音方面皆与千字相似；②在《说文》里该字被列为仁字的古文。同时，在一些文献里，作为偏旁的心被省略；这种省略一个或者更多偏旁的做法在战国文献中十分普遍。这些有所省略的字慢慢演化为各种形态，包括《说文》里列举的另外一个仁字的古文，其后最终被隶定为仁字。③ 后来，当郭店楚简刊行面世时，仁字确实在很多文本中被写作息。④ 出土文献证明了以上学者的考证是正确的。

《韩非子》说："仁者，谓其中心欣然爱人也。"⑤这一解说既是义训，也是形训，完美地解码由身和心构成的仁字的语义结构：在心中思念、珍惜、爱护人的身体和生命。每个个体在心中所珍爱的首先是自身/自己的身体和生命，由此而延伸至父母亲人，最终扩展至所有人。因此，息字构形与恕字的"如心"构形一样，也包含了将心比心、推己及人的意思。王庆节敏锐地发现，汉语中表现将心比心、推己及人的词语，如"体谅""体贴"等，皆含有身体之意，与恕字的构形相合。⑥ 而与恕字相比，息字构形显然更为突出身体及其所代表的人和生命的重要性。

---

① 李孝定：《甲骨文字集释》，台北："中央研究院"历史研究所，1970 年，第 2719 页；戴家祥：《金文大字典》，上海：学林出版社，1995 年，第 4502—4505 页；何琳仪：《战国古文字典》，北京：中华书局，1988 年，第 1137—1138 页。
② 何琳仪：《战国古文字典》，第 1138 页。
③ 刘翔：《中国传统价值观阐释学》，第 157—161 页。
④ 陈伟主编：《楚地出土战国简册（十四种）》，北京：经济科学出版社，2009 年，第 162—262 页。
⑤ 王先慎：《韩非子集解》卷六，北京：中华书局，1998 年，第 131 页。
⑥ Qingjie James Wang, "The Golden Rule and Interpersonal Care: From a Confucian Perspective," *Philosophy East and West* 49.4 (Oct. 1999): 415 - 438.

仁在《论语》中出现一百多次，[①]通常出现在孔子回答弟子等"问仁"的谈话中。由于问仁一般被解释为"问什么是仁"，而孔子对这个问题的回答从来都不一样，因而仁被认为是"德之总名""本体论观念"，甚或"充满了自相矛盾和神秘性"。仁在被译成英文时也由此而有许多不同译法，如 agape，benevolence，love，humaneness，humanity，altruism，kindness，charity，compassion，magnanimity，goodness，等等。但是，传统的中国思想家实际上很少关注"是什么"(what is)的问题，而是对"如何做"(how to)更感兴趣，问仁通常意谓的是"如何实践/培养仁"。[②] 此点可以由其他类似的问题如"问孝"和"问政"作为旁证。孝和政的意思并无含糊不明之处，故问孝、问政可以一致地解释为"如何实践/培养孝"和"如何治理"。孔子对不同的询问者给出不同的回答，其原因在于每个人应该按照自己的个性或者所处环境来实践仁、孝或政。例如："司马牛问仁。子曰：'仁者其言也讱'。"[③]据《史记》司马牛的传记，其人"多言而躁"，这可能就是为什么孔子以"言讱"来回答的缘故。[④]

不少学者已经指出，《论语》中仁的基本含义仍然是"爱人"，其出发点是自然的亲子之爱，由此而扩展至面向其他人及其福利，也就是普遍地爱人。《论语》引孔子及其弟子语云：

> 樊迟问仁。子曰："爱人。"
>
> 君子学道则爱人。
>
> 弟子入则孝，出则弟，谨而信，泛爱众，而亲仁。

① 根据杨伯峻的统计，见其《论语译注》，北京：中华书局，1980 年，第 221 页。
② 参看李泽厚：《论语今读》，合肥：安徽文艺出版社，1998 年，第 54 页。
③ 《论语·颜渊》，12.3。
④ 参看杨伯峻：《论语译注》，第 124 页。

君子务本，本立而道生。孝弟也者，其为仁之本与？①

郭店竹简《五行》更为直截了当地说明这一点："爱父，其继爱人，仁也。"②孟子也说："仁者爱人。""老吾老以及人之老，幼吾幼以及人之幼。""亲亲而仁民，仁民而爱物。"③其他战国至汉初儒学经典，也将仁解释为爱人：

彼仁者爱人，爱人故恶人之害之也。④
中心憯怛，爱人之仁也。
此谓唯仁人为能爱人，能恶人。⑤
仁者莫大于爱人。⑥

以亲子之爱为核心，关爱的感情由近及远、由亲及疏地辐射，最终到达仁，也就是普遍的爱人这一儒学之道的核心观念。在这里，人们对他人的爱出自对自己家庭成员的自然之爱的延伸，这与"己欲立而立人，己欲达而达人"完全相同，也是将心比心、推己及人的道德心理和行为。

古典儒学关于仁者爱人的观念，一直延续至宋代之前，如唐代韩愈（768—824）仍然说"博爱之谓仁"。但是，宋代理学家开始对此有所质疑

---

① 《论语・颜渊》，12.22；《阳货》，17.4；《学而》，1.6；《学而》，1.2。
② 庞朴：《竹帛〈五行〉篇校注及研究》，台北：万卷楼图书有限公司，第 53 页。
③ 《孟子・离娄下》，8.28；《梁惠王上》，1.7；《尽心上》，13.45。
④ 王先谦：《荀子集解》卷十，北京：中华书局，1988 年，《议兵篇》，第 279 页。
⑤ 郑玄、孔颖达：《礼记正义》卷五十四，《十三经注疏整理本》，《表记》，第 1720b 页；卷六十，《大学》，第 1871a 页。
⑥ 王聘珍（活动于 17—18 世纪之际）注：《大戴礼记解诂》卷一，北京：中华书局，1983 年，《主言》，第 8 页。余治平、陈来对先秦典籍中有关仁的记载有较为全面的搜集和评述，见余治平：《"仁"字之起源与初义》，《河北学刊》1（2010）：44—48；陈来：《仁学本体论》，北京：生活・读书・新知三联书店，2014 年，第 110—130 页。

和争论。程颢(1032—1085)提出"仁者以天地万物为一体""人以不知觉不认义理为不仁",①开始将仁本体化的趋向。程颐(1033—1107)则提出"爱自是情,仁自是性,岂可专以爱为仁",②将爱和情与仁分离开来,强调从性上说仁;而由于儒学认为人性本善,故此处也同样体现将仁本体化的趋向。③ 然而,古典儒学从未说过"仁者爱也",而是说"仁者爱人"。爱的确只是情感,但爱人却是情感和理性的结合,既体现对于他人的仁慈关爱之情,也蕴含对于人际关系的理性思考和履行社会责任的道德自觉。

现在我们可以回到道德金律。基督教传统关于"己所欲,施于人"的道德金律,近代以来有指责者,也有维护者和修正者。指责者抓住此说表述不严格、未经过充分论证的情况,提出个体自己的欲望未必与别人的欲望相同;即使自己的欲求与别人的相同,由于欲求的不同指向,也不能保证其行为就是道德的;两者甚至都可以用来成为犯罪的理由,从而对别人造成伤害,等等。维护者强调金律以圣爱前提和道德法则为基础,譬如《圣经》中耶稣宣称,全心全意地爱神和爱邻人胜过爱自己是最重要的两大法则;因此,不能以个别事例穿凿曲解金律。修正者则尝试为金律补充一些较为严格的表述和预设条件,使之完善化、客观化和普遍化。④

---

① 程颢、程颐:《二程遗书》卷二上,上海:上海古籍出版社,2000 年,第 17b、32a 页。
② 程颢、程颐:《二程遗书》卷十八,第 141a 页。
③ 关于宋代理学对儒学仁观念的重构,参看黄俊杰:《东亚儒家仁学史论》,台北:台湾大学出版中心,2017 年;吴震:《论儒家仁学"公共性"问题:以程朱理学"以公言仁"为核心》,《人文论丛》2(2017):11—28。
④ 关于西方学界对基督教传统的道德金律的批评、维护或修正,王庆节和黄勇都做过出色的评述;见 Qingjie James Wang, "The Golden Rule and Interpersonal Care: From a Confucian Perspective," *Philosophy East and West* 49.4 (1999): 415 - 438; Yong Huang, "A Copper Rule versus the Golden Rule: A Daoist-Confucian Proposal for Global Ethics," *Philosophy East and West* 55.3 (2005): 394 - 425.

相比较而言，古典儒学关于"夫仁者己欲立而立人，己欲达而达人"的道德金律明确地建立在"仁者爱人"的人文关怀的基础上，而且从孔子到荀子的古典儒学对如何实践仁和如何修养仁人的理想人格做了丰富的阐述，相对来说形成了较为系统严格的道德价值体系，不似基督教金律那样留下一些可被人攻击的把柄和需要进一步修正的空隙。同样都是建立在爱人的基础上，基督教金律以神的圣爱为基础，延伸扩展为人们对神和邻人的爱，是宗教的、神圣的、权威的和规范性的；古典儒学则以其突出的人文精神强调人际关爱，从亲子之情延伸至对所有人的爱，是理性的、自然的、真诚的和示范性的。"己欲立而立人，己欲达而达人"是无条件地为他人、群体付出爱和帮助，同时也使个体的良知获得满足，人格修养达到成立，社会责任得以履行，人生价值得到充分实现，其结果是人类群体和个体的共同完善和发展。因此，古典儒学的"立人达人"似乎比基督教的金律更具有温暖可亲的人文精神和实践性的道德价值指向。

四、结语

学界的普遍看法是古典儒学只有"己所不欲，勿施于人"的道德银律，或努力将此"恕道"或"忠恕之道"抬高为道德金律。我们在以上的讨论中，提出与众不同的看法，认为孔子既以恕的观念提出"己所不欲，勿施于人"的道德银律，还以仁的观念提出"己欲立而立人，己欲达而达人"的道德金律。两者有高低之分，适用于不同层次的人群，但对于维持和发展信任、责任、公平、关爱的人际关系都同样具有重要的道德价值指向意义。

恕的道德银律要求人们将心比心，尊重别人的意愿，不做损害别人的事。这是基本的社会契约,是每个人都应遵循的社会公德和言行,也是维持人际关系的道德法则。在现代社会中,"己所不欲,勿施于人"仍然是维持人际关系和社会秩序的道德底线,坚守这一底线就能保证每个个体的人格受到尊重,其权益得到保障,群体生活愉快和谐,社会秩序安定有序。在国际事务中,不论大小强弱,如果所有国家、地区都能实行"己所不欲,勿施于人"的银律,国与国之间就可以达到相互尊重理解、互不侵犯干涉的平等相待、和平共处境况。

仁的道德金律进一步从更高的层次要求有志者修养自身,关爱他人,立人达人,让人类社会充满温暖的仁心爱意。这是较为困难的要求,不是人人都能做到。但有志者通过不懈的修养实践,最终能够成为仁人君子,立己立人,既为人间社群发展作出贡献,也实现自身的存在价值。从广阔的国际范围看,人类社会正在发展为地球村,世界秩序正在重整,人类的未来既充满希望又危机四伏。世界上所有国家、地区和民族比以往任何时候都更依赖于齐心合力、互惠互利、同舟共济、共存共荣。古典儒学仁爱的人文精神和立人达人的道德金律,可以为重建世界秩序、发展人类共同体提供共同的价值指向,成为人类持续发展的重要思想资源。

第四章

诚之宗教礼仪起源*

一、引言

　　诚是古典儒学乃至整个中国思想史上最重要的观念之一,古今中外学者的相关研究堆积如山。大多数学者集中于对《孟子》《荀子》《中庸》以降儒学著作中有关诚的伦理、政治、宇宙或自然等思想观念的分析,并扩展至其他诸子思想的相关研究。不过,近二三十年来,也有一些学者开始认真地探讨诚与古代宗教仪式的关系。李泽厚在《说巫史传统》中列有"仁与诚"一节,指出在上古巫术礼仪中,"敬、畏、忠、诚等真诚的情感素质及心理状态"极为重要。① 纪志昌认为诚的

* 本章原于 2016 年 6 月发表在澳门大学举办的"新语文学与早期中国研究国际研讨会",初稿承陈伟教授提出宝贵修订意见,谨此致谢。其后发表为:《诚之宗教起源》,《学问》5(2017):43—56;《诚字新释及其宗教起源》,收贾晋华、陈伟、王小林、来国龙编,《新语文学与早期中国研究》,上海:上海人民出版社,2018 年,第 197—213 页。
① 李泽厚:《说巫史传统》,《己卯五说》,北京:中国电影出版社,1999 年,第 61 页。

观念从古代祭礼中的斋戒仪节发展而来。[①] 克斯琴米利耶(Mark Csikszentmihalyi)指出诚原本是祭祀等宗教仪式中所必备的精神态度，后来才与道德行为联系起来。[②] 陈昱志将诚看成为精神上的斋戒，认为其起源于原始的谷神崇拜和"圣巫关涉"。[③] 钟志祥同样追溯诚的思维至原始巫术场景，认为其在早期由精字承载，显示为一种精诚致神的结构。[④] 佐藤将之主要分析《礼记》中的诚字，指出其中有一些指的是对于鬼神和祭祀礼仪中的虔诚。[⑤] 这些研究各有所见，对学界具有重要的启示意义。然而迄今为止，在此方面仍缺乏关于诚观念的追根溯源的、细致全面的考论。

　　本章尝试将文字分析、文献考据、文本解读与宗教史、思想史的研究相结合，首先分析诚字的初构"成"之形音义，并进而探讨成/诚的早期字义所蕴含的在祭祷仪式中以至诚的言语、情感、物品感通神灵而使之降格飨祀的过程。关于上古巫术的实际表演场景，我们目前尚缺乏直接的证据，难以进行具体的描述。但是巫术文化经过商周之际的理性化和礼制化，演化为祖先崇拜的宗教观念及对祖先神和其他各种自然神灵的祭祷仪式，其中以至诚感动神灵降飨始终是一个重要环节，见于大量的文献记载，可以通过发掘梳理而揭示出来。

---

① 纪志昌：《"诚"与"斋戒"：从祭礼到哲学的转化》，《哲学与文化》27.11(2000)：1084—1092。

② Mark Csikszentmihalyi, "Ethics and Self-Cultivation Practice in Early China," in *Early Chinese Religion, Part One: Shang through Han (1250 BC - 220 AD)*, ed. John Lagerwey and Marc Kalinowski, Leiden：Brill, 2009, pp.519 - 542.

③ 陈昱志：《"诚"体寂感的文化原型与圣巫关涉之探勘》，《哲学与文化》36.11(2009)：103—128 页。

④ 钟志翔：《〈易·文言〉修辞立诚论原解》，《周易研究》5(2013)：12—20。

⑤ 佐藤将之：《战国时代"诚"概念的形成与意义：以〈孟子〉〈庄子〉〈吕氏春秋〉为中心》，《清华学报》35.2(2005)：215—244。

二、诚字初构成字之形音义分析

不少学者感叹诚字迟出,甲骨文、金文未见,战国之前的典籍也少见,无从探寻其源。然而,汉字中许多范畴性的表意偏旁诸如"人""示""水""心"等皆是后来的添加,例如"仪"之初构为"义",①"祖"之初构为"且","源"之初构为"原","感"之初构为"咸"等;②因此,诚字的初构也应为成。如《中庸》即云:"诚者,自成也。……诚者,非自成己而已也,所以成物也。"③在早期典籍中,成、诚通用的情况很普遍,如《诗经》中的"成不以富,亦只以异",④成用为诚,《论语》引此二句,即写作诚;⑤在《墨子》《韩非子》《淮南子》《玉篇》等书中,我们也见到相似的通用。⑥ 根据现代学者对上古音的重构,成和诚同音或同韵。例如,根据郑张尚芳的重构,成和诚的上古音皆为 djeŋ;⑦根据白一平(William H. Baxter)和沙加尔(Laurent Sagart)的重构,成和诚的上古音皆为[d]eŋ。⑧ 由此可知成为诚之音符兼义符,故应即诚之初构。

---

① 详细分析参看本书第一章。
② 详细分析参看本书第十二章。
③ 《礼记正义》卷五十三,《十三经注疏整理本》,第 1694a 页。
④ 《毛诗正义》卷十一,《十三经注疏整理本》,《小雅·我行其野》,第 794b 页。
⑤ 《论语·颜渊》,12.10。
⑥ 孙诒让:《墨子间诂》卷十二,北京:中华书局,2001 年,《贵义》,第 441 页;陈奇猷:《韩非子新校注》卷八,上海:上海古籍出版社,2000 年,《功名》,第 552、554 页;何宁:《淮南子集释》卷三,中华书局,1998 年,《天文训》,第 262 页;胡吉宣:《玉篇校释》卷三十,上海:上海古籍出版社,1989 年,第 5883—5884 页。
⑦ 郑张尚芳:《上古音系》,上海:上海教育出版社,2003 年,第 288 页。
⑧ William H. Baxter and Laurent Sagart, *Baxter-Sagart Old Chinese Reconstruction*, version 1.1, 20 September 2014, pp. 12 - 13. (http://ocbaxtersagart.lsait.lsa.umich.edu/BaxterSagartOCbyMandarinMC2014 - 09 - 20.pdf)

在甲骨文中，成字从戌从丨（［字］）。① 许多学者指出，在上古时代，戌、戉、戚、戈一类的大斧可能用为族徽、令牌和礼兵器。② 这些礼兵器在举行仪式时使用，象征神灵威慑之下的宗教、政治、军事三重权力。例如，良渚文化玉器中的玉斧刻有神灵面纹，③益都出土的青铜钺也铸有相似的神灵面纹。④ 在周代祭祀仪典中，"君执干戚就舞位"。⑤ 戌与成或诚亦可互训，如《淮南子·天文训》云："戌为成。"⑥《玉篇》云："戌，诚也。"⑦关于成的另一个构成字符"丨"，许慎释为"上下通也"，⑧上指天和神灵，下指地和人类。如果此说可成立，由戌和丨构成的成字，其初义可能表示在各种宗教仪式中人与神灵之感通。但即使不用许慎对"丨"字的解释，成作为礼兵器，其初义仍然与宗教仪式相关联。

甲骨文中另有从戌从丁的字（［字］），原本也被释为成。但孙诒让、岛邦男（1908—1977）、张秉权、胡厚宣（1911—1995）等学者提出，卜辞中从戌从丁和从戌从口的字（［字］）相近，皆应释为咸，为人名。所指可分为

① 郭沫若主编：《甲骨文合集》，第十三册，北京：中华书局，1979—1983 年，第 4905 页，第 39503 号。参看徐中舒主编：《甲骨文字典》，成都：四川辞书出版社，1998 年，第 1552—1553 页。
② 主要参看丁山：《甲骨文所见氏族及其制度》，北京：科学出版社，1956 年，第 93—99 页；唐兰：《从大汶口文化的陶器文字看我国最早文化的年代》，《光明日报》，1977 年 7 月 14 日；裘锡圭：《汉字形成问题的初步探索》，《中国语文》3（1978）：165—166；William G. Boltz, *The Origin and Early Development of the Chinese Writing System*, New Haven: American Oriental Society, 1994, p. 48；许倬云：《西周史》，北京：生活·读书·新知三联书店，1994 年，第 40 页；参看本书第一章。
③ 苏秉琦：《华人，龙的传人，中国人》，沈阳：辽宁大学出版社，1994 年，第 249 页。
④ 《山东益都苏埠屯一号奴隶殉葬墓》，《文物》8（1972）：17—30。
⑤ 《尚书正义》卷四十九，《祭统》，第 1577a 页。参看本书第一章。
⑥ 《淮南子集释》卷三，第 262 页。
⑦ 《玉篇校释》卷三十，第 5883—5884 页。
⑧ 许慎：《说文解字》，第 33a 页。

两类,其一为咸戊,①即《尚书》中所记活跃于大戊时期的巫咸;②其二为商王汤的名或号,因为这一位"咸"在卜辞中的地位与成汤相应,其权位远远超过咸戊。③ 胡厚宣还援引《尚书》中的"成汤咸"证成此说。④

　　咸为感之初构,而从戊从口的构形,有可能包含卜筮祭祷仪式中人神感通、代神宣言的意义,如王充(27—约97)云:"鬼神用巫之口告人。"⑤在先秦至汉代典籍的大量记载中,巫咸之名和事迹出现于不同的时代和地域。巫咸既是商史上大戊时期的大巫,又代表"能事无形,以舞降神"的巫觋的集体名称或巫之"始祖"。⑥ 这样,如果我们接受成和咸皆为商王汤的名或号的说法,这两个名称有可能都含蕴了商汤作为"巫王"或"群巫之首"所具有的感通降神的能力和成就,而有关成汤的桑林祷雨等传说,可能正传达了这方面的信息。⑦

① 《甲骨文合集》,第一册,第273页;第二册,第592页。
② 《尚书正义》卷八、卷十六,《十三经注疏整理本》,《君奭》,第520b—522b页,《咸有一德》,第262a页。参看罗振玉:《增订殷虚书契考释》卷一,台北:艺文印书馆,1969年,第13b页;陈梦家:《商代的神话与巫术》,《燕京学报》20(1936):537;李孝定:《甲骨文字集释》,台北:"中央研究院"历史语言研究所,1970年,第369—373页。
③ 孙诒让:《契文举例》卷二,台北:艺文出版社,1963年,第19页;张秉权:《小屯第二本殷虚文字丙编上辑》,台北:"中央研究院"历史语言研究所,1957年,第67—69页;岛邦男:《论卜辞中先王的称谓》,《甲骨学》1(1951):15—20。亦见陈复澄:《咸为成汤说》,《辽宁文物》5(1983):6—9;陈絜:《重论咸为成汤说》,《历史研究》2(2002):145—149。
④ 胡厚宣:《殷卜辞中的上帝和天帝》,《历史研究》10(1959):89—92。学界关于咸还有不同解说,参看蔡哲茂:《论殷卜辞中的字为成汤之成:兼论为咸字说》,《"中央研究院"历史语言研究所集刊》1(2006):1—32。
⑤ 刘盼遂编:《论衡校释》卷二十六,北京:中华书局,1990年,《实知》,第1083页。
⑥ 参看 Jinhua Jia, "From Human-Spirit Resonance to Correlative Modes: The Shaping of Chinese Correlative Thinking," *Philosophy East and West* 66.4 (2016): 449-474;及本书第十二章。
⑦ 关于上古时王为群巫之首,及成汤祷雨的巫术意义,主要参看 Kwang-chih Chang, *Art, Myth and Ritual*, Cambridge, MA: Harvard University Press, 1983, p. 45;李泽厚:《说巫史传统》,第34—40页;陈来:《古代宗教与伦理》,北京:生活·读书·新知三联书店,2009年,第29—37页。

虽然以上对成字构形和商汤之成、咸二名号的阐释尚缺乏直接的证据,而且有关上古巫术表演的记述和成汤祷雨的传说也难以证实,但是巫术文化经过商周时期的逐渐理性化和礼制化,演化为祖先崇拜的宗教观念及对祖先神和其他各种自然神灵的祭祷礼仪,却有大量的文献可证,其中感通降神始终是最重要的一个环节。我们可以从新出土的简帛文本和传世典籍中找到成与卜筮祭祷、感通降神直接关联的有力证据。在包山 2 号墓、望山 1 号墓及葛陵 1 号墓等简册的卜筮祷祠记录中,有以下七条涉及成的记载:

> 1. 亲父既成。亲母既成。(包山 202 背)
>
> 2. 大、后土、司命、司祸、大水、二天子、嵬山既皆成。(包山 2015)
>
> 3. 公主既成。(望山 1 号墓 129)
>
> 4. ……成。门既成。(望山 1 号墓 178)
>
> 5. 吉,既成。(新蔡零 396)
>
> 6. 既成,攻逾而厌之。(新蔡甲三 111)
>
> 7. 占之,吉。既成。(新蔡甲三 451)①

上引第一条中,"成"原作"城",包山楚简整理者释为成,引《仪礼·少牢礼》之"祝告曰利成"及注"毕也"为证。② 于成龙认为"既成"是祭祷完毕之意。③ 沈培认为"既成"是"完成了移祟"。④ 李零指出:"简文

---

① 陈伟等:《楚地出土战国简册(十四种)》,北京:经济科学出版社,2009 年,第 92—93、275、277、397、398、416 页。

② 《仪礼注疏》卷四十八,《十三经注疏整理本》,第 1073a 页;湖北省荆沙铁路考古队:《包山楚简》,北京:文物出版社,1991 年,第 54 页。

③ 于成龙:《包山二号楚墓卜筮简中若干问题的探讨》,《出土文献研究》第 5 辑,北京:科学出版社,1999 年,第 167 页。

④ 沈培:《从战国简看古人占卜的"蔽志":兼论"移祟"说》,《古文字与古代史》第 1 辑,台北:"中央研究院"历史语言研究所,2007 年,第 433 页。

把祷祠完成称为'既祷'(简 205、206、224、225),并把神祖歆享其祀,称为'既城(成)'(简 202 反、215)。"①根据这些解释,特别是李零的解释,在此七条中,成指举行卜筮祷祠时,神祖、天神、地祇等感应下降,歆飨祭品,主祭者的祝祷实现,仪式圆满完成。第一条为父母神祖的降临飨祀;第二条涉及太一、后土、司命、司祸、大水、二天子、峗山等天神地祇;第三条"公主"所祭为何种神主待考;第四条"门"指五祀中的门神;第五、六、七条所祭或所占之神灵不详。第六条之"既成,攻逾而厌之",陈伟等解为攻人(祝)从祭坛下来,举行厌祭。"攻逾"与《仪礼·特牲馈食礼》所记"祝告利成,降,出;主人降,即位"相合。《仪礼·特牲馈食礼》《仪礼·少牢馈食礼》记,"尸"入之前,飨神之馔设于西南奥,称"阴厌";祭毕,"尸"起,飨神之馔设于西北隅,称"阳厌"。陈伟等指出,简文的"厌"在"既成,攻逾"之后,从祭祀的次序看,很可能为文献所记"阳厌"。② 此外,九店楚简日书中,简 37 至 40 分为上下两栏,上栏记吉凶,分为"不吉""吉""成"三类;简 41 和 42 则讲"成日""吉日"和"不吉日"的宜忌;"成"原作"城"。李零认为,"成"是"成遂其愿"的意思,表示神祖可以满足占卜者的要求,是大吉。③

传世文献中,也有许多记载可以佐证成的这一含义。例如,《诗经·小雅·凫鹥》首章云:"凫鹥在泾,公尸来燕来宁。尔酒既清,尔殽既馨。公尸燕饮,福禄来成。"④公尸象征宗庙之神,此诗描写周王于祭祀后宴尸。"公尸燕饮,福禄来成",应解为依附于公尸的神祖宴享并以

① 李零:《包山楚简研究(占卜类)》,《中国典籍与文化论丛》第 1 辑,北京:中华书局,1993 年,第 441 页;《中国方术正考》,北京:中华书局,2006 年,第 231 页。
② 陈伟等:《楚地出土战国简册(十四种)》,北京:经济科学出版社,2009 年,第 427—428 页。
③ 李零:《读九店楚简〈日书〉》,《中国方术续考》,北京:东方出版社,2001 年,第 421—422 页。
④ 《毛诗正义》卷十七,第 1289a—1290a 页。

福禄下佑周王。再如《仪礼》中记祭祀过程,当神尸完成一次飨祀(一饭),往往有"祝告利成",郑玄注云:"告主人也。利,犹养也。成,毕也。言养礼毕也。"①也就是祝告诉主人其孝养神祖之礼完成了一节。又如《仪礼·士虞礼》载:"又三饭,举肩,祭如初。"郑玄注云:"后举肩者,贵要成者。"贾公彦疏云:"案《礼记·祭统》云'周人贵肩',故云贵者要成也。要成者,据后食即饱也。"②据此,"要成"可能指象征祖神的尸即将完成歆飨。又如《周礼·春宫·大司乐》记祭祀乐舞,以遍作六代之乐的"大合乐"招至天神、地祇、人鬼:"若乐六变,则天神皆降,可得而礼矣……若乐八变,则地示皆出,可得而礼矣……若乐九变,则人鬼可得而礼矣。"③按"变"与"成"同义,孔颖达云:"每曲一终,必变更奏,故经言'九成',传言'九奏',《周礼》谓之'九变',其实一也。"④此处"经"指《尚书》,"传"指孔安国传。由此可知以"成"称乐舞,本义应指曲终招至鬼神降格(或扮成鬼神的神尸出现),其后才顺理成章地成为一曲之终了的名称,所谓"箫韶九成,凤皇来仪"。⑤

三、诚:言语、情感、物质及仪式的符号载体

成字加上"言"符成为诚,诚字的初义同样与卜筮祭祷的宗教仪式紧密关联。《礼记》中的诚,虽然大多阐发儒学进一步发展了的伦理意蕴,但也有一些保留其早期的宗教含义。例如,《礼记·曲礼

① 《仪礼注疏》卷四十二、卷四十六、卷四十八,第 936a、1023a、1073a 页。
② 《仪礼注疏》卷四十二,第 931b 页。
③ 《周礼注疏》卷二十二,《十三经注疏整理本》,第 679a—679b、689b—670a 页。
④ 《尚书正义》卷五,第 154 页。
⑤ 《尚书正义》卷五,第 152a 页。

上》云："祷祠祭祀，供给鬼神，非礼不诚不庄。"①《礼记·乐记》云：
"穷本知变，乐之情也；著诚去伪，礼之经也。礼乐偩天地之情，达神
明之德，降兴上下之神。"②《大戴礼记·五帝德》亦云："絜诚以祭
祀。"絜诚即明诚。③ 汉代文献中常见至诚感神的表达，如《越绝书》
有"至诚感天"，④《韩诗外传》有"惟诚感神"。⑤ 以上所引诸条表明，
诚的早期含义与成字相似，表示在祷祠祭祀的过程中以诚意感动鬼
神降格歆飨，完成仪式。其后，成字加上言符成为诚字，进一步衍生
出更丰富的宗教意蕴，可以从言语、情感、物质及仪式过程四个层次
来展开分析。

　　在言语的层次，诚指以真诚的祝祷飨神之辞取信于鬼神，由此而引
出诚信之义。《周礼·春官·大祝》载："大祝掌六祝之辞，以事鬼神示，
祈福祥，求永贞，一曰顺祝，二曰年祝，三曰吉祝，四曰化祝，五曰瑞祝，
六曰策祝。掌六祈，以同鬼神示，一曰类，二曰造，三曰禬，四曰禜，五曰
攻，六曰说。"贾公彦释"六祝之辞"云："此六辞皆是祈祷之事，皆有辞说
以告神。"郑玄注"六祈"云："谓为有灾变，号呼告神以求福。"⑥由此可
知在各种仪式中祝祷之辞种类繁多，是与人鬼、天神、地祇沟通的最基
本方式。《仪礼》中则记有众多卜筮祭祀过程中的祝祷飨神之辞。例

①《礼记正义》卷一，《十三经注疏整理本》，第17a页。
②《礼记正义》卷三十八，第1301a页。
③ 王聘珍：《大戴礼记解诂》卷七，北京：中华书局，1983年，第120页。
④ 袁康校：《越绝书》卷十五，济南：齐鲁书社，2000年，第79页。
⑤ 许维遹编：《韩诗外传集释》卷四，北京：中华书局，1980年，第160页。《尚
　书·大禹谟》有"至諴感神"，孙诒让读"諴"为"咸成"（《古籀拾遗·古籀余
　论》，北京：中华书局，1989年，第20页；成为诚之初构，则諴义近于诚，并有
　可能为诚之讹字。《尚书·太甲下》亦有"鬼神无常享，享于克诚"（《尚书正
　义》卷八，第254a页）。此二篇历来被列于"伪《古文尚书》"，但也有学者提出
　反对意见。
⑥《周礼注疏》卷二十五，第774a—780a页。

如，《士虞礼》记既葬父母，迎神而归，祭之于殡宫而安之的仪式，在初虞、再虞、三虞、荐（卒哭之祭）、祔、小祥、大祥等祭礼过程中，孝子、孝女或孝妇皆致飨神之辞以表示哀情和劝神祖歆飨；[1]在少牢馈食礼等祭祀宗庙之吉礼中，也有各种筮辞、告辞、祝辞等。[2] 这些繁细的记述容或有后来的增饰，但其他传世和出土战国秦汉文献中，的确保存众多祝祷之辞。例如，《尚书·金縢》记周公为武王之疾所作的祝祷之辞；[3]包山、望山、葛陵等简册中的卜筮祭祷辞中，也有祷、祈、攻、说等祭祀活动和辞语的简要记录。[4] 此处仅引较为完整的出土于陕西华山的秦骃祷病玉版为例：

> 有秦曾孙小子骃曰：孟冬十月，厥气败涸。余身遭病，为我戚忧。怲怲反侧，无间无瘳。众人弗知，余亦弗知，而靡有息休。吾穷而无奈之何，永戁忧愁。周世既没，典法薛亡。惴惴小子，欲事天地、四极、三光、山川、神示、五祀、先祖，而不得厥方。牺牷既美，玉帛既精。余毓子厥惑，西东若憃。东方有士姓，为刑法氏，其名曰阴。洁可以为法，净可以为正。吾敢告之：余无罪也，使明神知吾情。若明神不□其行，而无罪□宥刑，蚩蚩烝民之事明神，孰敢不敬？小子骃敢以介圭、吉璧、吉纽以告于华大山。大山有赐，倘已吾腹心以至于足髀之病，能自复如故，请有司用牛牺贰，其齿七，□□□及羊、豕，路车四马，三人一家，壹璧先之。□□用贰牺、羊、豕，壹璧先之，而覆华大山之阴阳，以□□谷，□谷□□，其□□里，

---

① 《仪礼注疏》卷四十三，第 949b—966a 页。
② 《仪礼注疏》卷四十七、四十八，第 1039b、1058b 页。
③ 《尚书正义》卷十三，第 392b—398b 页。
④ 陈伟等：《楚地出土战国简册》，第 91—117、271—285、395—445 页。

世万子孙，以此为尚。苟令小子骃之病自复故，告太一、大将军，人壹□□，王室相如。①

秦骃有可能为秦惠文王（前 325—前 311 在位），②因重病而向华山、太一、大将军等诸神祷告。祷辞中秦骃首先向神灵哀告自己的病情，诚恳表白自己无罪，并许诺如果神灵使自己康复，将奉献牺牲、车马、玉璧等物品，并令子孙世代祭祀。

值得特别注意的是，此类祝祷飨神之辞突出强调"信"，即以真诚的言语取信于鬼神。例如，《左传·桓公六年》（前 706）记季梁语云："所谓道，忠于民而信于神也。上思利民，忠也；祝史正辞，信也。"③同书襄公二十七年（前 546）记赵孟语云："其祝史陈信于鬼神，无愧辞。"④两处的"信"皆明确地指祝史对于神的祭祷之辞真诚而取信于神。故后来《文心雕龙·祝盟》一再强调："祝史陈信，资乎文辞。""凡群言发华，而降神务实。"⑤

反之，如果祭祷之辞不是出于诚信，鬼神不但不肯享祀和福佑，还会作祟降祸。例如，《国语·晋语三》载："公即位，出共世子而改葬之，臭达于外。国人诵之曰：'贞之无报也。孰是人斯，而有是臭也？贞为

---

① 李零：《秦骃祷病玉版的研究》，《国学研究》卷六，北京：北京大学出版社，1999年，第 525—547 页；李学勤：《秦玉牍索隐》，《故宫博物院院刊》2（2000）：41—45；曾宪通、杨泽生、萧毅：《秦骃玉版文字初探》，《考古与文物》1（2001）：49—54；李家浩：《秦骃玉版铭文研究》，《北京大学中国古文献研究中心集刊》2，北京：北京燕山出版社，2001 年；连劭名：《秦惠文王祷祠华山玉简文研究》，《中国历史博物馆馆刊》1（2001）：49—57；王辉：《秦曾孙骃告华大山明神文考释》，《考古学报》2（2001）：143—158。
② 据李学勤：《秦玉牍索隐》，第 41—45 页。
③ 杨伯峻：《春秋左氏注》，北京：中华书局，1990 年，第 111 页。
④ 《春秋左氏注》，第 1133 页。
⑤ 范文澜：《文心雕龙注》，北京：人民文学出版社，1958 年，第 176—177 页。

不听,信为不诚……'"①共世子指晋献公世子申生,遭骊姬之谗而自杀。其弟晋惠公即位后,将申生的尸体依照世子之礼埋葬,但尸体仍发出恶臭,于是国人赋诗讥刺惠公。"贞为不听,信为不诚"二句,前句指惠公以正礼改葬申生,却未能为死者之灵所接受;后句则可能指葬礼过程中惠公的祭祀飨神之辞缺乏诚意,未能取信于死者之灵。

　　许慎云:"信,诚也。"并列有从人从口的古文。② 信字始见于西周金文,战国古文中还有多种构形,包括从口从千、从言从千、从言从身等。③ 人言为信,信之初义可能为以言语取信于鬼神,其后扩展至以言语取信于人,所谓"修辞立其诚",④最后成为儒学的基本伦理价值观念之一。许慎又云:"诚,信也。"⑤诚字从言,诚字本身,或诚与信的结合,开始时也应指以真诚的言语取信于鬼神,招致鬼神降格歆飨祭品,以完成祭祷仪式。如上引"信为不诚"例;再如,《礼记·祭统》云:"是故贤者之祭也,致其诚信。"⑥《礼记·檀弓》云:"丧三日而殡,凡附于身者,必诚必信,勿之有悔焉耳矣。三月而葬,凡附于棺者,必诚必信,勿之有悔焉耳矣。"⑦

　　诚与祭祷礼仪的关系的第二个层次是情感,即以真诚恭敬的情感和行为打动鬼神,由此而引出诚敬或诚感之义。虽然诚字从言而不从心,但心理情感的层次也是其十分重要的原因。《仪礼》中记凶礼,孝子、孝女、孝妇等在祭祀过程中必须斋戒缞绖,反复哭、踊、拜,以表达真

① 来可泓:《国语集解》卷九,上海:复旦大学出版社,2000 年,第 438—441 页。
② 许慎:《说文解字》,第 52a 页。
③ 参看刘翔:《中国传统价值观阐释学》,上海:上海三联书店,1996 年,第 138—143 页。
④ 《周易正义》卷一,《十三经注疏整理本》,《文言》,第 18a 页。
⑤ 许慎:《说文解字》,第 52b 页。
⑥ 《礼记正义》卷四十九,第 1571a—1573b 页。
⑦ 《礼记正义》卷六,第 203b—204a 页。

诚的哀悼之情。①《仪礼》记吉礼，从周天子到士人在祭祷过程中皆必
须斋戒盛服，对由臣或孙扮演的象征神灵的尸反复"再拜稽首"，一再恳
劝神尸饮食，以表达恭敬虔诚的情感，尽管这些扮演者的身份地位远比
主祭者低。②《国语·楚语下》引观射父论祭祀，云："其谁敢不战战兢
兢，以事百神。""其谁敢不齐肃恭敬，致力以神。"③这也就是上引《礼
记·祭统》所提到的"与其忠敬""尽之谓敬"，及《礼记·曲礼上》之"祷
祠祭祀，供给鬼神，非礼不诚不庄"。庄，敬也。由此可知，诚和敬相结
合，开始时应指以虔诚恭敬的情感祭祷和感通鬼神。李泽厚曾指出，敬
源于上古的巫术礼仪，一直到孔子和《论语》一书仍然保留了对神明的
畏惧、恐怖、敬仰的情感特征。④ 如《论语·八佾》载："祭如在，祭神如
神在。子曰：'吾不与祭，如不祭。'"⑤孔子参与祭祀时，内心诚敬，犹如
神灵确实降格存在。

　　诚与祭祷礼仪的关系的第三个层次是物质，即以充实富裕的祭品
吸引鬼神降格歆飨，由此而引出诚实之义。祭品充实富裕，神祖或神尸
能醉饱满足，也是人神感通、祭祷礼仪圆满完成的必备因素。《礼记·
郊特牲》云："郊特牲而社大牢……贵诚之义也。"⑥观射父对楚昭王云：
"毛以示物，血以告杀，接诚拔取以献具，为齐敬也。"韦昭注："接诚于神
也。"⑦此述以牺牲的毛血致诚于神。包山、望山、葛陵等楚简中的卜筮
祭祷和簿书中，都记录了祭祷所用牲品酒食。⑧ 上引秦骃祷病玉版，也

---

① 例如，《仪礼注疏》卷四十二至四十三，《士虞礼》，第 918a—966a 页。
② 例如，《仪礼注疏》卷四十四至四十六，《特牲馈食礼》，第 967a—1035b 页。
③ 《国语集解》卷十八，第 804 页。
④ 李泽厚：《说巫史传统》，第 53—54 页。
⑤ 《论语》，3.12。
⑥ 《礼记正义》卷二十五，第 892a 页。
⑦ 《国语集解》卷十八，第 803 页。
⑧ 参看陈伟等：《楚地出土战国简册》，第 91—117、271—285、395—445 页。

叙述以介圭、吉璧、吉纽祭祷华山之神,并许诺如果康复,将奉献牛牺、羊、豢、车马、玉璧等给各位神灵。《仪礼》中不厌其烦地列举各种大小祭品,叙述这些祭品如何在仪式开始前被"实于鼎""实于筐""实于豆""实于盘"等,以及如何在仪式过程中不停地被用来侑劝神尸,从"一饭"达至最多"十五饭",尽心尽力地使神尸之腹醉饱充实;其间皇尸一再"告饱",而祝则一再侑曰"皇尸未实,侑";主祭者也一再"拜侑"。① 按许慎云:"实,富也,从宀从贯。贯,货贝也。"②段玉裁注云:"以货物充于屋下,是为实。"朱骏声《说文通训定声》云:"凡中质充满皆曰实。"③可知实之初义为富裕,引申指满、填塞、充满等。上引与祭祷相关的实字,涉及两方面的意义,其一为将祭品分类填满各种容器,显示献祭于鬼神的物品的充实富裕;其二为以酒食侑劝鬼神/神尸,使其腹充实饱满。《诗经·小雅·楚茨》对此两种充实的活动有生动的描绘:"为俎孔硕""为豆孔庶""神保是格""神嗜饮食""神具醉止"。④ 硕,大也;庶,多也;具,皆也。大俎填满了牲肉,豆中充满品种多样的菜肴,神祖降格歆飨,全部醉饱满足。此两种充实的行动皆以对鬼神的诚意而出之,即上述引文之"贵诚之义""接诚"等。因此,诚和实结合,原本应指宗教仪式中对于鬼神的真诚充实奉献。⑤

诚与祭祷礼仪的关系的第四个层次是人神感通的仪式过程和完

---

① 《仪礼注疏》卷四十七至四十八、卷四十九至五十,《少牢馈食礼》,第 1036a—1076a 页,《有司彻》,第 1077a—1133a 页。
② 《说文解字》,第 150b 页。
③ 蒋人杰编纂、刘锐审订:《说文解字集注》,上海:上海古籍出版社,1996 年,第 1532 页。
④ 《毛诗正义》卷十三,第 945b—963b 页。
⑤ 张光直认为祭祀过程中的祭品并非一般物品,而是一种象征性的文化体系,可参考。见 K.C. Chang, *Art*, *Myth*, *and Ritual: The Path to Political Authority in Ancient China*, Cambridge, MA: Harvard University Press, 1983, pp. 56 - 80.

成。如《吕氏春秋·士容》云："诚有之，则神应乎人矣。"[①]《申鉴·俗嫌》云："祈请者诚以接神，自然应也。"[②]前引《礼记·乐记》所述通过"著诚去伪"，可使礼乐"偾天地之情，达神明之德，降兴上下之神"，以及《越绝书》之"至诚感天"和《韩诗外传》之"惟诚感神"，这些皆记述祭者以诚使神灵感应来飨，从而完成人神感通的祭祷仪式。《礼记·中庸》借孔子之口陈述：子曰："鬼神之为德，其盛矣乎！视之而弗见，听之而弗闻，体物而不可遗。使天下之人，齐明盛服，以承祭祀，洋洋乎如在其上，如在其左右。《诗》曰：'神之格思，不可度思，矧可射思。'夫微之显，诚之不可掩如此夫！"[③]此段话末尾之"诚"，郑玄解为指神之真实不欺，[④]其后学者多从之。然而，细读全段，前面述说虽然鬼神不可见闻，但如果以"齐（斋）明盛服"的诚敬之情祭祀，就可以感动鬼神降格，洋洋如在左右；后面引《诗经·大雅·抑》谈鬼神降格难以测度，祭祀时不可厌倦（不可度思，矧可射思；其中，射：倦也。）。劳思光指出此处的"神之格思"中，"格"兼有"来享"和"感通"之意。[⑤]因此，此段话以人之祭祀为主，可解为以人之诚感通鬼神来飨，由微而显，从而完成仪式。

综上所述，诚从成繁衍而来，进一步发展了与祭祷礼仪相关的内涵，蕴含了诚信的辞语、诚敬的情感、诚实的祭品和鬼神感通来飨而完成仪式等四个层次。《礼记·祭统》中的一段话谈祭祀之道，可谓总结了诚的这四个层次："是故贤者之祭也，致其诚信，与其忠敬，奉之以物，道之以礼，安之以乐，参之以时，明荐之而已矣，不求其为。……身致其

① 陈奇猷：《吕氏春秋新校释》卷二十六，第1697页。
② 荀悦：《申鉴》，香港：中华书局，1978年，第16页。
③《礼记正义》卷五十二，第1675a—1676a页。
④《礼记正义》卷五十二，第1676a页。
⑤ 劳思光：《大学及中庸译注新编》，香港：香港中文大学出版社，2001年，第60—61页。

诚信，诚信之谓尽，尽之谓敬，敬尽然后可以事神明，此祭之道也。"①
"致其诚信"指以诚信的祭祷之辞致神，"与其忠敬"指诚敬的情感，"奉
之以物"指奉献诚实的祭品，加上相配的礼乐和合适的岁时，就可以奉
事鬼神，完成祭祀仪式。观射父对楚昭王论祭祀过程，也清楚地说明了
此四方面内容："国于是乎蒸尝，家于是乎尝祀，百姓夫妇择其令辰，奉
其牺牲，敬其粢盛，洁其粪除，慎其采服，禋其酒醴，帅其子姓，从其时
享，虔其宗祝，道其顺辞，以昭祀其先祖，肃肃济济，如或临之。"②牺牲、
粢盛、酒醴乃奉献诚实的祭品，粪除（扫除）、采服、敬、慎、肃肃济济（恭
敬地聚集）乃表达诚敬的情感，虔其宗祝、道其顺辞乃祝告诚信的辞语，
"如或临之"乃鬼神降临歆飨，完成祭礼。

四、结语

通过对诚字及其初构成字的重新阐释，我们发现成和诚的初义皆
与卜筮祭祷的礼仪相关联，蕴含主祭者以诚信的辞语、诚敬的情感和
诚实的祭品感通鬼神，使之降格歆飨，从而完成仪式等活动和过程。
正是在这些宗教意蕴的基础上，古典儒学逐渐发展出诚、诚信、诚敬、
诚实等观念，涉及心理、伦理、道德、人格、宇宙、自然、政治、审美等众多
义项和范畴。其中作为核心概念的诚，被神圣化为"天之道"；而人通过
自我修养，可以达到"至诚如神"的神秘境界，可以"赞天地之化育"，可
以被上天赋予大命，等等。③ 由于诚字的丰富、神圣、神秘内涵，其被学

---

① 《礼记正义》卷二十五，第 1571a—1573b 页。
② 《国语集解》卷十八，第 804 页。
③ 《礼记正义》卷五十三，第 1689b、1691a—1691b、1692b—1693a 页；马承源主编：
《上海博物馆藏战国楚竹书（一）》，上海：上海古籍出版社，2001 年，第 134 页。

者们感叹为最难理解、最迷惑的中国哲学概念，①曾被英译为 sincerity，perfection，truth，realness，integrity，creativity 等不同词语，或干脆只音译为 cheng。本章关于诚的宗教起源和意蕴的探索，或许可在一定程度上帮助揭开其神秘的、迷惑的外衣。

　　长期以来，无数学者从哲学思想的角度直接切入，分析诚在古典儒学典籍中所蕴含的思想观念，提出了许多富于启发意义的深入阐释。但是由于未能追本溯源，未注意到诚在诸子思想之前和同时所含有的丰富宗教和人文意义，许多解说并未能触及根本，产生了不少相去甚远的、甚至相互矛盾的看法，有时还出现"六经注我"的情况，以今人思想或西方思想生搬硬套古人观念。虽然有一些学者曾经尝试探索诚的宗教源头，但由于未能全面运用文字学、文献学、文本诠释等语文学的考释方法，往往只注意一隅而未及其他，也未能全面揭示其丰富意义。本章以"竭泽而渔"的态度遍搜传世和出土文献，将文字文献的考证与宗教史、思想史、文化史的分析相结合，以此多学科综合的方法解读和阐释文本，从而获得关于诚的宗教礼仪起源的新结论，说明诚与中国古代人神感通的祭祷礼仪及敬神崇祖的心理情感的密切关联，为进一步研究诚的观念在古典儒学思想及后世的发展演变提供了基础。

----

① 张岱年(1909—2004)：《中国哲学史方法论发凡》，北京：中华书局，1983 年，第 133 页；Donald Munro，*Images of Human Nature*，Princeton，NJ：Princeton University Press，1988，p. 117.

第五章

礼作于情:《性自命出》与古典儒学情感伦理学 *

一、引言

众所周知,西方哲学主流在传统上强调情感与理智的对立分化,情感和激情被视为非理性的、主观的、不可控制的,妨害而不是有益人们的伦理道德生活。不过,自从索罗门(Robert C. Solomon)于 1976 年出版《激情:情感与人生意义》(*The Passions: Emotions and the Meaning of Life*)一书以来,许多西方哲学家和心理学家对这一传统看法提出质

＊ 本章于 2014 年 10 月以 "Confucian Ethics of Emotion and Its Inspiration to the Changing World Cultural Order" 为题,发表于夏威夷大学和东西方中心主办的 "Inaugural Conference of World Consortium for Research in Confucian Culture"; 后于 2015 年 10 月并入 "Li Zehou's Reconception of Confucian Ethics of Emotion" 一文,发表于夏威夷大学和东西方中心主办的 "International Conference on Li Zehou and Confucian Philosophy"。其后正式发表为:"Li Zehou's Reconception of Confucian Ethics of Emotion," *Philosophy East and West* 66.3 (July 2016):757 - 786;并收入 Roger T. Ames & Jinhua Jia, eds., *Li Zehou and Confucian Philosophy*, Honolulu: University of Hawaii Press, 2018; 以及《李泽厚对儒学情感伦理学的重新阐述》,安乐哲、贾晋华编,《李泽厚与儒学哲学》,上海:上海人民出版社,2017 年,第 159—186 页。本章为其中一节的增订。

疑。学者们指出，情感不可能完全脱离理性，情感也并不必然是非理性的或者完全是主观、私人性的；相反，他们相信情、理相互关联，并指出情感在信仰、认知及理性判断方面起着举足轻重的作用。[①] 人类学家和社会学家也强调，情感能量是人类发展和社会生活的主要驱动力量。[②]

　　然而，在西方出现这一重审情感和理智关系的新潮流之前或同时，中国哲学的一些重要学者已经深刻地指出情感在古典儒学伦理思想中的重要位置。梁漱溟在 1949 年出版的《中国文化要义》中指出："周孔教化自亦不出于理知，而以情感为其根本。"[③]钱穆在 1974 年出版的《孔子与论语》中也说："宋儒说：'心统性情。'毋宁可以说，在全部人生中，中国儒学思想，则更看重此心之'情感'部分，尤胜于其看重'理智'的部分。"[④]梁漱溟和钱穆都认为，在古典儒学中，情感比理性更为根本和重要。张岱年于 1958 年出版的《中国哲学大纲》中也简要论述孔子、孟子、《中庸》及《大学》对于情感的重视，并沿承朱熹的观点，认为孟子四端说中的恻隐、羞恶、辞让都是道德情感。[⑤] 李泽厚在 1980 年发表的《孔子再评价》中指出，孔子以仁释礼，将社会伦理规范内化为个体的心理自觉和道德情感，并指出仁所蕴含的各要素中，"最为重要和值得注意

[①] 主要参看 Robert C. Solomon, *The Passions: Emotions and the Meaning of Life*, Garden City, N. Y.: Anchor Press, Doubleday, 1976; Antonio R. Damasio, *Descartes' Error: Emotion, Reason, and the Human Brain*, New York: G. P. Putnam, 1994; Martha Nussbaum, *Upheavals of Thought: The Intelligence of Emotions*, Cambridge: Cambridge University Press, 2001; Solomon, *Thinking about Feeling: Contemporary Philosophers on Emotions*, Oxford: Oxford University Press, 2004。

[②] Randall Collins, *Interaction Ritual Chains*, Princeton, NJ: Princeton University Press, 2004.

[③] 梁漱溟：《中国文化要义》(1949)，上海：学林出版社，1987 年，第 119 页。

[④] 钱穆：《孔子与论语》，台北：联经出版事业公司，1974 年，第 353 页。

[⑤] 张岱年（署名宇同），《中国哲学大纲》，北京：商务印书馆，1958 年，第 471—476 页。朱熹云"所谓四端者皆情也"，见黎靖德编：《朱子语类》，北京：中华书局，1994 年，第 1380 页。

的是心理情感原则,它是孔学、儒学区别于其他学说或学派的关键
点"。① 其后他进一步全面深入地研究和重构古典儒学的情感伦理学,提
出"情本体""情理结构""乐感文化"等范畴,认为"孔学特别重视人性情
感的培育……实际是以情作为人性和人性的基础,实体和来源。……强
调亲子之情(孝)作为最后实在的伦常关系以建立人/仁的根本,并由亲
子、君臣、兄弟、夫妇、朋友五伦关系,辐射交织而组成和构建各种社会性
感情作为'本体'所在,强调培植人性情感的教育,以之作为社会根本"。②

　　至 20 世纪 90 年代,学界对于传世古典儒学典籍中关于情感与伦
理的关系有了较多关注。例如,黄百锐(David Wong)论证,在孟子的伦
理思想中,情感和理性相互关联,并无西方传统上将情和理分离的情
况。③ 蒙培元将中国哲学,特别是儒学概括为情感哲学,以"人是情感
的存在"、仁爱情感等作为儒学的基本命题而展开讨论。④ 乔尔·马克
(Joel Marks)和安乐哲所编《亚洲思想中的情感:比较哲学的对话》一
书于 1995 年出版,其中有两章论及古典儒学与情感的关联。⑤ 其一为

① 李泽厚:《孔子再评价》,《中国社会科学》2(1980):77—96;《中国古代思想史
　论》,北京:人民出版社,1986 年,第 7—51 页。
② 李泽厚:《论语今读前言》,《中国文化》8(1995):32。还可参看李泽厚的以下著
　作:《论语今读》,合肥:安徽文艺出版社,1998 年;《己卯五说》,北京:中国电影
　出版社,1999 年;《历史本体论》,北京:生活·读书·新知三联书店,2002 年;
　《伦理学纲要》,收《哲学纲要》,北京:北京大学出版社,2011 年,第 1—126 页;
　《回应桑德尔及其他》,北京:生活·读书·新知三联书店,2014 年;《由巫到礼释
　礼归仁》,北京:生活·读书·新知三联书店,2015 年。
③ David Wong, "Is There a Distinction between Reason and Emotion in Mencius?"
　Philosophy East and West 41.1 (1991):31 - 44.
④ 蒙培元:《论中国传统的情感哲学》,《哲学研究》1(1994):45—51;《情感与理
　性》,北京:中国社会科学出版社,2002 年;《人是情感的存在:儒家哲学再阐
　释》,《社会科学战线》2(2003):1—8。
⑤ Joel Marks and Roger T. Ames, *Emotions in Asian Thought: A Dialogue in
　Comparative Philosophy*, Albany, N.Y.: State University of New York Press,
　1995.

博克弗(Mary I. Bockover)所撰,强调情感蕴含志意,不能降低为仅是纯粹的个人情感现象。[①] 其二为陈汉生(Chad Hansen)所撰,将情定义为"由实在输入的信息"和"对实在的反应",包括各种情感反应。[②] 此外,倪德卫(David S. Nivison,1923—2014)认为孟子的四端以情感为表现形态,其中蕴含道德的正确判断,并成为道德的来源和动力。[③] 其后伍安祖(On-cho NG)在一篇重要论文中,深入分析孔子、孟子和荀子对于情感的伦理学态度,指出在孔子看来,情感是人的伦理—道德构成的自然表现,展示的是内在美德和外在乐感的一致性;孟子以著名的四端说指示道德行为的情感根源;荀子则明确地将情定义为爱恶喜怒哀乐之情,并与孔孟一样将情感与道德判断和行为联系在一起。[④] 稍后方岚生(Franklin Perkins)也强调,情感和自我修养的关系是孟子伦理思想的核心问题。[⑤] 金明锡(Myeong-Seok Kim)的博士论文集中于分析《论语》和《孟子》中的情感伦理理论,包括情感在道德判

[①] Mary Bockover, "The Concept of Emotion Revisited: A Critical Synthesis of Western and Confucian Thought," in *Emotions in Asian Thought*, pp. 161 - 180.

[②] Chad Hansen, "*Qing* (Emotions) 情 in Pre-Buddhist Chinese Thought," in *Emotions in Asian Thought*, pp. 181 - 211.

[③] David Nivison, "Two Roots or One?" in *The Ways of Confucianism: Investigations in Chinese Philosophy*, ed. Bryan Van Norden, Chicago and La Salle, IL: Open Court, 1996, p. 147. 相近的看法亦可参看 Philip J. Ivanhoe, *Ethics in the Confucian Tradition: The Thought of Mengzi and Wang Yang-ming*, Indianapolis: Hackett Publishing Co., 2002, pp. 88 - 89; Bryan Van Norden, "Mengzi and Xunzi: Two Views of Human Agency," in *Virtue, Nature, and Agency in the Xunzi*, ed. Thornton C. Kline III and Philip J. Ivanhoe, Indianapolis, IN: Hackett Publishing Co., 2000, pp. 111 - 112.

[④] On-cho NG, "Is Emotion (*qing*) the Source of A Confucian Antinomy?" *Journal of Chinese Philosophy* 25 (1998):173 - 175.

[⑤] Franklin Perkins, "Mencius, Emotion, and Autonomy," *Journal of Chinese Philosophy* 29.2 (2002): 207 - 226.

断、道德动力和道德修养这三个重要的伦理学领域中所起的作用。①

20 世纪末郭店楚简发表，②其中《性自命出》《语丛》《五行》等儒学文献对于情感的丰富阐述在学界引起重大反响，从而在 21 世纪初以来的 20 年中涌现出众多新研究，包括对于这些出土文本及"情"字的语文学解释，以及对于儒学情感伦理学的哲理阐发。此两种方法的运用皆引出累累硕果，但也存在未能将两方面研究更有效地结合的缺陷。本章结合此两种研究方法，在援引学界成果的基础上，首先对情字作出新的语文学解读，然后分析《性自命出》及相关文献，以期对古典儒学情感伦理学在战国中期前后的发展作出一个新的描述。

二、"情"字新释

在《论语》中，孔子及其弟子们述及仁、孝、爱、乐、恭、敬、畏、恸等情感。但是，"情"字在《论语》中凡两见，表面上并不直接指向"情感"之义；在《孟子》和其他不少传世典籍中的情况也相似。葛瑞汉由此断定，汉代以前的文献中情字从来没有情感之义；情的基本意思是事实、本质或实在，尽管在《荀子》和《礼记》中它的意思开始"注入情感内涵"。③ 继葛瑞汉之后，学者们纷纷分析情的涵义。陈汉生将

---

① Myeong-Seok Kim，"An Inquiry into the Development of the Ethical theory of Emotions in the *Analects* and the *Mencius*，" dissertation，The University of Michigan，2008. 虽然此文迟至 2008 年才出现，但文中未用新出土文献，故放在此处引述。

② 荆门市博物馆编：《郭店楚墓竹简》，北京：文物出版社，1998 年。

③ Angus C. Graham，*Studies in Chinese Philosophy and Philosophical Literature*，Singapore：Institute of East Asian Philosophies，1986，pp. 59 - 65.

情定义为"由实在输入的信息"和"对实在的反应",其中包括各种情感反应。[1] 信广来(Kwong-loi Shun)总结情在传世早期文献中的两种意义,其一指境况和事物的实际情况,其二指同类事物或人群的特点。[2] 伍安祖则在郭店楚简公布之前,已经肯定情在早期文献中含有情感之义。[3]

郭店楚简发表后,对情的解释更为丰富全面。李天虹在《性自命出》的基础上考察所有先秦文献后,将情的基本义概括为四点:(1)诚挚和真实的感觉;(2)情感或性情;(3)事物和境况的实际情形;(4)本体或者事物的原则。[4] 何莫邪(Christoph Harbsmeier)在同一时间也对早期文献作了一番全面考察,总结出相似而更多的含义:(1)事件的基本事实;(2)潜在的、基本的动力因素;(3)基本的、流行的情绪或者回应;(4)普遍的基本本能;(5)根本的感性和感受;(6)基本动机和态度;(7)个体的确信、回应和感觉。[5] 欧阳祯人分析情在先秦文献中的各种义项,包括质实义、情实义及情理义。[6] 以葛瑞汉的定义和何莫邪的分类为基础,梅道芬(Ulrike Middendorf)概括了情字的两组意思:应用于事物和状况时,意为"真实和忠实";而应用于人时,指所有类型的情感反应,例如基本驱动力、感官知觉、情感、情绪、性情、态度、喜爱、欲

---

① Chad Hansen, "*Qing* (Emotions) 情 in Pre-Buddhist Chinese Thought," pp. 181 - 211.

② Kwong-loi Shun, *Mencius and Early Chinese Thought*, Stanford: Stanford University Press, 1997, pp. 183 - 187.

③ On-cho NG, "Is Emotion (*qing*) the Source of A Confucian Antinomy,"173 - 175.

④ 李天虹:《郭店楚简性命出研究》,武汉:湖北教育出版社,2003 年,第 31—59 页。

⑤ Christoph Harbsmeier, "The Semantics of Qing in Pre-Buddhist Chinese," in *Love and Emotions in Traditional Chinese Literature*, ed. Halvor Eifring, Leiden: Brill, 2004, pp. 69 - 148.

⑥ 欧阳祯人:《先秦儒家性情思想研究》,武汉:武汉大学出版社,2005 年,第 88—94 页。

望、动机以及礼仪化的行为模式。① 艾皓德(Halvor Eifring)则运用历时性的方法,提出情字语义演变的三个阶段,即从基本本能到情感,然后再从情感到爱情。②

这些学者分别挖掘出情字的一种或多种含义。尽管其中的一些分析可能过于琐细,但是他们所提出的含义大多的确能在早期文献里找到佐证。为了将所有这些不同含义进行连贯一致的理解,我们需要对情字进行细致的字源学分析,阐发其基本义和引申义,从而更为准确全面地理解其在早期儒学典籍中的意义。

鉴于情字在音、义上都与"生"字和"性"字关系密切,我们的考察需要从这两个字开始。生字见于商周时期的甲骨文和金文,其初形由植物幼芽和水平线构成,象征植物破土而出。③ 从植物的生长开始,生字进而指包括人类在内的所有生命体的产生,其后再扩展至宇宙中所有事物的诞生、产生和出现。我们从适用于所有事物和境况的合成词"产生"和"发生"中可以看出此点。这一字源代表了中国古代的一种重要的世界观,即将宇宙间的所有事物都看成是有机的、富于活力的、共存的,对有知觉的和无知觉的、动物的和非动物的、有生命力的和无生命力的不作区分。④

---

① Ulrike Middendorf, "Again on *Qing*: with a translation of the Guodian *Xing zi ming chu*," *Oriens extremus = Zeitschrift f"ur Sprache*, *Kunst und Kultur der L"ander des Fernen Ostens* 47(2008): 97-159, especially 127-128.

② Halvor Eifring, "Introduction: Emotions and the Conceptual History of *Qing*," in *Love and Emotions in Traditional Chinese Literature*, pp. 12-22.

③ 对生字的详细分析,主要可参考唐君毅:《中国哲学原论原性篇》,北京:中国社会科学出版社,2005年,第6页;刘翔:《中国传统价值观阐释学》,上海:上海三联书店,1996年,第171—183页。

④ 关于这一世界观的讨论,可参考如下著作:Graham, *Studies in Chinese Philosophy and Philosophical Literature*, p. 8; David L. Hall and Roger T. Ames, *Anticipating China: Thinking through the Narratives of Chinese and Western Culture*, Albany: State University of New York Press, 1995, pp. 187-190。

在许多出土和传世的先秦文献中,生字也被用来指性之义,而在任何先秦时期的出土文献中都没有发现由"心"和"生"两个部分构成的性字。[①] 在郭店写本里,性的意思由"生"和"目"所构成的"眚"字来指代。该字与"省"(检查,察看)字同义,在郭店写本里用为性字的假借。[②] 清代学者已经指出,生是性的初构和字根,[③]现代学者普遍同意这一看法。[④] 因此,生字在很长一段时间蕴含生和性两方面的意义,不少早期文献明确述及这两个字间的字源学联系。例如,《孟子》中记载告子说:"生之谓性。"[⑤]《荀子》中也有同样的说法:"生之所以然者谓之性。"[⑥]性随着某种事物的产生而出现,指的是这一事物与生俱来的属性、特点和本质。

现在,我们可以对情字展开字源学的分析。情字不见于商周时期的甲骨文和金文。在郭店楚简里,情写作"青"或"情"。在其他一些出土和传世文献中,这两个字也可以互换使用。欧阳祯人可能最早指出青应为情的早期构形;[⑦]以他的阐述为基础,我们可以展开更细致的语文学分析。在西周金文里,青字由"生"和"井"构成。后来,经过多种变

---

① 宋代学者夏竦(985—1051)从《孝经》中抄录了一个由"生"和"心"组成的性字;见其《汉简·古文四声韵》,北京:中华书局,1983年,第67页。
② 李天虹:《郭店楚简性自命出研究》,第60—61页。
③ 参考阮元(1764—1849):《性命古训》,见《揅经室集》卷十,北京:中华书局,1993年,第211—236页;徐灏:《说文解字注笺》卷十,《续修四库全书》本,第353b页。
④ 例如,傅斯年(1896—1950):《性命古训辨证》(1938),《傅斯年全集》,第二册,长沙:湖南教育出版社,2000年,第499—666页;唐君毅:《中国哲学原论·原性篇》(1968),北京:中国社会科学出版社,2005年。
⑤ 《孟子·告子上》,11.3。
⑥ 王先谦:《荀子集解》卷十六,北京:中华书局,1988年,《正名》,第412页。
⑦ 欧阳祯人认为"生是青的本体,青是生的表现形式;青为生质,生由青显,生、青互证……奠定了日后性与情之间互动的基调",并由此而将情解释为抽象的总概念;见其《先秦儒家性情思想研究》,第85—88页。这一看法与本章下面的分析不同。

体,最后定型为"青"。① 生象征植物的发芽和生出,而青指示植物的颜色,与植物的生发与生俱来,正如《释名》所说:"青,生也,象物生时色也。"②因此,生显然是情的声符兼义符,也就是字根,而并只是声符。从这一字源学分析进一步推导,青应为情之本字,心旁应为后来所增。现代学者对上古音的重构也令人信服地揭示,生、性、青、情四字的音韵相近,从属同一韵部(表1)。③ 另外,根据刘翔、王元鹿等的研究,"心"字直到西周时期才出现,开始蕴含心理情感和思想活动之义,出现了不少带心旁的字。④ 生和青被加上心旁而成为性和情的过程,表明古代哲人逐渐形成对这两个字所蕴含的思想情感的心理活动和状况的理解。

表 1　现代学者对生、青、性、情的上古音重构

字	上古音/韵部 (郑张尚芳)	上古音/韵部 (Baxter-Sagart)
生	Sreŋ/耕	sreŋ/耕
性	sleŋ/耕	sreŋ/耕
青	shleeŋ/耕	sˤ⟨r⟩eŋ/耕
情	zleŋ/耕	dzeŋ/耕

① 参看何琳仪:《战国古文字典》,第 821 页。
② 刘熙(160? —?):《释名》,(《丛书集成初编》本),第 67 页。
③ 参看郑张尚芳:《上古音系》,上海:上海教育出版社,2003 年,第 460—461 页;William H. Baxter and Laurent Sagart, *Baxter-Sagart Old Chinese reconstruction*, http://en. wiktionary. org/wiki/Appendix:BaxterSagart _ Old _ Chinese_ reconstruction, p. 104, p. 114, p. 146, accessed on 2014.10.31; and Baxter and Sagart, *Old Chinese: A New Reconstruction*, New York: Oxford University Press, 2014, pp. 235 - 236, pp. 498 - 500.
④ 刘翔:《中国传统价值观诠释学》,上海:上海三联书店,1996 年,第 199—222 页;王元鹿:《心字探源》,见《普通文字学与比较文字学论集》,上海:上海古籍出版社,2012 年,第 222—238 页。

以植物生长作为其充满喻意的根源,性字和情字都源自生字即植物和万事万物之产生。性是随着某事物的出现而与生俱来的属性,是该事物的本质的、决定性的特点。情是该事物的属性的外在表达和显现——颜色、外貌、所处境况、实际成分、物质材料、动态模式,等等。

将性、情这一对字词应用于人的情况,性是人内在的性格、素质和感受能力,而情是发之于外的表现和反应,以及与其性格、感受能力和环境的关系,诸如情感、表情和情境。换句话说,性是人天生的、内在的、素质的、性格的层面,而情则是性和经验的表达的、情感的、事实的以及互动的层面。①《性自命出》很清楚地解释性和情的这种内外关联:"喜怒哀悲之气,性也。及其见于外,则物取之也。"②一个人有其内在的性格、感受能力,以及可能形成多种情的潜在精神之气;当它们被外在的刺激性物体和事件促发时,快乐、生气、哀伤或悲痛的情感就会出现,并呈现为面部表情和身体行为。③以下出自经典文献的引文,描述了这种内外关联以及情感过程:

> 子夏问孝。子曰:"色难。"④
> 百姓闻王钟鼓之声,管籥之音,举欣欣然有喜色。⑤

---

① 如同许多学者已经指出,性最初并不包含"本质的人性"意义上的普遍的人性之义。这一意义是后来出现并逐渐扩展而成的。
② 本章所有《性自命出》和《语丛》的引文均出自陈伟主编:《楚地出土战国简册》,第 220—235、244—268 页,以下不再一一出注。陈来和汤一介都将"物取"释为被物体刺激或者与之产生共鸣而出现的感情;见陈来:《荆门竹简之性自命出篇初探》,《中国哲学》20(1999):293—314;汤一介:《"道始于情"的哲学诠释》,《学术月刊》7(2001):40—44。
③ 一些学者已经注意到性、物、情之间的内外关系,不过我的解释与他们有所不同。例如,陈来:《郭店楚简性自命出与儒学人性论》,《竹帛五行与简帛研究》,北京:生活·读书·新知三联书店,2009 年,第 80 页。
④《论语·为政》,2.8。
⑤《孟子·梁惠王下》,2.1。

> 谏于其君而不受,则怒,悻悻然见于其面。①
>
> 夫貌,情之华也;言,貌之机也。身为情,成于中。言,身之文也。②
>
> 哀有哭泣,乐有歌舞,喜有施舍,怒有战斗。③

　　快乐或者生气的面部表情,哭泣或者歌唱的声音回应,跳舞或者战斗的身体行为,所有这些都是对受物体和事件刺激而产生的内在情感的表达、显现及反应。其中特别有趣的是,"色"字被用来描述情感性的表情,其字面意义为颜色。这跟情字的初构青字本来指植物的青绿颜色相吻合。因此,情是对由人的内在性格生成并经由外物刺激促发的感受和情感的真实表达和呈现。当因刺激生成的感受和情感自然而然地、真诚地形诸面部表情和身体行为时,它被称作情,就如青色是植物的真实外表一样。这也是为什么情主要含有真情和情境两方面意思的原因。

　　这些早期文献中对于情感过程的描述,与现代学者对情感心理学的研究具有不少一致之处。尽管仍然有不同的看法,一般而言情感过程被认为包括以下几种成分:(1)刺激性事件或者物体的激发;(2)对刺激物的认知性评估;(3)生理性回应和面部、声音的表达;(4)情感状态的主体经验;(5)行为的倾向。④ 现代心理学的这些描述,在一定程

---

① 《孟子·公孙丑下》,4.12。

② 徐元诰、王树民、沈长云:《国语·晋语五》,北京:中华书局,2002年,第376页。

③ 《春秋左传正义》卷五十一,《十三经注疏整理本》,昭公二十五年,第1675a页。

④ 参考 Damasio, *Descartes' Error*, p. 145; Damasio, "Fundamental Feelings," *Nature* 413 (2001): 781; Peter J. Lang, "The Emotion Probe: Studies of Motivation and Attention," *American Psychologist* 50.5 (1995): 273; Klaus R. Scherer, "What Are Emotions? And How Can They Be Measured," *Social Science Information* 44 (2005): 693-727.

度上与早期中国文献中情字的含义相似。

但是在另一方面,性和情的内外界线很难被清楚地定义和区分,因为情感是主观经验的复杂状态,其特点不仅呈现为心理—生理表现、生物学反应和行为倾向,也表现为性格倾向、精神品德、心理状态、所含蕴的文化密码以及对事件和物体的认知评估。因此,在不少早期文献中,性和情可以互换,这两个字甚至被结合为合成词"性情"。①

综上所述,在分析论证生是青的字根及青是情的本字之后,我们可以清楚地看到,从葛瑞汉开始的对于情字的质疑和各种释义,其实都蕴含于情字的各项基本义和引申义中:人或事物的本质的、真实的、实在的体现;性格倾向或情性;与人、物或境况相关或者对其作出反应的外部事实;人的情感表达和体验,以及人与现象世界的互动。简单说来,情主要包括情感和情境两方面的意义,应该根据不同的文本内容和背景对之进行解释。但是,在加上心旁后,情的情感义的确被突出强调,从而逐渐发展成为其最主要的义项。

三、礼作于情:《性自命出》等出土文献对儒学情感伦理学的发展

现在我们可以对情字在郭店楚简《性自命出》以及其他相关儒学文献中的意义展开分析。② 情字在篇幅有限的《性自命出》篇中凡二十见,可以肯定是其中心思想和主题之一。尽管一些学者仍然有所保留,

---

① 徐复观认为性和情是"同质而常常可以互用的两个名词";见其《中国人性论史·先秦篇》,台湾:商务印书馆,1969 年,第 233 页。
② 《性自命出》有一个名为《性情论》的对应写本,收于上海博物馆。见马承源编:《上海博物馆藏战国楚竹书》,第一册,上海:上海古籍出版社,2001 年,第 69—118、215—301 页。鉴于此两个文本十分相似,本章未征引此文本。

大部分学者将此文本中的情字解释为情感。本章基本上同意这一阐释，但是需要补充一点，即如同前节所述，在很多例子中情可能含有不止一种意义，因此，应该根据具体的上下文内容作出更为全面的解释。

郭店楚简的整理者将《性自命出》分成两部分。[①] 这两部分都以对情的探讨为重要主题，其中第一部分主要讨论人类的情感和历史经验及礼乐之间的关系，第二部分则较多讨论情感的真诚性。[②] 另外，郭店楚简中被整理者拟题为《语丛》的四篇短文，也包含与《性自命出》相近的命题和观念。这些文本合起来，较为清楚地体现了战国中期前后的儒者如何从礼乐文化汲取灵感，既继承又发展孔子和孟荀之间的儒学情感伦理思想。

首先，如前所述，孔子以仁释礼，提出"克己复礼为仁"的口号，将外在的社会伦理规范内化为人的心理自觉和道德情感。延承这一观念，《性自命出》和《语丛》进一步提出"礼作于情""礼生于情"等，宣布作为社会伦理规范的礼原本出自人的情感和经验，从而明确指出情感是伦理道德的根源和动力。《性自命出》云："道始于情，情生于性。"此处的情主要指情感，因为如前所述，此文本称"喜怒哀悲之气，性也"，气是喜怒哀伤等情感的构成能量，含蕴于性之中。此处的道则指的是以礼为核心的"人道"，因为文本中进而说："道四术，唯人道为可道也。"[③] "礼

---

① 一些学者提出，此两部分最初应是两篇独立的文章。例如，李学勤：《郭店简与〈乐记〉》，《中国哲学的诠释和发展：张岱年先生 90 寿庆纪念文集》，北京：北京大学出版社，1999 年，第 23—28 页。

② 《性自命出》也体现了其他重要主题如"性"及其与"情"之关系。由于篇幅所限，本章只专注于"情"。关于此文本有关性的论述，主要可参看李天虹：《郭店楚简性自命出研究》，第 60—81 页；欧阳祯人：《先秦儒家性情思想研究》；陈来：《郭店楚简性自命出与儒学人性论》，《竹帛五行与简帛研究》，北京：生活·读书·新知三联书店，2009 年，第 76—95 页；丁四新：《生、眚、性之辨与先秦人性论研究之方法论检讨》，收《先秦哲学探索》，北京：商务印书馆，2015 年，第 3—57 页。

③ 陈伟将第三个"道"读作"导"（導），见陈伟：《楚地出土战国简册》，第 222 页。

作于情。"此外，《语丛一》云："礼因人之情而为之。"《语丛二》亦云："情生于性，礼生于情。"道和礼都被说成始于或作于、生于情，可见此二字在这些文本中是互用的。① 而且，与《性自命出》一样，《语丛二》也认为各种不同的情感诸如爱、愠、喜、畏等，皆生于性。这也支持我们关于《性自命出》和《语丛》中的情主要指人类的情感体验的解释。不过，由于人的情感激发于与外界事物或环境的互动，我们还应该指出，这些文本中的情也含有人的存在情境和实际经验的意蕴。

《性自命出》和《语丛》进而具体地描述人的情感经验的礼仪化、伦理化的过程："诗，书，礼，乐，其始出皆生于人……圣人比其类而论会之，观其先后而逆训之，体其义而节度之，理其情而出入之。""礼因人之情而为之节文者也。"《诗》《书》《礼》《乐》这些经典著作是周礼最重要的构成内容。它们来源于人类生活经验和自然情感，经过圣人/文化英雄的整理、节度和理性化，使之成为社会的伦理规范。这些伦理规范依照人们的名分等级而制定，要求每位个体实践符合其君臣父子等名分地位的角色情感和伦理义务；它们既是历史上约定俗成地形成的礼俗，也是逐渐完善的政治伦理法则。《性自命出》和《语丛》的作者们将礼的产生兴起归因于人的情感经验和存在情境，清楚地说明情感在伦理道德的形成过程中所发挥的根源和动力作用。

《礼记·乐记》所述情与礼的渊源关系及礼制的成立过程，与《性自命出》相同："是故先王本之情性，稽之度数，制之礼义。"②《礼记·乐记》并进一步详细地描述乐产生于情的过程及其与伦理道德的密切关联：

---

① 一些学者已注意到此点。例如，李天虹：《郭店竹简性自命出研究》，第136—137页。
② 《礼记正义》卷三十八，《十三经注疏整理本》，《乐记》，第1288b页。

> 凡音者,生人心者也。情动于中,故形于声。声成文,谓之音。
>
> 乐者,音之所由生也;其本在人心之感于物也。
>
> 合情饰貌者,礼乐之事也。
>
> 乐章德,礼报情反始也。
>
> 乐也者,情之不可变者也。礼也者,理之不可易者也。乐统同,礼辨异,礼乐之说,管乎人情矣。
>
> 德者,性之端也,乐者,德之华也。
>
> 情见而义立,乐终而德尊。①

人的心性由于感于外部事物而激发情感,情感表现为音乐,经过理性的节度而成为礼乐的构成部分,从而能够彰显尊崇伦理道德的动人力量。

其次,孔子提出"兴于诗,立于礼,成于乐",②反复强调通过学习和实践礼乐而培养仁孝忠恕等道德情感和理想人格的重要性。《性自命出》进一步详细讨论出自情感的礼乐如何反过来陶冶和培养角色情感和道德人格。在论述礼始于人的情感经验之后,文本中紧接着说:"始者近情,终者近义。"在这一语境中,情主要指各种自然情感及情感判断,而义指的是礼所规定的角色义务和伦理情感,如《礼记》所说:"何谓人情,喜怒哀惧爱恶欲,七者弗学而能。何谓人义?父慈,子孝;兄良,弟弟;夫义,妇听;长惠,幼顺;君仁,臣忠。十者谓之人义。"③"君子之所谓义者,贵贱皆有事于天下。"④在其伊始,礼从"人情"亦即喜、怒、

---

① 《礼记正义》卷三十七、三十八,第 1251a、1253a、1264b、1299a、1300a、1295b、1297a 页。
② 《论语·泰伯》,8.8。
③ 《礼记正义·礼运》卷二十二,第 802b 页。
④ 《礼记正义·表记》卷五十四,第 1727b 页。

哀、惧、爱、恶、欲的情感经验中兴起。通过礼仪化和理性化，这些经验和情感构成了社会、政治、伦理的规范；而这些规范又反过来教育、陶冶和培育自然的情感，最终达成"人义"，亦即恰如其分地符合每个人的社会和家庭名分地位的角色情感、义务和伦理，诸如慈、孝、良、悌、义、听、惠、顺、仁、忠等。葛瑞汉正是在此意义上将义定义为角色行为和义务，①而安乐哲则从延展的视角将儒学的伦理哲学定义为角色伦理学。②

在其他地方，《性自命出》在描述《诗》《书》《礼》《乐》如何兴作于人情而形成礼的社会伦理规范后，也接着说："然后复以教。教，所以生德于中者也。"礼来自人类情感并回归作用于人类情感；在这个过程中，自然的情感经由教化、理性化及和谐化，形成合乎伦理道德的角色情感。正如《性自命出》篇所说："其入拨人之心也厚。"《礼记·乐记》中也两次述及类似的话："君子反情以和其志。"③在《中庸》开篇，这种经过教导的、理性化的、和谐化的情感被推崇为世界之根本、道的体现及宇宙秩序的延续："喜怒哀乐之未发，谓之中；发而皆中节，谓之和。中也者，天下之大本也；和也者，天下之达道也。致中和，天地位焉，万物育焉。"④《荀子·

---

① A. C. Graham, *Disputers of the Tao*, La Salle, IL: Open Court, 1989, p. 11. 对"义"进行的字源研究揭示出，它的初期含义是"义务"或"角色义务"；后来，它所包含的"恰如其分的角色行为"之意逐渐延伸至代表"公义、正义、合宜"等普遍性社会公德。参看 Jinhua Jia and Pang-fei Kwok, "From Clan Manners to Ethical Obligation and Righteousness: A New Interpretation of the Term *yi*," *Journal of the Royal Asiatic Society* 17.1 (2007): 1–10；及本书第一章。

② Roger T. Ames, *Confucian Role Ethics*, pp. 159–210.

③ 《礼记正义》卷三十八，第 1295b 页。

④ 《礼记正义》卷五十二，第 1661b—1662a 页。《中庸》传统上被归属于子思，当代不少学者也接受此说。由于《中庸》论情与《性自命出》有相似之处，一些学者认为此篇也应出自子思。例如，刘乐贤：《〈性自命出〉与〈淮南子·缪称〉论情》，《中国哲学史研究》4(2000)：22—27；丁四新《郭店楚墓竹简思想研究》，第 173 页；蒙培元：《性自命出的思想特征及其与思孟学派的关系》，《甘肃社会科学》2(2008)：36—43。

乐论》也有类似说法："故乐者，天下之大齐也，中和之纪也，人情之所必不免也。"现代情感心理学区分功利情感（基本情感）和美学情感。[1] 根据这一分类，中庸、和谐的思想状态及其表述可被视为美学情感。[2] 但是，由于达成中庸、和谐能带来社会和宇宙秩序，在古典儒学思想家的眼里，它们也是道德情感。此外如前所述，学者们已经指出，礼义、情感及道德修养的相互关系也是孟子伦理道德思想的核心问题。

其三，孔子说"唯仁者能好人，能恶人"，"乡人之善者好之，其不善者恶之"，[3]指出仁者善人的好恶之情蕴含道德判断的正确标准，以及修养道德品格和实施道德行为的动力。《性自命出》也阐述了好恶之情与道德判断、修养及行为的关系。文中云：

> 好恶，性也；所好所恶，物也。善（不善，性也）；所善所不善，势也。
>
> 爱类七，唯性爱为近仁。智类五，唯义道为近忠。恶类三，唯恶不仁为近义。
>
> 义也者，群善之蕝也。

此处好恶的情感与善不善的道德品格和行为相联系，显然是在讲好恶之情的道德判断功用和动因，并说明判断标准是仁爱的道德情感和礼义的伦理规范。如前所述，不少学者沿承朱熹，认为孟子的四端都是情感，而其中的"羞恶之心"和"是非之心"既体现道德判断的价值意义，也指向道德行为的动因。其后《易传》突出强调情感的"感应"力量：

---

[1] Scherer, "What Are Emotions," 706 - 707.
[2] Middendorf, "Again on *Qing*," 106 - 107.
[3] 《论语·里仁》，4.3；《子路》，13.24。

"圣人感人心而天下和平";"上下交而其志同也"。① 统治者以其道德情感和品德引导感化人心,社会各阶层之间也由于共同的人性和情感而相互交通感应;这种感应的观念以情感力量作为伦理道德和社会秩序的主要激发和驱动力,表现出对于道德情感的充分理性信任。②

其四,孔子推重诚信的情感,提倡由自然真诚的亲子之爱而扩充至普遍爱人的仁爱之情;例如,"弟子入则孝,出则弟,谨而信,泛爱众而亲仁"。③《性自命出》则直接将情定义为诚信、真实的情感,并指出此类情感也可以成为道德价值方面的判断标准:"信,情之方也";"凡声,其出于情也信";"凡人情为可悦也。苟以其情,虽过不恶;不以其情,虽难不贵"。上述引文中的情被定义为诚信、可信、真实,基本上都可以解说为真实的情感。如同前节所论,情字以指示天然颜色之青字作为初构和字源,已经含有本真、真实、信实之义,因此,情是自然而然地值得信任的。真实的情感也可以成为好恶之情的道德判断标尺:出自真实情感的所有行为都是令人喜悦的,即使这些行为伴有过失;不包含真实情感的所有行为都是令人厌恶的,即使大费周章地去实施也是如此。④ 另外,如同学者们已经注意到,《性自命出》认为音乐最真实地表达人类情感。⑤ 此观念也可追溯至情字的字源,即以外部的言谈和音

---

① 《周易正义》卷四、卷二,《十三经注疏整理本》,第 164a 页、第 78a 页。
② 关于感和感应的详细讨论,参看本书第七、十二章。
③ 《论语·学而》,1.6。
④ 鉴于《性自命出》中的情作"真诚情感"解,一些学者指出,《论语》中出现的两个情字,此前皆被释为"事实"或者"诚实"(13.4,19.19),现在看来可能也含有"人的真诚情感"之意。参看蒙培元:《性自命出的思想特征及其与思孟学派的关系》,第 36—43 页;刘沧龙:《〈性自命出〉的情性论与礼乐观》,《鹅湖月刊》9(2011):32—43。
⑤ 可参考 Erica Brindley, "Music, Cosmos, and the Development of Psychology in Early China," 19‑32; *T'oung Pao* 92 (2006): 1‑49; and Scott Cook, *The Bamboo Texts of Guodian: A Study and Complete Translation*. 2 vols., Ithaca, N.Y.: Cornell University Press, 2012, pp. 671‑674.

乐作为内在情感的自然、真实的呈现。其后《礼记·乐记》也说："唯乐不可以为伪。"①《荀子·乐论》和《礼记·乐记》都说："穷本极（知）变，乐之情也；著诚去伪，礼之经也。"②此两句互文见义，讲述礼和乐的共同功用，可以用来培养真诚之情，去除虚伪之心。众所周知，《中庸》和《孟子》皆极力推崇"诚"的道德情感。诚具有宗教来源，其内涵丰富复杂，涉及宗教、情感、人格、伦理、道德、宇宙、自然、政治、审美等众多范畴，不仅仅指真诚，但真诚、诚实的情感肯定是其中的一个义项。③

其五，孔子经常陈述道德主体通过学习、修养和实践，"乐以忘忧"④，"不改其乐"⑤，"孔颜乐处"，获得愉悦的情感，达至"成人"的快乐境界。李泽厚由此而将儒学文化称为"乐感文化"，指出"此乐即仁，乃人生境界，亦人格精神"。⑥ 同样，《性自命出》也描述了道德主体通过礼的教育和道德修养而自我实现的愉悦情绪："君子美其情，贵其义，善其节，好其容，乐其道，悦其教，是以敬焉。"礼乐所教育培养之真诚情感（情）、伦理义务（义）、道德规范（节）、优雅容止（容）能给作为道德主体的君子带来伦理和美学的愉悦情感；其结果是君子彼此尊敬，在相互之间营造和睦关系，并促使社会建立和谐秩序。郭店楚简和马王堆帛书皆有《五行》篇，内容大致相同，更为明确地强调和、悦、安、乐等情感要素在道德修养和实践中的重要作用：

　　闻道而乐，有德者也。

---

① 《礼记正义》卷三十八，第 1296a 页。
② 《荀子集解》卷十四，第 382 页；《礼记正义》卷三十八，第 1301a 页。
③ 参看本书第四章关于诚的研究。
④ 《论语·述而》，7.19。
⑤ 《论语·雍也》，6.11。
⑥ 李泽厚：《论语今读》，第 21 页；《哲学纲要》，第 52—63 页。

> 君子无中心之忧则无中心之智,无中心之智则无中心之悦,无
> 中心之悦则不安,不安则不乐,不乐则无德。
>
> 不仁不安,不安不乐,不乐无德。
>
> 和则乐,乐则有德,有德则邦家兴。①

《五行》的作者(们)认为,快乐是有德者必有的情感要素;德始于忧成于乐;由实践仁而获得安乐,就可以成就道德的人生境界及和谐兴旺的社会。孟子也反复抒写道德实践和人格修养的乐感精神:"仁义忠信,乐善不倦,此天爵也。""反身而诚,乐莫大焉。"②荀子亦云:"故乐行而志清,礼修而行成,耳目聪明,血气和平,移风易俗,天下皆宁,美善相乐。"③《礼记·乐记》所述略同:"故乐行而伦清,耳目聪明,血气和平,移风易俗,天下皆宁。故曰:乐者乐也,君子乐得其道。"④通过礼乐而培养道德情感和人格,指导道德行为,可以移风易俗,促成社会和谐安宁,使得君子和民众皆达至美善快乐的人生境界。

四、结语

与西方哲学主流在传统上强调情感与理智的对立分化不同,中国思想传统重视情感和理性的相互关联和作用,尤其是在古典儒学的伦理思想中,情感占据了十分重要的位置。20 世纪中叶以来,一些重要

---

① 荆门市博物馆:《郭店楚墓竹简》,北京:文物出版社,1998 年,第 151、149、150页;庞朴:《竹帛〈五行〉篇校注及研究》,台北:万卷楼图书有限公司,2000 年,第31、50、63、85—86 页。

② 《孟子·告子上》,11.16;《孟子·尽心上》,13.4。

③ 《荀子集解》卷十四,第 382 页。

④ 《礼记正义》卷三十八,第 1293b 页。

学者已经重视和阐述古典儒学的情感伦理学。近二十多年来出土的儒学文献的相关资料,更进一步引发了研究热潮,出现众多研究论著。

对情字的语文学分析说明,生是青的字根,青是情的初构。从葛瑞汉开始的对于情字的质疑和各种释义,都蕴含于青/情字的各项基本义和引申义中,大致可概括为情感和情境两大组意义。而青字被加上心旁后,情的情感义被突出强调,逐渐发展成为其最主要的义项。

在《论语》中,孔子及其弟子辈已经对情感和理智的关系作出丰富的阐发。约在战国中期,《性自命出》等出土文本的作者们进一步发展孔子的情感伦理思想。通过追溯礼的起源,他们讨论了自然情感和礼的社会伦理规范之间的互动关系。人类的自然情感和生活经验是礼的根源和道德行为的动力,并具有道德判断的功用,在此基础上形成礼的社会伦理规范。而礼反过来规范和培育道德主体的伦理情感和理想人格。于是,理性化的、伦理的原则建立在心理情感的基础之上,伦理和心理、理智和情感结合起来塑造理想人性和道德人格,引导道德行为,由此而达至道德主体的愉悦情感和社会的和谐秩序。这些情感伦理学的观念在稍后的古典儒学典籍中,诸如《孟子》《荀子》《礼记》《易传》等,都有不同程度的讨论和拓展。①

---

① 关于《性自命出》与其后古典儒学经典的关系,还可参看如下研究成果:庞朴:《孔孟之间:郭店楚简中的儒家心性说》,《中国社会科学》5(1998):88—95;Paul R. Goldin, "Xunzi in the Light of the Guodian Manuscripts," *Early China* 25 (2000):114 - 138;汤一介:《道始于情的哲学诠释》,《学术月刊》7(2001):40—44;欧阳祯人:《先秦儒家性情思想研究》;Michael Puett, "The Ethics of Responding Properly," in Eifring, ed., *Love and Emotions*, pp. 37 - 68;Scott Cook, *The Bamboo Texts of Guodian*, pp. 678 - 686;Curie Virág, "Early Confucian Perspectives on Emotions," in *Dao Companion to Classical Confucian Philosophy*, ed. Vincent Shen, Dordrecht: Springer, 2014, pp. 203 - 226.

第六章

从天命到命运：古典儒学关于个体存在的思考*

天命代表天帝和宇宙的宗教、政治、伦理权威，是西周礼乐文化的核心观念之一。从西周至战国时期，这一观念逐渐从政治伦理扩展至个体命运，成为古典儒学伦理学关注的一个重要课题。孔子的知命说和孟子的立命说皆试图通过平衡天与人、命定与自主、社会角色与个体价值等张力，实现个体的生存价值和历史使命，建立个体在无穷宇宙时空的永恒位置。这一观念激励了后来无数的儒士自主地选择其人生目标和使命，为社会和人类的发展作出贡献。

一、从天命到命运

天命的观念在《尚书》《诗经》等典籍中的最早部分及西周铜器铭文

* 本章初稿为 2008—2017 年我在澳门大学讲授《论语》和 "Research Writing in Philosophy and Religious Studies" 课的讲义。后以 "Space-Time and Destiny in Confucian Classics" 为题，于 2017 年 10 月发表于香港理工大学举办的 "International Conference on the Relevance of the Classics"。其后发表为：《古典儒学关于宇宙时空和个体命运的思考》，收贾晋华、曾振宇编：《社会责任与个体价值：儒学伦理学的现代启示》，济南：齐鲁书社，2019 年，第 42—63 页。

中大量出现,说明此观念在西周时期的盛行和重要影响。在开始时,天命被叙述为天/帝赋命予周文王,作为对其德行的肯定和征服殷商的神圣许可,并被描述成呈现于天空的特殊天文现象,[①]或由天/帝输入梦中的预兆。[②] 从西周至春秋战国,天命逐渐扩展引申为包括普通人的命运。由于此扩展了的命运含义经常以"命"字单独表达,而且也可能由于天命内涵在西周时期的扩展演变尚未被清楚地考述,一些学者认为天命和命运是两种不同的甚至相互矛盾的观念。例如,童书业认为命运指的是自然界的一种神秘规律;[③]史嘉柏(David Schaberg)和瑞丽(Lisa Raphals)认为命运的命字是从命令之义到寿命、命分的独立发展,与天命无关。[④] 因此,此处有必要通过细致分析可系年的西周文献,清晰地描述天命观念在这一时期逐渐扩展延伸至命运观念的过程。

[①] 主要可参看 David W. Pankenier, "Astronomical Dates in Shang and Western Zhou," *Early China* 7 (1981 - 1982): 2 - 37; Pankenier, "The *Bamboo Annals* Revisited: Problems of Method in Using the Chronicle as a Source for the Chronology of Early Zhou," *Bulletin of the School of Oriental and African Studies* 55.2 (1992): 272 - 297; 55.3 (1992): 498 - 510; and Sarah Allan, "On the Identity of Shang Di 上帝 and the Origin of the Concept of a Celestial Mandate (*tian ming* 天命)," *Early China* 31 (2007): 1 - 46.

[②] 黄怀信:《逸周书汇校集注》,上海:上海古籍出版社,1995 年,《文儆》,第 245 页;李学勤编:《清华大学藏战国竹简(壹)》,上海:中西书局,2010 年,《程寤》,第 136 页。参看晁福林:《从上博简〈诗论〉看文王受命及孔子的天道观》,《北京师范大学学报》2(2006):101;Xinhui Luo, "Omens and Politics: The Zhou Concept of the Mandate of Heaven as Seen in the *Chengwu* 程寤 Manuscript," in *Ideology of Power and Power of Ideology in Early China*, ed. Yuri Pines et al. , Leiden: Brill, 2015, pp. 49 - 68; Edward L. Shaughnessy, "Of Trees, a Son, and Kingship: Recovering an Ancient Chinese Dream," *Journal of Asian Studies* 77.3 (2018): 593 - 609.

[③] 童书业:《先秦七子思想研究》,济南:齐鲁书社,1982 年,第 51 页。

[④] David Schaberg, "Command and the Content of Tradition," in *The Magnitude of Ming: Command*, *Allotment*, *and Fate in Chinese Culture*, ed. Christopher Lupke, Honolulu: University of Hawaii Press, 2005, pp. 23 - 48; Lisa Raphals, "Languages of Fate: Semantic Fields in Chinese and Greek," in *The Magnitude of Ming*, pp. 70 - 106.

在这一过程中，天命先从周文王延伸至周王朝的其他统治者，然后又扩展至普通民众；而天命作为宇宙权威的观念也逐渐超出宗教、政治、伦理的领域，衍生出关于个体存在和命运的各种意义，涉及生命、寿命、禀性、品德、使命、祸福等。

　　这一扩展在西周初期已经开始。根据西周文献关于文王受天命的记载，唐君毅将天命观念总结为"天命无常""天命后于人德"及"受命以后更须聿修厥德"三义，主要说明周文王是由于其德行而被赋予天命，并于受命后继续敬德修德以永命。[①] 随后由修德永命之义，进一步发展出天命也可以先于人德，尚未表现出德行的统治者也被赋予统治天下的使命、才智、吉凶、寿命等，其后才敬修德行以祈求永命。在《尚书·召诰》中，周公宣布成王（约前 1042—前 1021 年在位）继续承受天命以统治天下，并教诲年轻的成王：[②]"王乃初服。呜呼！若生子，罔不在厥初生，自贻哲命。今天其命哲，命吉凶，命历年。知今我初服，宅新邑，肆惟王其疾敬德！王其德之，用祈天永命！"[③]阮元将此段解释为人的才智、吉凶及寿命皆由天命所赋。[④] 徐复观指出"天其命哲"赋予天命以人的道德性智慧的新内容。[⑤] 刘起釪则认为此段强调人的后天努

① 唐君毅：《原命上：先秦天命思想之发展》，收《中国哲学原论：导论篇》，北京：中国社会科学出版社，2005 年，第 323—327 页。
② 此诰的内容传统上归属于召公。高本汉、于省吾、倪德卫和刘起釪有力地考证，此诰的主要部分实际上记录的是周公的话语，只有最后的简短一段才是召公的话。见 Bernhard Karlgren, *Glosses on the Book of Documents*, Rpt. Stockholm: Museum of Far Eastern Antiquities, 1970, pp. 63 - 64; David S. Nivison, "A New Interpretation of the 'Shao Gao,'" *Early China* 20 (1995): 177 - 193; 顾颉刚、刘起釪：《尚书校释译论》，北京：中华书局，2005 年，第 1431—1432、1435—1436 页（其中包括引述于省吾说）。
③ 顾颉刚、刘起釪：《尚书校释译论》，第 1442—1443 页。
④ 阮元：《性命古训》，收《揅经室集》，北京：中华书局，1993 年，第 211 页。
⑤ 徐复观：《中国人性论史·先秦篇》，上海：上海三联书店，2002 年，第 113 页。

力如敬德等。① 然而,通过努力敬德而巩固上天赋予的禀性和命运及延长统治时期或个人寿命,此观念中已蕴含上天能够将这些作为天命的一部分赋予统治者。此外,在此诰文中,周公自始至终殷切地向年轻的成王灌输由天命所赋予的、因而是命中注定的强烈使命感和责任感:"有王虽小,元子哉。其丕能諴于小民,今休。王不敢后用,顾畏于民嵒。王来绍上帝,自服于土中……王厥有成命治民,今休。"②年轻的成王还未表现出任何德行,其获得天命仅仅由于他是周武王的元子并因而成为天子。这一世袭的地位使成王获得成命,他不能放弃此定命,③而是必须承担起治民的责任,将和谐安定带给天下。此处我们看到从天命到人的命运的微妙转变,虽然仍限于统治者和政治伦理范围。

其后,在西周后期出现了上天赋予各阶层人物生命、法则、品德及特定使命的观念。例如,《诗经·大雅·烝民》云:"天生烝民,有物有则。民之秉彝,好是懿德。天监有周,昭假于下。保兹天子,生仲山甫。"此诗的作者传统上归属于尹吉甫,作诗目的为周宣王(前 827—前 782 在位)派仲山甫筑城于齐,尹吉甫作此诗以送别。④ 此说与诗的内容大致相符。首句"天生烝民"亦见于《诗经·大雅·荡》,作于稍早的周厉王时期(约前 877—前 841 在位),说明天生成人类,包括统治者和普通民众,应是西周后期的普遍观念。"天监有周"四句述上天观察周天子,十分满意他的德行,为了保佑他而生下仲山甫,作为辅佐。此处清楚地表达人的出生出自人格化的天或帝的命令的观念,虽然"生"字的运用(而不是创造)也同时传达天/宇宙生成包括人类在内的万物的

---

① 顾颉刚、刘起釪:《尚书校释译论》,第 1452、1454—1455 页。
② 顾颉刚、刘起釪:《尚书校释译论》,第 1438—1441 页。
③ 关于释成命为定命,见顾颉刚、刘起釪:《尚书校释译论》,第 1440 页。
④ 《毛诗正义》卷十八,《十三经注疏整理本》,第 1433—1440 页;朱熹:《诗集传》卷十八,上海:上海古籍出版社,1980 年,第 214 页。

自然力量。此外，上引诗句还包含两个重要的观点。其一是上天在生成民众的同时，也赋予他们法则和品德。此要点为孟子所抓住，作为其人性本善理论的典籍证据；[1]后来又为宋代理学家用于人性与天命关系的广泛讨论。其二是除了周天子外，上天也赋予其他选中的人物以特定的使命，如仲山甫就命中注定要完成辅佐周宣王的使命。

到了春秋战国时期，所有这些从天命扩展而来的关于人的命运的内涵，包括生命、寿命、才性、品德、使命、责任、吉凶运气等，已经成为普遍的话语，被广泛地讨论和发展，见于无数传世的和出土的文献。例如，《论语·颜渊》的"死生有命，富贵在天"；[2]郭店楚简的"性自命出，命自天降"[3]"有天有命，有性有生"[4]"天生百物，人为贵"。[5] 虽然各邦国的君主仍继续用天命来论证其统治的神圣和合法，[6]但是"在普通话语中天命已经主要被用于命运的意蕴"。[7] 在此方面学界已有大量研究，兹不赘述。

二、知命和立命

春秋战国时期有关天命和命运的众多讨论中，孔子的知命说和孟

---

① 《孟子·告子上》，11.6。
② 《论语·颜渊》，12.5。
③ 《性自命出》，收陈伟等编：《楚地出土战国简册（十四种）》，北京：经济科学出版社，2009 年，第 221 页。
④ 《语丛三》，收《楚地出土战国简册》，第 259 页。
⑤ 《语丛一》，收《楚地出土战国简册》，第 245 页。
⑥ 主要见《晋公盆》《叔夷钟》《秦公镈》《蔡侯尊》《中山王鼎》等铭文，收中国社会科学院考古研究所编：《殷周金文集成（修订增补本）》，北京：中华书局，2007 年，第 10342、00276、00267、06010、02840 号。
⑦ A. C. Graham, *Disputers of the Tao: Philosophical Argument in Ancient China*, La Salle, IL: Open Court, 1989, p. 50.

子的立命说提供了最为精辟和影响最为深远的卓见。自古至今,无数的学者对于古典儒学关于天命和个体命运的观念从各种角度进行解说,形成了一个厚重的阐释传统;其中一些争论至今仍在继续,主要包括这一观念涉及道德之天还是非道德之命运,属于规范性的还是描述性的范围等。[①] 由于篇幅所限,本章将不涉及这些不同的角度和争论,而是集中于孔子和孟子有关个体在天命/命运的局限下如何保持自主和实现存在价值的思考,此论题相对来说较少为学界所关注。

　　孔子对自己成人的生命历程的各个阶段的著名回顾是:"吾十有五而志于学,三十而立,四十而不惑,五十而知天命,六十而耳顺,七十而从心所欲,不逾矩。"[②]其中五十岁知天命是一个中心点。在此之前,孔子的所有学习、修养和实践都是朝向知天命的逐渐发展,而在此之后他

---

① 主要可参看阮元:《性命古训》,第 211—236 页;Feng Youlan, *A Short History of Chinese Philosophy*, trans. & ed. Derk Bodde, New York: Free Press, 1948, pp. 44 - 47;傅斯年:《性命古训辨证》,收《傅斯年全集》,第二册,重印,长沙:湖南教育出版社,2000 年,第 499—666 页;唐君毅:《先秦思想中之天命观》,《新亚学报》2.2(1957):1—33;宫崎市定:《中国古代における天と命と天命思想》,《史林》46.1(1963):81—104;徐复观:《中国人性论史》,台北:商务印书馆,1969 年;森三树三郎:《上古より汉代に至る性命观の展开:人生论と运命观の历史》,东京:创文社,1971 年;Benjamin Schwartz, *The World of Thought in Ancient China*, Cambridge, Mass.: Harvard University Press, 1985, pp. 117 - 127, pp. 285 - 290;David Hall and Roger Ames, *Thinking Through Confucius*, Albany: State University of New York Press, 1987, pp. 206 - 207;Robert Eno, *The Confucian Creation of Heaven Philosophy and the Defense of Ritual Mastery*, Albany: State University of New York Press 1990, pp. 249 - 250;Ted Slingerland, "The Conception of *Ming* in Early Confucian Thought," *Philosophy East and West* 46.4 (1996):567 - 581;Kwong-loi Shun, *Mencius and Early Chinese Thought*, 77 - 88;Ning Chen, "The Concept of Fate in *Mencius*," *Philosophy East and West* 47.4 (1997):495 - 520;Ning Chen, "Confucius' View of Fate (*Ming*)," *Journal of Chinese Philosophy* 24.3 (1997):323 - 359;and Michael Puett, "Following the Commands of Heaven: The Notion of *ming* in Early China," in *The Magnitude of Ming*, ed. Christopher Lupke, pp. 49 - 69.

② 《论语·为政》,2.4。

的所有自由自在而又充满理性的思想行为，皆是知天命的结果。然而，如同孔子所云，"天何言哉"，①天默默不言，他如何知道天赋其以命及此命为何？根据孔子关于其生命历程的自我叙述，合理的推测应是如同清代学者孙奇逢(1584—1675)所指出，"知天是知自心之天"，知天命实际上就是知己。② 经过数十年的孜孜学习、修养和实践，孔子现在清楚地知道自己的禀性、才智、能力、知识、品德及社会角色和责任，其中最重要的是他所自我选择承担的社会历史使命。孔子这一自我认知的观念，后来为郭店楚简写本《尊德义》的作者所准确把握："有知己而不知命者，亡知命而不知己。"③

孔子关于"三十而立"的论述，通常被解释为"立于礼"和"不知礼，无以立"。④ 周礼的核心是为每一位家族和社会成员制定依据等级和相互关系而确定的角色、地位、义务、行为及仪容。⑤ "立于礼"包括确立个体的家族和社会角色地位，以适合个体角色的威仪修养自己，并根据个体的角色义务而行动。这也是一个知命和定命的过程，如同春秋时期的刘康公所述："是以有动作、礼义、威仪之则，以定命也。"⑥

孔子生命历程中的另一个阶段"四十而不惑"，通常被解释为"知者不惑"。⑦ 然而，由于"知"字原本包括智能和知识双重意义，"不惑"的

---

① 《论语·阳货》，17.19。
② 杨向奎编：《清儒学案新编》，济南：齐鲁书社，1985 年，引孙奇逢：《四书近指》，第 22 页。杨庆中也指出孔子的知天命是"自我认知"，并认为这一观念与苏格拉底的"认识你自己"相同；见其《知命与知己：孔子命运观的新指向》，《齐鲁学刊》4(2010)：5—9。此处应该指出的是，孔子和苏格拉底的认知对象是大不相同的；苏格拉底只对纯粹的、超越的原则感兴趣，而孔子所关注的却是实际的自我和存在。
③ 《尊德义》，收《楚地出土战国简册》，第 213 页。
④ 《论语·泰伯》，8.8。
⑤ 参看本书第一章。
⑥ 《春秋左传正义》卷二十七，《十三经注疏整理本》，成公十三年，第 866a 页。
⑦ 《论语·为政》，2.4；《子罕》，9.29。

境界代表孔子对于获得杰出智能和全面掌握文化知识传统的充分自信。其后郭店竹简写本《语丛一》也清楚地指出知识对于知天命的重要性:"其知博,然后知命。"①

由于孔子之知天命实际上是对自我的深层反思和了解,而不是被动地接受无法控制的天命和命运,因此,知天命在孔子这里主要是对于人不屈服于生存环境局限的信心,以及对生活和人生目标的自主选择。在此方面,史华慈和李泽厚的分析颇具启示意义。史华慈认为天命对于孔子来说"既是超出其能控制者又是其自主行动的真正范围"。② 李泽厚一方面指出命运的偶然性和局限性,另一方面又将孔子的知命解释为自主精神的体现。③ 余治平也认为,孔子的知命是"试图通过积极的生活态度在偶然世界里建构起主体精神和人性尊严"。④

在孔子自我认知的中心,是其对重建周代礼乐文化和社会秩序的神圣使命的强烈自觉,此点在《论语》中有多处表达:

> 子曰:"天生德于予,桓魋其如予何?"⑤
>
> 子畏于匡。曰:"文王既没,文不在兹乎? 天之将丧斯文也,后死者不得与于斯文也;天之未丧斯文也,匡人其如予何?"⑥
>
> 公伯寮愬子路于季孙。子服景伯以告,曰:"夫子固有惑志于公伯寮,吾力犹能肆诸市朝。"子曰:"道之将行也与,命也。道之将

---

① 《语丛一》,收《楚地出土战国简册》,第 245 页。
② Benjamin Schwartz, *The World of Thought in Ancient China*, p. 126.
③ 李泽厚:《论语今读》,香港:天地图书出版公司,1998 年,第 53、210—212、277—278、384—385、444—445 页。
④ 余治平:《命的哲学追问》,《东南学术》1(2006):135—144。
⑤ 《论语·述而》,7.23。
⑥ 《论语·子罕》,9.5。

废也与,命也。公伯寮其如命何!"①

　　仪封人请见,曰:"君子之至于斯也,吾未尝不得见也。"从者见之。出曰:"二三子,何患于丧乎? 天下之无道也久矣,天将以夫子为木铎。"②

　　冯友兰曾将孔子的使命感与苏格拉底的相比较:"苏格拉底自以为负有神圣的使命,以唤醒希腊人为己任。孔子亦然,所以有'天生德于予','天之未丧斯文,匡人其如予何'之言。"③不论是苏格拉底还是孔子,所谓"神圣使命"实际上皆是对于民众和社会的历史使命的自我抉择。

　　天命代表天神和宇宙的权威,因此,知天命和畏天命原本意味着服从外在的权威。孔子知命说的重要意义在于,通过将所知的对象从天转换为自我,外在的、宇宙的权威被转换成内在的、个体的权威,而正是这一内在的权威激励自我去选择、决定和行动。因此,在天命的表面之下是一个自我提升、自我实现、自我选择人生道路的主体。这一将宇宙权威内化的过程,与孔子将作为社会政治权威的礼乐规则内化的过程相一致。④

　　另一方面,孔子之知天命仍然蕴含了宇宙的主题。孔子知天命的过程逐渐地展现于其生命历程,与不间断的时间流逝相伴随,并通过"立于礼"的实践和实现社会角色义务及重建社会文化秩序的使命的活

<hr>

① 《论语·宪问》,14.36。
② 《论语·八佾》,3.24。
③ 冯友兰:《中国哲学史》,上海:华东师范大学出版社,2000年,第48—49页。
④ 主要可参看李泽厚:《中国古代思想史论》,北京:人民出版社,1986年,第7—40页;李泽厚:《由巫到礼释礼归仁》,北京:生活·读书·新知三联书店,2015年,第117—143页。

动,与社会空间相交织。作为自我决定的自主者,孔子将自己置于家族的、社会的及宇宙时空的整体中,通过与各种外加的苦难经历、有限寿命及命运力量的抗争,以完成历史使命和实现个体价值。这一宇宙主题是天与人、神圣与世俗、社会与自我之间的张力及协调。正是在此意义上孔子相信一种沉默的双向理解,不仅他知道天所赋之命,天也应该知道他的意愿、品德和努力:"不怨天,不尤人,下学而上达。知我者,其天乎。"①同样也是在此意义上孔子不因为政治使命的失败而埋怨天,在经历了无数苦难考验的 70 岁时仍保持自在而理性的心态,"从心所欲而不逾矩"。②冯友兰指出:"知天底人,觉解他不仅是社会的一分子,而且是宇宙的一分子。"③史华慈也注意到孔子知天命说的宇宙主题,并称之为"深刻的宇宙化"。④

这一宇宙主题为孟子的立命说所进一步充分发展。《孟子》中涉及天命者,以下面两段最为重要:

> 尽其心者,知其性也。知其性,则知天矣。存心,养其性,所以事天也。殀寿不贰,修身以俟之,所以立命也。
>
> 莫非命也,顺受其正。是故知命者,不立乎岩墙之下。尽其道而死者,正命也。桎梏死者,非正命也。⑤

虽然学界关于此两段话语有不同的解说,不少学者认为这些话语

---

① 《论语·宪问》,14.35。
② 《论语·为政》,2.4。
③ 鲍霁主编:《冯友兰学术精华录》,北京:北京师范学院出版社,1988 年,第 245 页。
④ Benjamin Schwartz, *The World of Thought in Ancient China*, Cambridge, Mass: Havard University Press, 1985, p. 123.
⑤ 《孟子·尽心上》,13.1,13.2。

强调个体的自主选择，包括自我修养和选择正命，及充分发展才性以掌
握自己的命运。① 其中通过"知性"而"知天"，也就是孔子的通过知己
而知命。而"事天"则意味着承担天赋予个体的任务和使命。众所周
知，孟子秉持更为强烈的恢复社会秩序的神圣使命感，甚至将所遭遇的
苦难穷困看成是上天所降的考验，以磨炼他的意志，坚韧他的性情，增
长他的才能。② 此处与孔子的知命观相同，在天命或宇宙权威的表面
之下，真正起作用的是更为强烈的、激发个体决心和行动的内在权威。
而且这一宇宙权威的内在化过程，同样与孟子将社会道德规范内在化
以构建道德主体的工程相一致。③

此外，孟子的立命观涉及更为广阔的宇宙视境。在甲骨文和金文
中，立命之"立"字，由"大"（大人）和"一"（水平线）构成，象征人站立于
地上。④ 人所立之处为位置，因此，立字原本含有"站立、竖立、建立"等
动词义及"地位、位置、处所"等名词义，此两组词义在甲骨文和金文中
皆有大量的例证。⑤ 其后，立字被加上"人"字旁成为"位"字，用以指示
地位和位置的名词义。然而，在位字出现后，立和位在许多早期典籍中
仍然被互用。

---

① 主要可参看 Kwong-loi Shun, *Mencius and Early Chinese Thought*, pp.80 - 83；
李泽厚：《论语今读》，第 52—53、444—445 页；Kidder Smith, Jr., "Mencius:
Action Sublating Fate," *Journal of Chinese Philosophy* 33.4（2006）：571 -
580. 关于对此两段的不同阐释，参看 Shun, *Mencius and Early Chinese Thought*,
pp. 79 - 80.

② 《孟子·告子下》，12.15。

③ 主要可参看李泽厚：《中国古代思想史论》，第 40—51 页；Kwong-loi Shun,
Mencius and Early Chinese Thought, pp.28 - 76；Erica F. Brindley,
*Individualism in Early China: Human Agency and the Self in Thought and
Politics*, Honolulu: University of Hawaii Press, 2010, pp. 64 - 70.

④ 例如，郭沫若编：《甲骨文合集》，北京：中华书局，1979—1983 年，第 811 号背面；
容庚等编：《金文编》卷十，北京：中华书局，1985 年，立鼎，第 710 页。

⑤ 于省吾编：《甲骨文字诂林》，北京：中华书局，1996 年，第 229—233 页。

在《论语》和《孟子》中,立字通常包含名词和动词双重意义。当孔子说他在 30 岁时立于礼,主要应指他已经能够恰当地实践等级性的、相互关系的礼仪规范所分配的社会角色,在社会中建立了自己的地位和位置。其他如"不学礼,无以立"及"己欲立而立人"等,[①]也都包含"站立/建立"及"地位/位置"的双重意义。

在孟子关于立命的话语中,由于此段话直接将立命与俟天命、受天命及事天相关联,其含义不仅指站立于作为小宇宙的社会秩序中的个体位置,而且还指向了大宇宙时空中的秩序和位置。这一宇宙位置与孟子宇宙观的其他表述相一致,如"我善养吾浩然之气。……其为气也,至大至刚,以直养而无害,则充塞于天地之间",及"万物皆备于我"。[②] 在宇宙秩序确立一个位置标志了个人潜能的完美实现,包括品德、才智、知识及性格,这也是孟子所说的尽心、知性、修身、立命,及后来《易传》的"穷理尽性,以至于命"。[③] 如方东美所述:

> 在天人和合之中,个人之宇宙性地位于焉确立。当此时也,构成其人格中之诸涵德及一切知能才性,皆"充其量,尽其类",得到充分发展——"尽性"是也。[④]

立命所确立的宇宙地位是一个永恒的位置,因为它是处于无穷的四维宇宙时空中的一个特定位置。中国古人很早就形成时空一体的宇宙观,这一观念的最清楚表述见于《尸子》:"上下四方曰宇,往古来

---

① 《论语·季氏》,16.13;《雍也》,6.3。
② 《孟子·公孙丑上》,3.2;《尽心上》,13.4。
③ 《周易正义》卷九,《十三经注疏整理本》,《说卦》,第 383a 页。
④ 方东美:《中国形上学中宇宙与个人》,收《生命理想与文化类型:方东美新儒学论著辑要》,北京:中国广播电视出版社,1992 年,第 203 页。

今日宙。"①宇包括上下和四方(左右及前后)，代表三维空间；宙代表由
古至今(及未来)的一维时间。这种时空一体的观念还体现于新石器晚
期至战国间的安徽凌家滩玉版、亚形铭文和墓葬结构、《楚帛书》、曾侯
乙墓漆箱盖图、六博棋局(TLV 图纹)、式盘，②以及新出土的战国宇宙
论文本如《太一生水》《恒先》《道原》和众多传世文献。③

　　立命的永恒宇宙位置已经见于春秋时期叔孙豹(？—前 537)的著
名"三不朽"说。④ 关于个体可以通过立德、立功、立言而达至不朽的信
仰，也同样产生自时空一体的宇宙观，因为只要时间的永恒之流持续地
与无穷空间相交织，个体由于在特定时空中为社会历史作出贡献而确
立的特定宇宙位置，也将永久保持。后来，自诩"孟子之后，至是而始一
明也"的宋代理学家陆九渊(1139—1193)，4 岁时曾问父亲天地的边际
在哪里；13 岁时，读古书见有宇宙一词，注解为"四方上下曰宇，往古来
今曰宙"，因而大悟说："元来无穷！人与天地万物皆在无穷之中者也。"
陆九渊于是写下："宇宙内事乃己分内事，己分内事乃宇宙内事"；"宇宙
便是吾心，吾心便是宇宙"，从此"因宇宙字义，笃志圣学"。⑤ 其后陆九

------

① 李守奎、李轶：《尸子译注》，哈尔滨：黑龙江人民出版社，2003 年，第 52 页。相
　　似表述亦见于亦见郭庆藩(1844—1896)：《庄子集释·齐物论》卷一，北京：中
　　华书局，1961 年，第 100 页等；吴毓江、孙启治：《墨子校注·经上》卷十，北京：
　　中华书局，1993 年，第 473—474 页；王先谦：《荀子集解·解蔽》卷十五，中华书
　　局，1988 年，第 397 页；陈奇猷：《吕氏春秋校释·孟春纪·本生》卷一，上
　　海：学林出版社，1984 年，第 22 页等；黄怀信：《鹖冠子汇校集注·天权》卷三，
　　北京：中华书局，2004 年，第 344—345 页；王利器：《文子疏义·自然》卷八，北京：
　　中华书局，2000 年，第 346 页。《尸子》《鹖冠子》《文子》三书，长期以来被认为是"伪
　　书"，但近几十年来的出土简帛文献与之相合的部分，使得学者们普遍相信这些文
　　本应始编于战国时期。
② 李零：《中国方术正考》，北京：中华书局，2005 年，第 69—140 页。
③ Jinhua Jia, "Time, Space, and Dao in Warring States Cosmology," in *Dao and
　　Time*, ed. Livia Kohn, forthcoming.
④ 《春秋左传正义》卷三十五，襄公二十四年，第 1152a 页。
⑤ 袁燮(1144—1224)、傅子云：《年谱》，《陆九渊集》卷三十六，北京：中华书局，
　　1980 年，第 481—483 页。

渊教导学生:"宇宙之间,如此广阔。吾身立于其中,须大做一个人。"①陆九渊因宇宙时空之无穷而觉悟,并立志成为立身于其中的完美个人,此可以作为孟子立命说之宇宙视野的最佳注脚。至清代,孙奇逢为《孟子》的"立命"作注,亦指出其中包含长存宇宙之意:"天命自我植立,有常存宇宙间者,故曰立命。此知天之至,事天之极。"②在现代,新儒家冯友兰也将孔子和孟子的知天、事天称为"天地(宇宙)境界"。③

三、结语

西周礼文化中作为宗教、政治、伦理权威的天命观念逐渐扩展演变为个体的命运观念。孔子和孟子一方面敬畏超出人类控制力的天命和命运,另一方面相信个体具有自主决定和自觉努力的力量。这一天人之际的张力通过他们的知命和立命说而化解为天人和谐相知。天命的限制激发他们关于社会历史使命的强烈意识,促使他们立志在有限的生命和历史条件中实现个体的存在价值。他们相信通过自我认知和自我修养,个体可以完成其社会历史使命,实现其生命价值,从而在无穷的时空中确立一个永恒的宇宙位置。个体因此不仅可以超越所有外加于其人生经历的艰难挫折,而且也超越死亡的终极命运。④

这一终极关怀代表儒学伦理学的宗教性方面,并在后来成为传统儒士的精神家园。他们沿袭知命和立命的宇宙视野,勤勉地修养自己,为社会和文化秩序的发展而作出贡献,以此挑战天赋的命运。通过完

---

① 陆九渊:《语录》,收《陆九渊集》卷三十五,第439页。
② 杨向奎编:《清儒学案新编》,第22页。
③ 鲍霁主编:《冯友兰学术精华录》,第222—66页。
④ 孔孟之后,荀子进一步提出"制天命而用之"。见王先谦:《荀子集解》卷十一,第317页。由于荀子主要从社会政治的角度阐述此观念,故此本章不加以讨论。

成社会历史使命而在无穷的宇宙时空中获得永恒成为传统儒士的梦想。前引陆九渊语云："宇宙之间，如此广阔。吾身立于其中，须大做一个人。"在因弹劾严嵩（1480—1566）而被处死前，杨继盛（1516—1555）作诗云："浩气还太虚，丹心照千古。"太虚和千古即宇宙空间和时间，这是对于精神家园的永恒回归。

关于儒学伦理学，19 至 20 世纪占上风的一个看法是儒学重视社会道德、群体利益和人伦关系，但缺乏个人、自我、主体性、自主性、自由意志等观念。胡适指出儒学伦理学认定个人不能单独存在，一切行为都只能是人与人关系的行为。[1] 梁漱溟也认为中国社会是关系本位，集中强调人与人之间的关系，个体不是孤立的实体，而是社会的存在，而"中国文化的最大之偏失，就在个人永不被发现这一点上"。[2] 芬格莱特则反对用"自我"的概念来讨论儒学思想，认为儒学伦理学缺乏有关个体的自主、选择和自由意志的论述，未体现心理上的主体意识。[3]

近数十年来，一些学者肯定儒学也具有自我、个人、意志、选择等观念，但认为儒学的个体依赖于关系角色、社会责任及群体价值而建构，还不是真正的独立主体、自由意志和自主决定。葛瑞汉承认个体选择

[1]　胡适：《中国哲学史大纲》，上海：商务印书馆，1919 年，第 116 页。
[2]　梁漱溟：《中国文化要义》，台北：中正书局，1963 年，第 94、260 页。
[3]　Herbert Fingarette, *Confucius: The Secular as Sacred*, New York: Harper Torchbooks, 1972, pp. 18 - 22; Fingarette, "The Problem of the Self in the *Analects*," *Philosophy East and West* 29.2 (1979): 129 - 140. 还可参看 G. W.F. Hegel, *The Philosophy of History*, trans. J. Sibree, New York: Dover, 1956, pp. 120 - 121; Max Weber, *The Religion of China*, trans. Hans H. Gerth, New York: Free Press, 1951, p. 241; Chad Hansen, "Freedom and Moral Responsibility in Confucian Ethics," *Philosophy East and West* 22.2 (1972): 169 - 186; Chad Hansen, "Individualism in Chinese Thought," in *Individualism and Holism: Studies in Confucian and Taoist Values*, ed. Donald J. Munro, Ann Arbor: University of Michigan, 1985, pp. 35 - 56.

在儒学伦理学占有中心的位置，但指出儒学的个体并未真正以伦理选择为目的，而只是以其道德修养和意志力量遵循"道"而行动；因此，儒学所讨论的"志"表面上看来接近于西方的"will"，但实质上离开康德的自由意志很远，因为虽然儒学的个体有意志的指向，但却缺乏意志的自由选择。① 罗思文（Henry Rosemont, Jr.）也认为儒学伦理学缺乏自由意志的概念，儒学的自我是关系的而不是自主的，是基于情境的、在人际关系中建构的个人，在社会群体中过着道德、审美、政治和精神的生活；个体必须完成由人际关系所界定的角色义务，只有在履行关系责任的特定行动中才能获得自由和个性。②

　　另一些学者则思考儒学伦理学对群体和个体、人际关系和个性人格、社会角色和自主行为、群体价值和情感意志等两极关系的共同关注，认为此类两极关系是有机的、互补的，而不是对立的、不相容的。金耀基指出，在儒学伦理学中，个体和社会的两极关系是活跃的和弹性的，一方面儒学未将个体看成是孤立的存在，而是将之定位为社会的存在，并通过建立一个明确的角色系统实现社会和谐；另一方面组成社会的个体仍然拥有其"自我"，这个自我并不只是一个角色扮演者，而是被儒学赋予大量的自主性，"己"作为一个动态实体，能够改变和建构同他

① A. C. Graham, *Disputers of the Tao*, 1989, p. 27.
② Henry Rosemont, Jr., "Whose Democracy? Which Rights? A Confucian Critique of Modern Western Liberalism," in *Confucian Ethics: A Comparative Study of Self, Autonomy, and Community*, ed. Kwong-loi Shun and David B. Wong, Cambridge: Cambridge University Press, 2004, pp. 49–71; Rosemont, *Against Individualism: A Confucian Rethinking of the Foundations of Morality, Politics, Family, and Religion*, New York: Lexington Books, 2015. 还可参看孙隆基：《中国文化的深层结构》，桂林：广西师范大学出版社，2011年；Roger T. Ames, "Reflections on the Confucian Self: A Response to Fingarette," in *Rules, Rituals, and Responsibility: Essays Dedicated to Herbert Fingarette*, ed. Mary Bockover, Chicago: Open Court, 1991, pp. 103–114.

人的角色关系。① 余英时也指出，儒学一方面强调"为仁由己"，即个人的价值自觉，另一方面又强调人伦秩序，此两个层次是一以贯之的，人伦秩序不是从外面强加于个人的，而是从个人这一中心自然地推扩出来的。② 李泽厚以"关系主义"概括包含人际关系和个体存在、社会角色和自主行为两极的儒学伦理学，指出孔子将外在的礼解释为个体的内在意志，将社会伦理规范提升为个人的情感意识和自主决定，而作为儒学伦理学核心观念的"仁"是人性的情理结构，既为社会道德责任的理性所制约，也与个体的情感和自由意志相结合。③

　　本章赞同儒学伦理学对群体和个体、承担社会责任和实现自我价值共同关注的看法，并集中探讨古典儒学伦理学如何在天命的宇宙框架下对个体存在和社会责任两方面展开思考。两方面结合起来呈现出儒学理想人格的完整形象：既承担社会责任又坚持个体自主，既遵循外在的权威也听从内心的召唤。这一完美人格为联接东方和西方、传

---

① Ambrose Y. C. King, "The Individual and Group in Confucianism," in *Individualism and Holism*, ed. Munro, pp. 57 - 70；金耀基：《中国社会与文化》，香港：牛津大学出版社，1992 年，第 1—40 页。

② 余英时：《中国思想传统的现代诠释》，南京：江苏人民出版社，1989 年，第 1—48 页。

③ 李泽厚：《论语今读》，第 18—21 页；李泽厚：《人类学历史本体论》，青岛：青岛出版社，2016 年，第 205—236 页。还可参看 Franklin Perkins, "Mencius, Emotion, and Autonomy," *Journal of Chinese Philosophy* 29.2 (2002)：207 - 226；Kwong-loi Shun, "Conception of the Person in Early Confucian Thought," in *Confucian Ethics*, ed. Shun and Wong, pp. 183 - 202；Chung-ying Cheng, "A Theory of Confucian Selfhood：Self-Cultivation and Free Will in Confucian Philosophy," in *Confucian Ethics*, ed. Shun and Wong, pp. 124 - 147；罗国杰：《中国伦理思想史》，北京：中国人民大学出版社，2008 年；Erica F. Brindley, *Individualism in Early China：Human Agency and the Self in Thought and Politics*, Honolulu：University of Hawaii Press, 2010；陈来：《仁学本体论》，北京：生活·读书·新知三联书店，2014 年；安乐哲：《儒家角色伦理学：一套特色伦理学词汇》，济南：山东大学出版社，2017 年。

统和现代的价值观念体系，及建构当代新的伦理学理论，提供了一个较为平衡的思想模式。这一模式一方面质疑原子的、自由的个人主义的自我兴趣及对社会民众利益的忽略，另一方面挑战独立意志和人类尊严的丧失及对某些政治宗教"权威"的盲目信从，从而有助于战胜当前全球的种种危机，稳固人类在无穷宇宙时空中持续发展的位置。

第七章

《周易》经传的性别观念和礼乐关联[*]

近三十年来在西方汉学界,一种关于早期中国宇宙论,特别是《周易》经传所体现的宇宙观超越了性别问题的看法被普遍接受。然而,通过细致阅读和分析《周易》经传全文,我们却得出相反的结论:夫妇相互感应的性别化关系被认为在建构社会秩序和宇宙模式中具有重要的作用;而六经皆礼,《周易》本身及其所蕴含的性别关系模式与礼乐文化密切关联。本章首先评述学界的相关研究,然后就此问题展开新的分析探索。

一、性别与早期中国宇宙论关系评述

布蕾克(Alison Black)在发表于 1989 年的《中国关联思维中的性别和宇宙论》一文中,提出中国宇宙论虽然在一定程度上涉及性别,但

---

* 本章于 2015 年 12 月发表于香港中文大学举办的 "International Forum on Gender and Religion in China: A Dialogue between Texts and Contexts"。其后正式发表为: "Gender and Early Chinese Cosmology Revisited," *Asian Philosophy* 26.4 (2016): 281–293。

并不以之为重要观念,其对立的两极并不是性别,因此可以说超越了性别的问题:

> 我们可以合法地指出这一可能性:中国形上学及宇宙论的一些基本关注超越了性别的问题……我们可以有把握地说,其基本的极端不是性别。不但阴和阳在字源上并不意味"女性"和"男性",在用法上也并不是一直地或主要地表示性别的意义。性别实际上依赖于太多其他观念,以便发展成为有意义的范畴。①

布蕾克指出,中国古代以阴阳象征体系作为基本的极端,体现了强烈的二元思维倾向。但是她认为这一象征体系作为分类法的一般功用及其模棱两可的特征,使得运用《周易》经传的例子来区别是否与性别相关的问题变得十分困难。她由此得出结论,中国的关联宇宙论超越了性别的问题。②

30 年来,布蕾克此篇论文在西方汉学界被普遍接受,其论点被许多学者引用、赞同和发展;即使未予引用,有关早期中国或女性、性别的研究专著往往会在参考书目中列出此文,以尊重其作为经典名著的学术地位。例如,瑞丽通过考察《周易》和其他早期文本,得出相似的结论,认为在早期宇宙论中,阴阳两极并不用于说明性别。不过,她指出到了公元前 1 世纪,特别是在董仲舒(前 179—前 104)的《春秋繁露》所构建的宇宙论中,阴阳被比拟为天地和男女,成为包含于汉代关联宇宙

---

① Alison Black, "Gender and Cosmology in Chinese Correlative Thinking," in *Gender and Religion: On the Complexity of Symbols*, ed. Caroline W. Bynum, Stevan Harrell, and P. Richman, Boston: Beacon Press, 1989, p. 184.

② Alison Black, "Gender and Cosmology in Chinese Correlative Thinking," pp. 166 - 195.

论中的性别等级的一部分。① 其后罗森丽(Li-Hsiang Lisa Rosenlee)也认为:"阴阳两分作为一种复杂的隐喻,是跨越和超出性别的。"但她不同意瑞丽而返回到布蕾克的观点,指出虽然等级化的阴阳天地和阴阳男女是互补的,但并非是基于性别的。②

布蕾克、瑞丽和罗森丽的分析是深入的和富于启示意义的,但是她们的研究体现了一个共同的问题,从而使得其结论难以成立。她们都以《周易》经传为例子,但都局限于分析开端的两个卦象乾和坤,并都误解了易传有关此两卦的评注。布蕾克正确地指出,此两卦将阴和阳普遍化,并集中于阴阳的呈现形态,既包含男女两性,又不是男性和女性的同义词。然而,当引用与乾坤相关的《系辞》时,她将"乾知大始,坤作成物"译为:"乾知道伟大的开始,坤使得事物完成";又将"乾以易知,坤以简能"译为:"乾容易地认知,坤简朴地表现"。③ 瑞丽和罗森丽的翻译大致相同。④ 布蕾克接着得出结论,由于此两个对句将认知和乾/阳、行为和坤/阴关联起来,因此可以引入与性别无关的各种两极关系,诸如精神和物质,一和多,以及人文和自然等。但是,如同清代训诂学家王念孙(1744—1832)令人信服地指出,此两个对句中,第一个"知"字应解释为"为",与下一句的"作"同义。⑤ 而第二个"知"字明显地用于被动形态,意谓"被知"。因此,此两个对句应更准确地解说为"乾生大始,坤成万物"和"乾[的功用]以简易而被知晓,坤[的能力]呈现为简

① Lisa Raphals, *Sharing the Light: Representations of Women and Virtue in Early China*, Albany: State University of New York Press, 1998, pp. 139–168.
② Li-Hsiang Lisa Rosenlee, *Confucianism and Women: A Philosophical Interpretation*, Albany: State University of New York Press, 2006, p. 50, pp. 63–64.
③ Alison Black, *"Gender and Cosmology in Chinese Correlative Thinking,"* p. 176.
④ Raphals, *Sharing the Light*, p. 145; Rosenlee, *Confucianism and Women*, p. 63.
⑤ 王引之(1766—1834):《经义述闻》(1827 年刊本)卷二,第 32a—b 页。

朴"。由于宇宙的开始标志着万物的生成,而简易和简朴意义相近,此两个对句描述的是乾/天/阳和坤/地/阴以其简易朴素的功用能力共同合作,协力生成宇宙万物。每一对句中的每一句都与其相对应的句子意义互补,两句合起来表达一个完整的意思,这正是中国对偶联的典型修辞技巧。因此,《周易》经传并没有将知和行、精神和物质等进行二元对立并分别归属于乾和坤。这里布蕾克不仅误解了"知"字的含义,而且还误用西方二元对立的观念来解说阴阳二分。因为如同许多学者指出,中国的阴阳二分基本上是互补的而不是对立的。[①] 中国的思想传统从来都是知行合一、主客相应、一多相补,以及人文和自然相融。

此外,布蕾克还运用西方关于女性和男性对立区别的类别关联,来分析自然和人文、情感和理性、精神和智慧的基本区分,并由此而得出中国宇宙论将性别倒置的结论。但这一分析方法和结论同样很成问题。例如,她将儒学的仁解说为"人性(humanity)或慈善(kindness),与此两个英文对应词一样含有亲属和慈善的双重意义",将义解说为"正直、正义或正义感,对仁的实行做出判决"。她接着援引文献,将仁与天、音乐、爱、高等相联系,而义与地、仪式、敬、低等相联系。根据这一对照单子,她进而推断在中国宇宙论中,情感和主观性与阳的宇宙法则相联系,而正直和理性与阴的法则相联系,因此体现了明显的性别关系倒置,从而也证明性别在中国宇宙论中是不相干的或被超越的。[②]

---

① 例如,Derk Bodde, "Dominant Ideas," in *China*, ed. H. F. McNair, Berkeley: University of California Press, 1946, p. 22; Hellmut Wilhelm, *Heaven*, *Earth*, *and Man in the Book of Changes*, Seattle: University of Washington Press, 1977, pp. 35 - 40; A. C. Graham, *Disputers of the Tao: Philosophical Argument in Ancient China*, La Salle, IL: Open Court, 1989,p. 331; and David L. Hall and Roger T. Ames, *Thinking through Confucius*, Albany: State University of New York Press, 1995, pp. 17 - 21。

② Alison Black, "*Gender and Cosmology in Chinese Correlative Thinking*," pp. 179 - 181.

但是,正直或正义是义在后来延伸扩展的意蕴;从字源追溯,义在初期指的是与个体在家族和社会的名分地位相符的角色义务,因此同样与亲族和情感相关联。《礼记·礼运》云:"何谓人义? 父慈,子孝;兄良,弟弟,夫义,妇听;长惠,幼顺;君仁,臣忠。十者谓之人义。"①义是一套社会规范、行为准则及道德情感,适合每人在社会和家族的尊卑高低、君臣父子等的角色和地位。② 而仁则始于亲族之爱的孝悌,扩展对所有人的仁爱,如《论语》记:"樊迟问仁。子曰:'爱人。'""弟子入则孝,出则弟,谨而信,泛爱众,而亲仁。"③郭店楚简《五行》亦云:"爱父,其继爱人,仁也。"④因此,在古典儒学的伦理道德观念中,仁和义皆是情感和理性的结合,二者相互联系和相互补充,而不是相互对立,从来不存在以义作为理性原则而主宰判决仁的问题;即使后来义的意蕴延伸为正义、公义等,也是如此。当仁义与天地等相提并论时,仁义往往代表伦理观念,天地往往泛指宇宙,两者之间的关系同样是相联相应而不是相互对立,不能拆为四个义项而两两对立。

布蕾克还通过对"神明"的解说来证明其论点,但这一解说也很成问题。她将神明解释成"精神的理智"或"精神和理智",将《易传》中的"以体天地之撰,以通神明之德"解释为"于是包含天地的法则;于是可以与精神和理智的美德相通"。她接着将天和地拆开,神和明拆开,断言此两句将精神的界面划归天/阳,将理智的界面划归地/阴,因此同样呈现明显的性别倒置,将阴与属于阳的理智相关联,由此再次证明中国

① 《礼记正义》卷二十二,《十三经注疏整理本》,第 802b 页。
② 关于义观念的详细讨论,参看本书第一章。
③ 《论语·颜渊》,12.22;《学而》,1.6。
④ 陈伟等编:《楚地出土战国简册(十四种)》,第 184 页。关于仁观念的详细讨论,参看本书第三章。

宇宙论与性别不相干或超越了性别。[①] 但是，神字初构为"申"，象征闪电之形，进而延伸指电雷风云等大气之神；明字为"日"和"月"合文，初义指日月之光明，进而延伸指日月星等神灵。因此，在早期文献中，神明合称往往泛指一切神灵。[②] 而天地一词并不总是分别指向天和地，而是经常用来泛指宇宙，需依上下文而判断。在布蕾克所引的两句中，天地代表宇宙，神明代表神灵，二者是并列而不是对立的关系；不能将两个词语分别拆开，解说为二元对立，再分别与阴阳性别挂钩和对立起来。因此，虽然布蕾克的哲学分析表面上看起来精致复杂，但是实际上其所用的西方理论、方法、术语未必适合中国古代的思想和文献。

二、夫妇的性别化关系：人伦秩序和宇宙论的根基性模式

当我们通读《周易》古经而不仅是开端的乾坤二卦时，就会发现其中许多卦象描述实际的婚姻生活，涉及性别化的夫妇关系。进一步分析《周易大传》关于这些卦象的评注，我们发现性别化的和谐夫妇关系被看成所有人伦关系、社会秩序、阴阳二分及宇宙模式的根基性模式。

传世《周易》古经传统上被分为"上经"和"下经"两部分：上经始于乾卦和坤卦，象征天和地，主要明天道；下经始于咸卦和恒卦，象征夫妇关系，主要明人事。[③] 从韩康伯(？—385?)和孔颖达以来，[④]学者们对此两部分的划分和主题多有怀疑，因为两部分皆涉及宇宙现象和人间

---

① Alison Black，"Gender and Cosmology in Chinese Correlative Thinking，" pp. 183 - 184.
② 见贾晋华：《神明释义》，《深圳大学学报》31.3(2014)：5—15。
③《周易正义》卷四、九，《十三经注疏整理本》，《序卦》，第163ab、393a—399a 页。
④《周易正义》卷四，第163a 页。

事务。不过,咸卦的确描述夫妇的性别化关系,而作为下经的第一卦,此卦自古以来备受重视,解说纷纭。

荀子和《易传》作者皆将"咸"释为"感",意为感应、交通,并将咸卦的主旨释为夫妇之间的婚姻和关系。其后汉魏间的三位学者郑玄、虞翻(164—233)和王弼(226—249)都同意这一解说。[1] 一般来说,传统学者对咸卦的解释皆围绕"感应"的主题,虽然对所感应的对象有不同的解说,包括男女或夫妇之间的相互感应,[2] 人际之间的精神或自然感应,[3] 君主与臣民的感应,[4] 等等。在现代,西方学者的翻译和诠释一般都谨慎沿袭《易传》及王弼、孔颖达等的解说,[5] 而中国学者则较为自由地拓展传统的诠释。许多中国学者将咸卦解释为少男少女、成年男女或夫妇之间的恋情,并将此卦的六爻解说为性的活动,有的

[1] 王先谦:《荀子集解》卷十九,《大略》,第 495 页;李鼎祚(活动于 758 年前后):《周易集解》卷七,台北:台湾商务印书馆,1968 年,第 159 页;《周易正义》卷四,第 163a 页。另外,"咸"字亦在临卦爻陈述中出现两次,均被王弼和孔颖达释为"感"(《周易正义》卷三,第 112b—113a 页)。

[2] 例如,《周易正义》卷四,第 163a—164a 页;程颐:《周易程氏传》,收《二程集》,北京:中华书局,1981 年,第 854—855 页;来知德(1526—1604):《易经集注》(《四库全书》本)卷七,第 1a—2a 页;黄宗炎(1616—1686):《周易象辞》(《四库全书》本)卷十,第 1a—2a 页。

[3] 例如,苏轼(1037—1101):《东坡易传》(《四库全书》本)卷四,第 1a—2b 页;李杞:《用易详解》(《四库全书》本)卷七,第 1a—3a 页;李光(1078—1159):《读易详说》(《四库全书》本)卷六,第 1a—3a 页。

[4] 例如,林栗(1142 年进士):《周易经传集解》(《四库全书》本)卷十六,第 1a—2b 页;陈应润:《周易爻变意蕴》(《四库全书》本)卷五,第 1a—2b 页。

[5] 例如,James Legge, *The Sacred Books of China: The Yi Ching*, 1899; rpt. New York: Dover Publication, 1963, pp. 123 - 127; Richard Wilhelm, *The I Ching or Book of Changes*, trans. Carry F. Baynes, 1950; rpt. Princeton: Princeton University Press, 1981, pp. 122 - 125, pp. 540 - 545; Richard J. Lynn, *The Classic of Changes: A New Translation of the I Ching as Interpreted by Wang Bi*, New York: Columbia University Press, 1994, pp. 329 - 334; Edward L. Shaughnessy, *I Ching: The Classic of Changes*, New York: Ballantine Books, 1996, p. 125.

甚至将之描述为房中术手册。[①] 也有一些学者将咸释为"斩",将此卦解为关于婚姻、行旅或其他日常事务的吉凶占卜记录,甚至描述为周文王被囚禁时所受伤害的记录。[②] 另有一些更为创新的解说,或将咸释为"鍼/箴",将此卦解为有关针灸的占卜;或将咸释为"咸味",并描述其从味道至感应的语义演变。[③]

虽然大多数学者同意荀子和《易传》作者,将咸释为感,但从未有人探讨过这一解释的根据。在近年发表的一篇论文中,我详细考察了咸字和感字的关联。[④] 一些学者已经指出,卜辞中有"心"字但语义与心无关,仅作为通假字使用;众多从心之字在西周时期开始出现。卜辞和金文皆未出现感字。如同许多汉字的范畴偏旁诸如"心""木""水"等都是后来的添加,咸应是感的初构。[⑤] 在现代学者的上古音重构中,咸和感音韵相近,属于同一韵部,[⑥]因此,咸应为感之音符兼义符。至汉代咸、感仍然通用,如《潜夫论·救边》云:"百万之众,〔叫〕号

① 例如,黄寿祺、张善文:《周易译注》,上海:上海古籍出版社,1989年,第257—264页;刘洪泽:《易卦通解》,北京:学苑出版社,1990年,第155—159页;张惠仁:《周易感卦涉性爻辞正义及其他》,《中国文化》1(1996):213—220。
② 高亨:《周易大传今注》,济南:齐鲁书社,1979年,第289—296页;高亨:《周易古经今注》,北京:中华书局,1984年,第249—251页;李镜池:《周易通义》,北京:中华书局,1981年,第63—64页;张立文:《帛书周易注译》,郑州:中州古籍出版社,1992年,第397—404页;程石泉:《易辞新诠》,上海:上海古籍出版社,2001年,第98—100页。
③ 李浚川、萧汉明:《医易会通精义》,北京:人民卫生出版社,1991年,第68页;周策纵:《易经咸卦卦爻辞新解》,《道家文化研究》12(1998):86—92;贡华南:《咸:从味到感》,《复旦学报》4(2007):54—60。
④ Jinhua Jia, "From Human-Spirit Resonance to Correlative Modes: The Shaping of Chinese Correlative Thinking," *Philosophy East and West* 66.4 (2016): 449–474.
⑤ 金景芳指出咸是感的本字,但未加以分析论证;见其《周易讲座》,桂林:广西师范大学出版社,2005年,第224页。
⑥ 李方桂列咸和感于侵部,拟音为(grəm)和(kəmx);见其《上古音研究》,北京:商务印书馆,1980年,第45页;郑张尚芳也列咸和感于侵部,拟音为(grwwm)和(krwwm);见其《上古音系》,上海:上海教育出版社,2003年,第498—499页。

哭泣咸天心。"①《汉书·王莽传》记陈崇上书,有"咸应兆占,是谓配天"。② 两处的咸字皆通用为感字。咸字由"戌"和"口"构成,此构型蕴含巫师所表演的人神感通仪式的意义,这是为什么咸或巫咸成为古代巫觋的通称。后来添加了心旁的感字,进一步强调人神感通的情感力量。许慎释感字云:"感,动人心也,从心咸声。"③许多学者已经指出,感应是中国关联思维和宇宙论的核心观念。起源于上古巫术的人神感通以情感的感应为核心因素和驱动力量,可能是中国关联式宇宙论的第一个根源性模式。从西周到战国,人神感应演化出各种关联模式,涉及宇宙自然、社会政治、伦理道德、医学、心理、美学、文学、艺术等众多领域。④ 而咸卦所描述的性别化的、相互感应的夫妇关系则代表另外一种根源式关联模式。

在《周易》古经中,咸的卦象为兑上艮下,卦辞云:"咸:亨,利贞,取女吉。"爻辞云:

> 初六,咸其拇。
>
> 六二,咸其腓,凶。居吉。
>
> 九三,咸其股,执其随,往吝。
>
> 九四,贞吉,悔亡。憧憧往来,朋从尔思。⑤

① 王符(85?—163?)著、汪继培(1751—1819)笺、彭铎校正:《潜夫论笺校正》,北京:中华书局,1997年,第263页。原字为咸,彭校作感,但咸、感通用,本无需校。
② 班固(32—92)撰、颜师古(581—645)注:《汉书》卷九十九上,北京:中华书局,1964年,第4088页。
③ 许慎:《说文解字》,第222b页。
④ 参看 Jinhua Jia, "From Human-Spirit Resonance to Correlative Modes: The Shaping of Chinese Correlative Thinking," pp. 449–474;及本书第十二章。
⑤ 此爻辞历来认为难解,有各种不同解释。但是"朋"或"友"也指示伴侣、配偶及亲爱密切的关系,如《诗经·周南·关雎》云:"窈窕淑女,琴瑟友之。"《毛诗正义》卷一、《十三经注疏整理本》,第一首,第31b页。

九五,咸其脢,无悔。

上六,咸其辅、颊、舌。[1]

　　卦辞清楚说明占卜的对象是婚姻,其结果是吉祥。六条爻辞陈述发生于人体不同部位的感应和互动,由低而高,分别为足拇趾、小腿肚、大腿、心、背脊、脸颊和舌头。在《周易》中,另有一些卦也以人体的部分用于类似的隐喻。例如,艮卦爻辞以足趾、小腿、腰、上身和脸颊为喻,说明自我抑止的逐渐发展。[2] 因此,我们需要考虑,咸卦爻辞所描述的人体各部位的交感活动,所指向的到底是隐喻性的身体还是性别化的身体。两种解说都有可能。如果对照艮卦爻辞,咸卦爻辞也可解说为喻指夫妇关系的逐渐发展。然而,由于咸/感意指双方的交感互动,而且咸卦的占卜主旨是婚姻,将爻辞解说为夫妇双方在身体的不同部位互相接触和感应会较合理。夫妇的相互接触所引发的不仅是身体的、性的感受,而且还是欢快、恩爱及和谐的心理情感。因此,咸应包含了身体和情感两方面的交感反应,如王弼所注:"二体始相交感,以通其志,心神始感者也。"[3]根据这一解说,咸卦描述性别化的身体和夫妇关系,确认两性之间在身心两方面的欢快和谐的交感和结合是吉祥的。此处的重点是夫妇的和谐合作,肯定两种性别都为吉祥的婚姻作出贡献。不过,由于爻辞的陈述十分简洁扼要,我们不宜如同一些学者那样,对这些陈述作出性活动的大量过度诠释,或甚至将此卦描绘为房中术手册。

　　现在我们可以转向荀子、《易传》及其他早期经学家对咸卦的解说。

---

① 《周易正义》卷四,第 163a—167a 页。

② 《周易正义》卷五,第 249—253 页。

③ 《周易正义》卷四,第 166a 页。

荀子云:"易之咸,见夫妇。夫妇之道,不可不正也,君臣父子之本也。咸,感也,以高下下,以男下女,柔上而刚下。"①荀子的解说包含两个重要的观念。首先,他不仅将咸卦的主旨确定为展示夫妇关系,而且更为重要的是,将这一性别化的关系指称为其他一切人际关系诸如君臣父子的根本和基础。《易传·序卦》所述略同:"有男女然后有夫妇,有夫妇然后有父子,有父子然后有君臣,有君臣然后有上下,有上下然后礼义有所错。"②《序卦》作者同样将性别化的男女夫妇关系作为其他人际关系和礼的社会伦理体系的起始点,因为这是人伦关系产生的自然顺序。其后孔颖达亦称咸卦:"此卦明人伦之始,夫妇之义。"③由于礼文化和儒学伦理思想强调宗法家族关系,夫妇、父子、君臣、兄弟和朋友五伦关系及其交互关联构成一切社会伦理关系的基础。作为所有这些关系网络的根基性关系,丈夫和妻子所起的重要作用被同等地、明确地强调,虽然这一关系被等级化地界定为男性/丈夫高于女性/妻子(但高低的界限在某些情境下也有可能被颠倒,参见下段所述)。男女夫妇关系是相互关联的和不可分离的,任何一方都不能被抛弃;否则这一根源性关系就不再存在,而整个家族的、社会的、伦理的网络和秩序就可能崩溃。

其次,荀子将咸的卦象解释为将高位的男性和刚性(艮,山)置于低位的女性和柔性(兑,泽)之下,并说明这是使得两者得以和谐感应的正确方式。《易传·象》所释略同:"咸,感也。柔上而刚下,二气感应以相与。是以'亨,利贞,取女吉'也。"④陆德明(550?—630)引郑玄语云:

---

① 《荀子集解》卷十九,《大略》,第 495 页。
② 《周易正义》卷九,第 396a 页。
③ 《周易正义》卷四,第 163b 页。
④ 《周易正义》卷四,《象》,第 163b 页。

"'与',犹亲也。"①如前所述,咸/感强调由夫妇相互感通而产生的心理、情感要素。《象传》的作者同意荀子的解说,认为如果要达到吉祥成功的婚姻,男性/丈夫需要置于较低的位置,女性/妻子需要置于较高的位置,以便亲密恩爱地相互感应和和谐结合。韩康伯阐发《象传》此语云:"言咸卦之义也。咸柔上而刚下,感应以相与。夫妇之象,莫美乎斯。人伦之道,莫大夫妇。故夫子殷勤深述其义,以崇人伦之始。"韩康伯将夫妇关系称为最重要的人伦之道,并称赞这一颠倒高低的关系为最完美的夫妇关系。②孔颖达进一步从咸的卦象象征意义和周代关于婚礼的规定两方面阐发这一观念:"艮为少男而居于下,兑为少女而处于上,是男下于女也。婚姻之义,男先求女,亲迎之礼,御轮三周,皆男先下于女,然后女应于男,所以取女得吉者也。""泽性下流,能润于下;山体上承,能受其润。以山感泽,所以为咸。""此卦明人伦之始,夫妇之义,必须男女共相感应,方成夫妇。既相感应,乃得亨通。"③一方面,孔颖达指出艮象征山峰、少男、高位和刚强,兑象征湖泽、少女、低位和柔弱。如果刚强置于上方而主导,柔弱置于下方而顺从,高压低,刚压柔,两者就不能和谐感应和结合。相反,由于湖泽的属性是润下,山峰的属性是上挺,当湖泽被置于山峰之上时,两者就能完美地交感和结合。另一方面,孔颖达引述周代的婚礼,男方必须追求女方,新郎必须到新娘家隆重地迎接和护送新娘,然后夫妇双方才能相互感应,互敬互爱,成就吉祥完满的婚姻。此外,荀子、《易传》作者、韩康伯和孔颖达皆指出,这种夫妇必须相互感通、丈夫在某些情况下必须谦下的观念,是维持夫妇关系的正确完美方式,也是其他人伦关系的根源。这一观念超越了

---

① 陆德明:《经典释文》,《周易正义》卷一引,第 421a 页。
② 《周易正义》卷九,《序卦》,第 396b 页。
③ 《周易正义》卷四,第 163b—164b 页。

特定的卦象解说,成为一种普遍化的、理想化的模式。这一模式并不意味着推翻既定的宗法等级制,因为它仍然确认丈夫原本具有高的地位和刚的属性;它主要说明只有夫妇之间的相互尊敬和恩爱,才能维持和谐和持久的关系。[①] 这样,从荀子到孔颖达,有关咸卦的解说都强调,即使男尊女卑的等级制度已经牢固建立,在实际的婚姻和家庭生活中,夫妇必须相互尊重、交流和感通;丈夫在某些情况下甚至应该谦下,以便发展两性之间亲密、和谐和恩爱的情感,使得婚姻生活吉祥成功。

值得注意的是,咸卦及其经典诠释并不是孤立的现象,《周易》经传中的不少卦象也体现了类似的观念。例如,《归妹·彖》云:"归妹,人之终始也。"[②]归妹即嫁妹,故此卦的主题也是婚姻。《易传》作者此处同样强调夫妇关系代表人伦关系的开始。再如,泰卦卦象为乾下坤上,与咸卦一样也是"柔上而刚下",利于夫妇交感。其爻辞有"帝乙归妹,以祉元吉"。王弼注云:"泰者,阴阳交通之时也。女处尊位,履中居顺,降身应二,感以相与,用中行行愿,不失其礼。'帝乙归妹',诚合斯义。履顺居中,行愿以祉,尽夫阴阳交配之宜,故'元吉'也。"[③]《序卦》将恒卦解说为"夫妇之道不可以不久也,故受之以恒",强调婚姻和夫妇关系必须持久。[④] 而为了达到这一目标,丈夫和妻子必须持续地交感和互通,达到"交相爱"的境界。家人卦爻辞云:"王假有家,勿恤,吉。"

---

① 众所周知,《老子》中用了许多女性化意象,诸如母、牝、谷、水等,并强调柔弱胜刚强。然而,在《老子》中,女性化意象主要是用作隐喻,并未特别与性别相关联,与《周易》经传直接与男女、夫妇和婚姻相联系不同。参看刘笑敢:《老子古今:五种对勘与析评引论》,北京:中国社会科学出版社,2006年,第136—141页。
② 《周易正义》卷五,第258a页。
③ 《周易正义》卷二,第81b—82a页。
④ 《周易正义》卷九,第397a页。

假,至也。《象》云:"'王假有家',交相爱也。"①同卦《象》云:"女正位乎内,男正位乎外。男女正,天地之大义也。家人有严君焉,父母之谓也。"虽然此处因袭传统偏颇地设定女内男外的阈界,但同时也指出父亲和母亲都是家中的主宰人物:"家人有严君焉,父母之谓也。"②在私家的范围内,母亲/妻子被赋予和父亲/丈夫相同的、具有尊严的角色,因此,家庭的囿困并未使得女性对男性彻底顺从,虽然理论上的规定是男尊女卑。

将这一性别化的夫妇关系扩展到其他人伦关系,诸如父子、兄弟和君臣,其互通相感、互相制约、互为责任的关联模式是相同的。虽然社会等级规定了父、兄和君王是尊者,但他们的尊位是建立于他们仁爱、支持和履行对于子、弟和臣民的义务责任的基础之上,君王经常被比拟为爱护子女的父母。如同孟德斯鸠(Montesquieu,1689—1755)对中国礼文化的深刻观察:"由此推论,老人也要以爱还报青年人;官吏要以爱还报其治下的老百姓;皇帝要以爱还报其子民。所有这些构成了礼教,而礼教构成了国家的一般精神。"③景海峰指出,在先秦儒学的论述中,五伦强调人伦关系的互相敬爱和互相制约。④ 因此,如同夫妇关系,所有其他人伦关系也都既是等级化的又是相互负责的,从理想的角度还应该是相感相应和互敬互爱的,而不是相互对立或一边倒地顺从。从这个意义上说,当荀子和《易传》作者将夫妇关系解说为其他人伦关系的根源时,在某种意义上可以说他们将所有人际关系性别化了。

在《周易》中,人道被关联于和包含于天道,因此,《易传》的作者们

---

① 《周易正义》卷四,《象》,第188a页。
② 《周易正义》卷四,《象》,第185b页。
③ [法]孟德斯鸠:《论法的精神》,张雁深译,北京:商务印书馆,1961年,第315页。
④ 景海峰:《五伦观念的再认识》,《哲学研究》5(2008):51—57。

很自然地进一步将夫妇的性别化关系与其他宇宙模式关联起来。《易传·咸·彖》云："咸，感也。柔上而刚下，二气感应以相与。止而说，男下女，是以'亨，利贞，取女吉'也。天地感而万物化生。圣人感人心而天下太平。观其所感，而天地万物之情可见矣。"①《归妹·彖》云："归妹，天地之大义也。天地不交，而万物不兴。"②如前所述，乾下坤上的泰卦，与咸卦一样利于夫妇、阴阳交感，故《泰·彖》亦云："天地交而万物通也，上下交而其志同也。"③从这些卦象所描述的性别化的夫妇感应模式出发，《易传》进一步引申出四种宇宙感应模式。首先，《易传》将夫妇关系与阴阳二气相关联，夫妇之间的身心感应被普遍化为宇宙性的阴阳感应。虽然阴阳的确原本并未基于性别，但在其理论发展的某一基点上，阴阳在一定程度上被性别化了，而《易传》的评述正代表这样一个基点。④ 其次，从夫妇感应而产生的生育力量，《易传》进一步推演出代表阴阳的天地感应而生成万物的力量。其三，《易传》还将夫妇感通的情感动力延伸为圣人/统治者以其仁爱、品德和行为感通民心而导致天下太平的动力。最后，由于万物出自天地阴阳感应的同一源头，因此，万物也是相互感通、依赖和关联的。所有这些关联模式皆开始于咸卦、泰卦等所描述的夫妇之间的情感互通。《易传》的作者们观察性别化的夫妇感应的生成和情感力量，并将其扩展至宇宙化的天地、阴阳、万物的各种感应模式。于是"观其所感，而天地万物之情可见矣"，此"情"就是包括人类在内的万事万物生生不息、共存互感的宇宙过程。如孔颖达所评："咸道之广，大则包天地，小则该万物。感物而动，谓之

---

① 《周易正义》卷四，《象》，第163b—164a页。
② 《周易正义》卷五，第258a页。
③ 《周易正义》卷二，第78a页。
④ 当然，在不同的文本和思想潮流中，在很大范围内阴阳二元及其许多范畴仍然与性别无关。

情也。天地万物皆以气类共相感动。"因此,在《易传》作者所构建的关联宇宙模式中,性别化的夫妇感通不仅被看成是天地阴阳的宇宙化感通的象征,而且更为重要的是被作为其基本模式和根源性动力。性别超越了实际的家族和社会关系,成为宇宙万物生成、感应和共存共荣的根本范畴。

三、结语

当我们不仅只看《周易》开端的乾、坤二卦,而是通读经传全文,就会发现性别化的、相互感通的夫妇关系被突出强调,并被设立为其他社会的、宇宙的关联关系的根源性模式。换句话说,和谐的夫妇关系被视为和谐的社会、政治和宇宙秩序的根基。大致同一时期,儒学政治伦理思想强调齐家对于治国平天下的重要意义,而《周易》经传关于夫妇关系的阐述,可能是这一思想形成过程中的重要一环。如《家人·彖》云:"男女正,天地之大义也……正家而天下定矣。"因此,《周易》经传所体现的早期关联宇宙论并未超越性别;相反,这一宇宙论被性别化了。

《周易》经传中有关夫妇关系的性别观念,与周代礼乐关系密切。西周朝廷事无巨细,皆举行占卜的仪式。《周易》古经是彼时占卜的记录,其本身就是周礼的一部分和最重要的典籍之一。例如,《左传》记昭公二年,晋侯派韩起聘鲁,观书于大史氏,见《易象》和《鲁春秋》,感叹说:"周礼尽在鲁矣!"①《周易》古经中有众多关于婚姻嫁娶和夫妇关系

---

① 《春秋左传正义》卷四十二,《十三经注疏整理本》,第1348b页。杜预注称《易象》指"上下经之象辞",也就是经文的卦爻辞。李学勤认为是讲卦象的书,见其《周易经传溯源》,长春:长春出版社,1992年,第43—48页。但由于易卦皆有象,《易象》也可能只是用来指称《周易》的代名。

的卜问,体现了周礼对此方面的重视。周礼强调男女有别、夫外妇内、男尊女卑等性别化的等级差别,但同时也规定了尊重女方的纳采、纳吉、亲迎等礼节,①以及提倡"外内和顺"、"相待如宾"、②"琴瑟友之"、"妻子好合"③等和顺亲睦的夫妇关系。《周易》经传也一样,既强调礼的男女内外尊卑,也突出夫妇之间的感通恩爱。此种复杂矛盾的性别观念和夫妇关系一直延续至清代,一方面,夫妇有别,礼法的性别等级规定继续维持和发展;另一方面,夫妇情深,丈夫为妻子撰写了大量感人肺腑的回忆录、墓志铭、赠内或悼亡诗词,诸如"望庐思其人,入室想所历"(潘岳《悼亡诗》);"惟将终夜长开眼,报答平生未展眉"(元稹《遣悲怀》);"料知年年肠断处,明月夜,短松冈"(苏轼《江城子》),等等。

---

① 《仪礼注疏》卷四至六,《十三经注疏整理本》,《士昏礼》,第 68—144 页;《礼记正义》卷六十一,《十三经注疏整理本》,《昏义》,第 1886—1897 页。
② 《春秋左传正义》卷十七,僖公三十三年,第 548b 页。
③ 《毛诗正义》卷一、九,第一首,《周南·关雎》,第 31b 页;第 164 首,《小雅·棠棣》,第 670b 页。

下编

从礼乐到古典儒学诗学观念

第八章

六诗之现代"诠释循环"及其消解[*]

一、引言

　　《周礼》以"六诗"一词对诗歌进行分类。《春官·大师》载:"教六诗,曰《风》,曰《赋》,曰《比》,曰《兴》,曰《雅》,曰《颂》";[①]《春官·瞽蒙》载:"掌九德六诗之歌,以役大师。"[②]单从《周礼》的记载本身作判断,六诗应属于同一层面,皆指诗歌的分类,且六诗皆可歌,应为周代流行的六种诗篇和乐曲。

---

[*] 本章于 2003 年 5 月发表于耶鲁大学主办的"Poetic Thought and Hermeneutics Conference",承点评者苏源熙(Haun Saussy)给予重要修改建议和鼓励,谨此致谢。其后于 2004 年正式发表为:"Modern Interpretations of *Liushi*: The 'Hermeneutic Circle' and Its Dissolution," *Monumenta Serica: Journal of Oriental Studies* 52 (2004): 363 - 380;以及《六诗之现代诠释循环》,《九州学林》2.3(2004): 2—25。

[①] 《周礼注疏》卷二十三,《十三经注疏整理本》,第 717b 页。大师为乐官,《周礼》此条记其职责为"掌六律六同,以合阴阳之声"。《论语·微子》(18.9)述周代乐官有大师,可证:"大师挚适齐,亚饭干适楚,三饭缭适蔡,四饭缺适秦,鼓方叔入于河,播鼗武入于汉,少师阳、击磬襄入于海。"

[②] 《周礼注疏》卷二十三,第 717b、726a 页。

　　大概由于看到《诗经》中只有《风》《雅》《颂》三种诗体,《毛诗·大序》将六诗重新定义为"六义":"故诗有六义焉:一曰风,二曰赋,三曰比,四曰兴,五曰雅,六曰颂。上以风化下,下以风刺上。……是以一国之事,系一人之本,谓之风。言天下之事,形四方之风,谓之雅。雅者,正也,言王政之所由废兴也。政有小大,故有小雅焉,有大雅焉。颂者,美盛德之形容,以其成功,告于神明者也。"①《大序》六义的次序与《周礼》完全相同,可见是袭自《周礼》。但序的作者已经无法知道赋比兴的含义,故只对风雅颂作出诗体和伦理政治功用的双重解释,对赋比兴则阙而不提。不过,在《毛诗》中,的确有116首诗被标为兴。②

　　可能由于踟蹰于六诗和六义之间,并注意到汉代批评家对作诗方法的新兴趣,汉代经学大师郑玄对六诗提出一个包括诗体、功用和诗法的三重解释。孔颖达《毛诗正义》引《郑志》云:"张逸问:'何诗近于《比》《赋》《兴》?'[郑玄]答曰:'《比》《赋》《兴》,吴札观诗已不歌也。孔子录诗,已合《风》《雅》《颂》中,难复摘别'。"③在此段与张逸的对话中,郑玄承认《赋》《比》《兴》也是诗体,本来也各有诗篇,由于孔子编《诗经》时将这些诗混合于《风》《雅》《颂》中,故后人已无法分别。但是,郑玄在注释《周礼》之六诗时又说:"风,言圣贤治道之遗化也。赋之言铺,直铺陈今之政教善恶。比,见今之失,不敢斥言,取比类以言之。兴,见今之美,嫌于媚谀,取善事以喻劝之。雅,正也,言今之正者,以为后世法。颂之言诵也,容也,诵今之德,广以美之。"④这段话主要是谈六诗的伦理政治内容和功用,但当他说赋是直接铺陈,比和兴是比喻时,也已经涉及

① 《毛诗正义》卷一,《十三经注疏整理本》,第 13a—22b 页。
② 据朱自清的统计,见其《诗言志辨》,收《朱自清说诗》,上海:上海古籍出版社,1998 年,第 48 页。
③ 《毛诗正义》卷一,第 15a 页。
④ 《周礼注疏》卷二十三,第 717b—718a 页。

三者的修辞特性。

　　至唐代,孔颖达将六义分为两层:风、雅、颂为三体,赋、比、兴为三用,从而弥补了"大序"的不完整诠释。[①] 此三体三用说很快成为经典解释,为大多数古代学者所沿袭。[②]

　　现代学者关于这六个范畴的解释,经历了一个围绕六诗和六义的"诠释循环"(hermeneutic circle)。不少学者曾经尝试从《周礼》这一经典文本出发,探讨六诗源起的、真正的含义。然而,当学者们质疑《周礼》的可靠性,特别是当他们无法发现与赋、比、兴三体相关的诗篇,他们宁可转向更实在的六义传统。故造成这一"诠释循环"的主要动力是赋、比、兴三体诗在《诗经》中的缺乏,这一情况使得有关六诗分类的诠释不完整,也使得有关六义的诠释不可或缺。

　　本章将首先概述现代六诗之"诠释循环"的成就,然后进一步讨论消解这一"诠释循环"及提出新的诠释视界(horizon)的可能性。

二、六诗之现代"诠释循环"

　　20 世纪伊始,章炳麟(1869—1936)第一位出来肯定古老的六诗分类。他认为这六个范畴的原始意义是六种诗体,其中赋即后来的文体赋之起源;比为辩,一种篇幅较长的诗体;兴为㢝,与谏、赞相近;由于"孔子删诗,求合于韶武,赋、比、兴不可歌,因以被简"。[③] 其后朱自清

---

① 《毛诗正义》卷一,第 14b—15a 页。
② 历代批评家曾提出不同的名称,如朱熹之三经三纬,杨载(1271—1323)之三体三法,但这些不同的称呼在本质上与孔颖达之三体三用没有大的区别。见黎靖德编:《朱子语类》卷八十,北京:中华书局,1986 年,第 2070 页;杨载:《诗法家数》,收何文焕辑:《历代诗话》第一册,北京:中华书局,1986 年,第 727 页。
③ 章炳麟:《检论·六诗说》卷二,收《章氏丛书》,上海:右文社,1920 年,第 1a—4a 页;《辨诗》,收《国故论衡》,台北:广文书局,1967 年,第 125 页。

也赞成六诗皆体,但进一步提出六诗皆歌,赋为合唱,比为变旧调唱新辞,兴为合乐开始的新歌。[1] 郭绍虞则推测赋、比、兴皆是不入乐的民歌。[2] 这些学者的研究引起学界对寻找六诗本义的兴趣,但他们对于六诗的定义皆未作细密的论证,因此较缺乏说服力。

　　另一些学者从礼仪和巫术的层面追溯六诗起源。白川静运用语源学和民俗学研究的方法,推断兴原本是一种祭祀礼仪,涉及灌酒、舞蹈、咏诵祷词等仪式,目的在于召唤地灵及其他神灵。[3] 在全面探讨巫术与音乐、舞蹈和诗歌的关系的基础上,周策纵提出六诗皆源于巫术活动。[4] 刘怀荣也认为赋、比、兴皆与原始巫术和祭礼相关联,并都涉及歌乐舞的表演。[5] 这一类探讨如同周策纵所承认,"不少结论还只是一种假设,由于数据稀少而缺乏足够的证据",但仍然具有重要学术意义,描述了巫术、礼仪和诗歌之间可能具有的丰富多彩的关系。

　　不少学者将眼光投向《周礼》记载中所提示的另一线索,即周代的音乐教育及宫廷乐师的职责。陈世骧(Shih-Hsiang Chen)相信六诗应是大师的教义,可理解为六种诗歌表演的形式。[6] 康达维(David R. Knechtges)将六诗解释为大师向瞽蒙乐工传授的六种歌唱技巧,其中赋是"一种直接陈述的朗诵技巧"。[7] 章必功提出六诗是周代诗歌教学

① 朱自清:《诗言志辨》,第 75—83 页。
② 郭绍虞:《六诗说考辨》,《中华文史论丛》7(1978):213—215。
③ [日]白川静:《中国古代的民俗》,收《白川静著作集》第一卷,东京:平凡社,1999—2000 年,第 289—292,310—331 页。
④ 周策纵:《古巫医与六诗考》,台北:联经出版公司,1984 年,第 181—274 页。
⑤ 刘怀荣,《赋比兴与中国诗学研究》,北京:人民出版社,2007 年,第 38—133 页。
⑥ Shih-Hsiang Chen, "The Shih-ching: Its Generic Significance in Chinese Literary History and Poetics," in *Studies in Chinese Literary Genres*, ed. Cyric Birch, Los Angeles: University of California, 1974, p. 18.
⑦ David R, Knectges, *Wen xuan, or Selections of Refined Literature*, Taipei: SMC Publishing, 1982, vol. 1, p. 74, p. 92.

的纲领,声义并重;大师通过风和赋教国子歌唱和朗诵诗篇之法,通过比和兴教国子切类指事、引申发挥诗义之法,通过雅和颂教国子在各种政治和祭祀场合用诗之法。[①] 王昆吾也认为六诗是西周乐教的六个项目:风和赋是言语传诗的方式,分别指方音诵和雅言诵;比和兴是歌唱传诗的方式,分别指赓歌和和歌;雅和颂是加入器乐因素来传诗的方式,分别指乐歌和舞歌。[②] 朱渊清认为六诗基本按风(徒歌)、赋(吟诵)、比(和唱)、兴(合唱)、雅(配器乐)、颂(配打击乐和舞蹈)的次序排列,是歌乐的六种表述方式。[③] 这一层面的探讨给人以绕弯路和缺乏足够证据的感觉,但这些研究成果发掘出大量周代音乐教育的原始数据,从而有效地丰富了有关周代礼乐制度的研究。

　　还有一些学者试图从诗歌运用的层面研究六诗本义。周刚将赋、比、兴称为三种赋诗言志的方法。[④] 鲁洪生则进一步将这一定义扩充至言语引诗和著述引诗。[⑤] 由于各种用诗方法流行于《诗经》编成之后,将此定为六诗的原始意义并不具备很强的说服力。不过,这一类讨论生动描绘了春秋战国时代诗歌运用的活动,仍然给读者以重要启发。

　　寻找六诗本义和赋、比、兴三体诗的工作困难重重,以致一些学者怀疑其存在的可信性。而 20 世纪的疑古思潮,特别是对于《周礼》产生年代的质疑,进一步促进了这一趋向。胡念贻(1924—1982)宣称,由于"古代所有留下的材料都不能证明赋、比、兴是乐

① 章必功:《六诗探故》,《文史》6(1984):167—173。
② 王昆吾:《诗六义原始》,收《中国早期艺术与宗教》,上海:东方出版中心,1998年,第213—309页。类似的研究尚有陈元锋:《乐官文化与文学》,济南:山东教育出版社,1999年,第114—126页;等等。
③ 朱渊清:《六诗考》,《南京晓庄师院学报》1(2001):42—47。
④ 周刚:《春秋赋诗与赋比兴本义》,《沈阳师范学院学报》1(1986):40—45。
⑤ 鲁洪生:《从赋比兴产生的时代背景看其本义》,《中国社会科学》3(1993):213—223。

歌",故我们只能接受孔颖达的三体三用说。① 彭声洪断言,由于六诗皆体说无法证明,"则'六诗'只能是'六义'的同义词,都是三体三用,历史上遗留下来的争论应该宣告结束"。② 王念恩质疑 20 世纪初以来对于赋、比、兴本义的众多探寻是否有意义,因为"这样一种本义并不存在",而"这些范畴的意义,只不过是世世代代的批评家在不同背景下从不同层面得出的结论的总和"。③

许多现代学者转向六义传统,或由于六诗分类之难以成立,或由于六义传统在中国诗歌史上的强大影响。在六义的双重构成中,风、雅、颂"三体"一般未有大的诠释争议。现代学者基本上沿袭和发展关于《诗经》分类的传统诠释,从内容、功用、地域、音乐、时代和作者等方面探讨分类的根据,其中音乐的根据日益占上风。关于雅的解释,现代学者的一个重要贡献是论证雅、夏同义。清代学者王引之最早提出这一假设。④ 梁启超、朱东润、孙作云、高亨等进一步援引大量原始资料,说明周人将他们自己等同于夏人,并继承夏代音乐以发展他们自己的音乐,称之为"夏(雅)乐"。⑤ 夏、雅同义的推论目前已为新出土的战国楚简所证实,其中《大雅》正写作《大夏》,《小雅》写作《少夏》。⑥

---

① 胡念贻:《诗经中的赋比兴》,《文学遗产增刊》1(1955):1—21。
② 彭声洪:《诗六义辨说》,《华中师院学报》4(1983):108—118。
③ Wang Nian En, "Fu, Bi, Xing: The Stratification of Meaning in Chinese Theories of Interpretation," *The Journal of the Oriental Society of Australia* 24 (1992):111-123.
④ 见王念孙:《读书杂志》,台北:广文书局,1963 年,第 647 页所引。
⑤ 梁启超:《周秦时代之美文·附释"四诗"名义》,《梁启超全集:中国近三百年学术史》,北京:北京出版社,1999 年,第 4387 页;朱东润:《诗大小雅说臆》,收《诗三百篇探故》,上海:上海古籍出版社,1981 年,第 47—71 页;孙作云:《说雅》,收《诗经与周代社会研究》,北京:中华书局,1966 年,第 332—342 页;高亨:《诗经今注》,上海:上海古籍出版社,1980 年,第 4 页。
⑥ 荆门市博物馆编:《郭店楚墓竹简》,第 129 页;马承源编:《上海博物馆藏战国楚竹书》第一册,第 127、129、178、194 页。

　　在赋、比、兴“三用”方面，关于比、兴的讨论远多于赋，特别是兴最为聚讼纷纭。讨论的范围从这三个范畴在《诗经》中的运用，一直到后代诗歌和诗论的发展。由于赋、比、兴在后代诗歌和诗论中的发展超出“六诗—六义”循环的范围，本章将集中于与《诗经》作品相关的讨论。在这方面，现代学者运用各种理论，开辟出众多新的诠释途径，提出大量有价值的新观点。以下将大致从四个层面总结这些研究成果。

　　在第一个层面，赋、比、兴被解释为三种修辞模式、表达方法、结构技巧或思维方式。朱自清推断：“《毛传》‘兴也’的‘兴’有两个意义，一是发端，一是譬喻；这两个意义合在一块儿才是‘兴’。”[1]傅庚生释比为联想，诗人借之以构造浅切明白的隐喻，兴为分想（独立想象），诗人借之以构造意味深长的意象。[2] 松本雅明将兴定义为自然物象和人类生活现象的结合。[3] 刘若愚（James J. Y. Liu）将赋、比、兴释为三种表达模式：赋是叙述的、描写的模式，比是比较的、类似的模式，兴是联想的模式。[4] 周英雄（Ying-hsiung Chou）提出兴涉及一种双重的修辞作用，表面上它只是一种转喻，但在深层却体现出将自然世界与人类社会并置的隐喻联系。[5]李德瑞（Dore J. Levy）将赋译为陈述（enumeration），

---

① 朱自清：《诗言志辨》，第 51 页。
② 傅庚生：《赋比兴间诂》，收中国人民大学古代文论资料编选组：《中国古代文论研究论文集》，上海：上海古籍出版社，1989 年，第 150—161 页。
③ ［日］松本雅明：《诗经诸篇の成立に关する研究》，东京：东洋文库，1958 年，第 35—42 页。
④ James J. Y. Liu, *Chinese Theories of Literature*, Chicago: University of Chicago Press, 1975, p. 64, p. 109.
⑤ Ying-hsiung Chou, "The Linguistic and Mythical Structure of Hsing as a Combinational Model," in *Chinese-Western Comparative Literature Theory and Strategy*, ed. John J. Deeney, Hong Kong: The Chinese University Press, 1980, pp. 76 - 77.

代表一种创造诗歌次序的结构技巧。①

在第二个层面,赋比兴"三用",特别是比和兴,或仅是兴,被看成是本体的、普遍的诗歌创作原则,这一原则以"触发—反应"为基本模式,其理论根基是宇宙所有现象有机统一、相互关联的中国传统世界观。宗白华断言:"'兴'是构成诗之所以为诗的根基和核心。""'兴'是指的发动诗人情感思想的形象,和诗人对于这形象的反应。"②徐复观将比和兴相比较:"比是由感情反省中浮出的理智所安排的,使主题与客观事物发生关连的自然结果";兴则相反,未经过任何安排经营,而是作者胸中所蕴蓄的感情,偶然由于某种事物的触发而浮现,故兴和主题的关系,是"先后相生"的,"先有了内蕴的感情,然后才能为外物所触发;先有了外物的触发,然后才能引出内蕴的感情"。③ 叶嘉莹的看法与徐复观相近,她指出比和兴的区别在于:首先,兴的作用大多是物的触引在先,而心的情意之感发在后;而比的作用,则大多是已有心的情意在先,而借比为物来表达则在后;其次,兴的感发大多由于感性的直觉触引,不必有理性的思索安排,而比的感发则大多含有理性的思索安排。④ 胡晓明亦认为,兴是人心与自然物之间的一种感发,此种感发或感应,即兴与比相区分之本义。⑤ 基于对诠释传统的全面审察,余宝琳(Pauline Yu)指出比、兴比赋在本质上更具诗性,因为根据宇宙现象相互关联的中国传统观念,比、兴体现了在诗

① Dore J. Levy, "Constructing Sequences: Another Look at the Principle of Fu 'Enumeration'," *Harvard Journal of Asiatic Studies* 46.2 (1986): 477-480.
② 宗白华:《中国美学史专题研究:〈诗经〉与中国古代诗说简论》,收《宗白华全集》第三卷,合肥:安徽教育出版社,1994年,第490—492页。
③ 徐复观:《中国文学论集》,台北:台湾学生书局,1980年,第99—103页。
④ 叶嘉莹:《迦陵论诗丛稿》,北京:中华书局,1984年,第333—342页。
⑤ 胡晓明:《中国诗学之精神》,南昌:江西人民出版社,1990年,第4—12页。

歌中诠释自我与世界关系的早期尝试,故它们(特别是兴)是一种并置而不是替代。① 在奚密(Michelle Yeh)看来,比是两种事物或范畴之间的比较,肯定了事物和范畴之间的本体联系和兼容,体现了内在和谐、有机统一的中国传统世界观。② 朱利安(François Jullien)指出《毛传》标兴的诗篇,往往通过开端的形象引发自然实况,然后发展出人类生活的主题,这种触发手法产生出远超语词的含蓄意味。③ 宇文所安(Stephen Owen)提出,兴作为一种意象,其主要功用不是指示意义,而是引发某种特殊的情感或心绪;兴象并不"表示"情绪,而是"产生"它。④ 戴卫群引入谓语关系的概念来区别比和兴:在比或隐喻中,谓语发挥句法的功用;在兴象和诗旨之间却缺少联接环节,因为兴先出现于脑海中,既未经刻意搜寻,也未被意识化。⑤ 顾明栋质疑戴的方法和结论,并提出另一观点:"比是一种静态的、单一的隐喻,而兴则是一种动态的、整体的、完整化的隐喻";赋比兴三位一体,"构成诗歌创作的完整理论,分别代表在将诗歌深化过程中三个相互交织重迭的阶段"。⑥ 夏含

① Pauline Yu, "Metaphor and Chinese Poetry," *Chinese Literature: Essays, Articles, Reviews* 3 (1981): 216; *The Readings of Imagery in the Chinese Poetic Tradition*, Princeton: Princeton University Press, 1987, pp. 60 - 61, p. 112.

② Michelle Yeh, "Metaphor and Bi: Western and Chinese Poetics," *Comparative Literature* 39 (1987): 252.

③ François Jullien, *La valeur allusive. Des catégories originales de l'interprétation poétique dans la tradition chinoise* (*Contribution à une rèflexion sur l'altèritè interculturelle*), publications de l'Ecole Française d'Extrême-Orient, volume 144, Paris: Ecole Française d'Extrême-Orient, 1985, pp. 57 - 88; *Detour and Access: Strategies of Meaning in China and Greece*, New York: Zone Books, 2000, pp. 55 - 73.

④ Stephen Owen, *Readings in Chinese Literary Thought*, Cambridge, MA: Harvard University Press, 1992, p. 46.

⑤ Wei-qun Dai, "Xing Again: A Formal Re-investigation", *Chinese Literature: Essays, Articles, Reviews* 13 (1991): 6 - 12.

⑥ Ming Dong Gu, "Fu-bi-xing: A Metatheory of Poetry-Making," *Chinese Literature: Essays, Articles, Reviews* 19 (1997): 1 - 22.

夷（Edward L. Shaughnessy）则将兴看成是西周时期万物相互关联理论的一种表达。[1]

在第三个层面，研究者将《诗经》中兴的成分解释成一套蕴含着丰富历史文化积淀的原型母题、意象、图腾符号或套语。顾颉刚把《诗经》中的兴句与现代民歌相比较，从而发现这些兴句都是无意义的套语，只不过起押韵和开端的作用。[2] 葛兰言（Marcel Granet）也断言兴的意象是一些现成的母题和套语，用来构成陈陈相袭的景象。[3] 闻一多注意到一个有趣的现象，即在《诗经》及其后的诗和民歌中，鱼是匹偶或情侣的隐语，而打鱼钓鱼则是求偶的隐语。[4] 松本雅明相信兴的意象经历过一个从描写自然事物向陈熟套语的转化过程。[5] 白川静则恰恰相反，他认为兴从陈熟套语逐渐演化成为自然意象。[6] 陈世骧将兴解释为"母题"，指出《诗经》中的兴句皆来自一个古老而又普遍的共同惯例之源。[7] 王靖献运用帕利-劳德理论（Parry-Lord Theory）分析《诗经》中的诗篇，进一步宣称兴是一种主题创作的技巧，诗人运用各种现成的套

[1] Edward L. Shaughnessy, "Western Zhou History", *The Cambridge History of Ancient China: From the Origins of Civilization to 221 B.C.*, ed. Michael Loewe and Shaughnessy, Cambridge: Cambridge University Press, 1999, p. 336.
[2] 顾颉刚：《起兴》，收《古史辨》卷三，1931；重印，香港：太平书局，1963年，第672—677页。钱锺书也表达过类似的观点，见其《管锥编》第一册，北京：中华书局，1979年，第62—65页。
[3] Marcel Granet, *Festivals and Songs of Ancient China*, trans. E. D. Edwards, London: George Routledge, 1932, p. 86.
[4] 闻一多：《说鱼》，收《闻一多全集》第三册，武汉：湖北人民出版社，1993年，第231—252页。
[5] ［日］松本雅明：《诗经诸篇の成立に关する研究》，第366—367页。
[6] ［日］白川静：《诗经》，收《白川静全集》第九册，第203页；《兴の研究》，同前，第567—572页。
[7] Shih-hsiang Chen, "The Shih-ching: Its Generic Significance in Chinese Literary History and Poetics," p. 20.

语来构成诗歌的主题意象。① 赤冢忠力辨兴并不是一种作诗方法，而是上古的一种思维模式，故《诗经》中兴的意象都具有固定的含义。② 赵沛霖将《诗经》中一些基本的兴象称为"原始兴象"，包括鸟类兴象、鱼类兴象、树木兴象、虚拟动物兴象等，并将其起源追溯至原始宗教的信仰、情感和思维方式。③ 傅道彬和刘怀荣则进一步阐发赋比兴特别是兴作为中国艺术、诗歌原型的意蕴。④

第四个层面的研究涉及阅读和诠释《诗经》作品的方法。众所周知，传统儒家对《诗经》的政治伦理诠释被称为"比兴说诗"，是一种比喻附会的方法。虽然这种诠释方法从一开始就受到现代学者的激烈批评，⑤但是一些学者细心地注意到这种诠释方法的形成有其复杂的背景，从而给予一定的认可。葛兰言指出，这种方法显现出中国诗歌构造的一种基本法则，即对称和模拟的运用。⑥ 通过与西方隐喻理论相比较，余宝琳发现这种伦理、时事的阅读方法代表了中国传统的并置和模

---

① C. H. Wang, *The Bell and the Drum: Shih Ching as Formulaic Poetry in an Oral Tradition*，Berkeley and Los Angeles：University of California Press，1974，p. 102，pp. 127 - 128.
② ［日］赤冢忠：《诗经研究》，东京：研文社，1986年，第369—452页。
③ 赵沛霖：《兴的源起：历史积淀与诗歌艺术》，北京：社会科学出版社，1987年，第1—11页。
④ 傅道彬：《中国生殖崇拜文化论》，武汉：湖北人民出版社，1988年，第286页；刘怀荣：《中国古典诗学原型研究》，台北：文津出版社，1996年。
⑤ 早期的批评见理雅各：James Legge, "Prolegomena," *The She King*，vol. 4 of *The Chinese Classics*，1871；rpt.，Taipei：SMC Publishing，1994，p. 29；Herbert A. Giles, *A History of Chinese Literature*，New York：Appleton-Century，1928，pp. 12 - 14；Marcel Granet, *Festivals and Songs of Ancient China*，London：George Routledge & Sons，1932，p. 27；郑振铎：《读毛诗序》，收《古史辨》卷三，第382—402页；何定生：《关于诗的起兴》，同前，第698页。
⑥ Marcel Granet, *Festivals and Songs of Ancient China*，London：George Routledge & Sons，1932，p. 6.

拟的思维方式。^① 施炳华在细致分析《毛诗》中所有标兴的诗篇的基础上,推论毛公标兴的目的是强调诗的教化作用,揭示诗中所隐藏的政治伦理意思,并不是为了标举作诗方法。^② 王念恩将赋、比、兴理解为不同的读诗方式:赋是文字阅读,比和兴是比喻寄托式的阅读。^③ 苏源熙认为赋、比、兴是《诗经》注疏家们的诠释工具,故运用赋、比、兴对诗篇进行解读,总是引向对正统观念的确认。^④

六诗和六义间的现代"诠释循环"可谓硕果累累。在六诗的极点,学者们有效地探索了诗歌分类与音乐分类的关系、诗歌与巫术的关系、周代的音乐教育、诗歌的运用和功能等重要问题。在六义的极点,学者们广泛深入地讨论了赋、比、兴的各种可能含义,诸如修辞方法、作诗技巧、表达模式、普遍法则、现成套语,以及阅读和诠释的方式。虽然这些研究未必如一些研究者所预期的那样,揭示出此六个范畴的本义,但他们持续不断地带出新的见解和观念,丰富深化了这一历史悠久的诠释传统。

三、"诠释循环"的消解和新视界的提出

现代诠释者的突出成就固然不容忽视,但同时我们也应看到,面对

① Yu Ying-Shih, *The Reading of Imagery in the Chinese Poetic Tradition*, pp. 67 – 68, pp. 76 – 79, p. 217. 在评论余著时,缪文杰(Ronald C. Miao)也肯定:"从《诗》中找出寓意的阅读方法是有凭据的。"见其 "Review on *The Reading of Imagery in the Chinese Poetic Tradition*," *Harvard Journal of Asiatic Studies* 51.2 (1991):731.
② 施炳华:《毛诗赋比兴较论》,《成功大学学报》24(1989):79。
③ Wang Nian En, "Fu, Bi, Xing, the Stratification of Meaning in Chinese Theories of Interpretation," p. 118.
④ Haun Saussy, *The Problem of A Chinese Aesthetic*, Stanford: Stanford University Press, 1993, pp. 129 – 147.

新出土的大量早期资料，以及全球化高度发展的信息技术，消解这个持续了一个世纪的六诗—六义"诠释循环"，寻找和发现新的、更合适的诠释视界，已经是势在必行。否则我们将难免陷入恶性循环的死胡同，在原地打圈子，提不出新的、突破性的诠释见解。

许多学者已经指出，新出土的战国楚简《孔子诗论》与《毛诗》大小序有着十分密切的关系。与大序一样，《诗论》也强调志和情，提出"诗亡隐志，乐亡隐情，文亡隐意"的明确论点。[①] 与小序一样，《诗论》从诗中寻找伦理政治的题旨和作者情志，虽然它不像小序那样总是将特定的历史人物和事件附会于诗。[②] 其他一些新出土战国儒学文本也大量地引诗用诗。由于汉晋时代的记录皆将《毛诗》的承传追溯至子夏，一些学者推测《诗论》应出自子夏之手。[③] 这一推测尚需要更进一步的有力论证，但是从孔子到子夏或其他弟子并一直下传到毛亨的《诗经》诠释传统，应是可信的。

另一方面，20 世纪 70 年代以来，大量战国至汉初简帛佚籍的出土，有力地挑战了疑古思潮。原来受到怀疑的先秦古籍，如《左传》《战国策》《文子》《鹖冠子》《孙子兵法》《尉缭子》《六韬》、荀子和宋玉等人的赋等，现在都可以比较肯定地确知至迟战国时已经出现或出现主体内容。[④] 同样，虽然号称"三礼"的《周礼》《仪礼》和《礼记》自古以来聚讼

---

① 根据李学勤的释文，见其《谈诗论诗亡隐志章》，《文艺研究》2(2002)：31—32；《诗论的体裁和作者》，收朱渊清、廖名春编：《上博馆藏战国楚竹书研究》，上海：上海书店，2002 年，第 51—52 页。

② 参见王小盾、马银琴：《从诗论与诗序的关系看诗论的性质与功能》，《文艺研究》2(2002)：45—48；江林昌：《上博竹简诗论的作者及其与今本毛诗序的关系》，《文学遗产》2(2002)：7—15。

③ 李学勤：《诗论的体裁和作者》，第 1—57 页；江林昌：《上博竹简诗论的作者及其与今本毛诗序的关系》，《文学遗产》2(2002)：4—7。

④ 参见李学勤：《简帛佚籍与学术史》，南昌：江西教育出版社，2001 年，第 3—14 页。

纷纭,但是如同本书"导论"已经详细引述,由于大量考古和考证成果的有力证明,目前学界关于三礼作为先秦文本的基本可靠性已经大致趋向一致。

这些新的资料和讨论可以帮助我们落实《诗经·大序》的时间和性质,将其确认为一个对《诗经》《周礼》等早期文本进行诠释的后出文本。因此,六诗和六义显然不是处于同一时间和观念层面的概念。六诗是原始的周代诗歌分类,而六义是汉代对于六诗的理解和诠释。现代诠释学中的诠释循环理论,强调文本的整体需要通过其部分才能得到理解,而对于部分的理解需要通过对整体的把握才能实现。[1] 由于六诗和六义之间并不存在整体和部分的关系,因此,六诗和六义的现代"诠释循环"实际上是虚假的,应该加以消解。消解的结果将使我们认识到,我们不能因为寻找赋比兴的诗篇有困难,就忽略六诗的存在或将六诗与六义等同,或简单地宣布"这些范畴的意义,只不过是世世代代的批评家在不同背景下从不同层面得出的结论的总和"。消解这一持续已久的"诠释循环",还将打开我们的眼界,发现一些此前被忽略的研究领域和课题。例如,在从西周至汉代的漫长历史时期里,赋、比、兴三词的语义经历了很大的演变和延伸,细致深入地探讨这一演变过程,有可能揭示出这三个范畴是如何从诗歌体式逐步演变为诗歌技巧的。

这样一来,我们将面对三个不同的诠释视界:其一为历史的视界,六诗分类和《周礼》《诗经》的文本即处于这一视界之中;其二为从战国至汉初的儒学诗学并延续至20世纪的漫长诠释传统的视界;其三为我们质疑历史文本和诠释传统中的问题时所产生的新视界。传统训诂学与现代跨学科的诠释学的结合将是获取这一新视界的有效工具。一方

---

[1] Peter Szondi, *On Textual Understanding and Other Essays*, trans. Harvey Mendelsohn, Minneapolis: University of Minnesota Press, 1986, pp. 3-22.

面,由于汉字是携带着丰富文化和观念信息的符号,对于风、赋、比、兴、雅、颂这六个范畴的诠释不能不建立在彻底研究这六个汉字的字源和语义发展的基础上。另一方面,在周代,独立的诗歌或诗歌理论并不存在,所有体类的诗篇皆与礼仪的表演紧密联系在一起,因此,有关六诗分类的探索必须包括对于六诗与礼仪表演的关系的研究。例如,众所周知,《诗经》中的颂诗和部分雅诗原本是祭祀仪式上表演的祷祝一类歌辞。然而,由于周代礼仪名目繁多,我们还需要进一步细分与特定诗歌形式的表演相关联的特定仪式。白川静将兴与某一祭礼相联系的尝试是一个很好的开端,但可惜他未能充分地论证其假说。为了重建六诗在周礼中的表演活动,我们需要竭泽而渔,搜集一切可能的证据,包括历史文献,传世和出土礼器如青铜器、乐器等,以及其他出土实物和文本。此外,由于周代礼乐文化无所不包,涉及宗教、政治、伦理、经济、军事、文学、艺术等,有关六诗和礼乐关系的研究不能不采用跨学科的综合诠释方法。这一结合训诂学和多学科综合诠释方法的新视界,或许可以称为"语文诠释学"(philological hermeneutics)或新语文学。①

　　从这一点我们可以进入三个真正的诠释循环。首先是六诗与《周礼》《诗经》等早期文本之间的诠释循环。古老的诠释学原则告诉我们,语词(部分)只有置于文本(整体)中才能被理解,而被理解的语词反过

---

① 斯从狄(Peter Szondi)倡导语文诠释学,指出语文证据和语文理解相互依赖,体现一种诠释循环;见其 *On Textual Understanding and Other Essays*, pp. 3 - 22。潘德荣从改革传统训诂学的角度,提出"训诂学的诠释化,将传统的训诂学改造成为诠释化的训诂学,或可称之为训诂诠释学";见其《诠释学导论》,台北:五南图书出版公司,1999 年,第 221 页。景海峰也提出结合训诂学、诠释学和哲学研究的方法;见其《从训诂学走向诠释学:中国哲学经典诠释方法的现代转化》,《天津社会科学》5(2004):4—7。虽然他们所论述的角度和内容与本章不同,但所指向的目标却是相近的。语文诠释学与强调通过考证和诠释原始文献而全面探讨其社会历史背景和语言文化意义的新语文学在方法上实际上是相通的(关于新语文学,参看本书"导论")。

来又深化对文本整体的理解,由此而构成一个良性的诠释循环。要理解六诗分类,我们就必须认识《周礼》《诗经》等文本的整体内容,而对于六诗的诠释也将加深我们对这些文本的了解。其次是《周礼》《诗经》等文本与周代礼乐文化这一历史语境之间的诠释循环。不论是《周礼》中所记述的政府结构及各种官员的礼仪责任,还是《诗经》中诗篇的礼仪表演性质,都是周代礼乐文化的构成部分,因此,我们还必须从这一大背景(整体)往复深入地检查这些记录和诗篇(部分)。汉代杰出的经学家郑玄等人,实际上已经不自觉地在一定程度上运用了这两种诠释循环的方法,这也正是他们的诠释成果历久不衰、具有永久价值的重要原因。第三个诠释循环是我们作为诠释主体的理解(部分)与历史的大诠释传统(整体)之间的循环,在其中我们将与文本、历史文化背景、儒学注疏传统、诗歌理论传统及现代诠释传统等反复对话。虽然此三个诠释循环发生于不同的层面上,它们并不是分离的,而是紧密关联、相互交织的,通过这种交互作用,我们将能有效地带出新的诠释成果。

本书第九章和第十章即尝试运用这一综合方法,对兴和赋分别作出新的解释,论证二者原本皆为诗体,并皆起源于礼乐仪式;其后从春秋末至汉代的儒学诗学,逐渐将兴和赋诠释为学诗方法、用诗方法和作诗方法等。如同本书导论所指出,如果我们充分利用目前先进的信息工具来实践语文诠释学/新语文学的跨学科方法,就有可能以竭泽而渔的态度搜查整理一切相关资料,对六诗及其他重要的观念和范畴作出新的诠释,使文本的、历史的视界与我们的理解视界达到较完美的融合。

第九章

兴及兴诗探源*

一、引言

如前章所述,《周礼》记载了"六诗"这一术语,但并未给予详细解释,从而使之成为千古之谜。后代解说纷纭,但迄今未有令人满意的结论。本章旨在运用多学科综合分析的诠释方法,重新审视《周礼》这一记载,肯定六诗皆体说,探讨兴诗存在的可能性,以及兴的诗学观念的形成。

以往论证六诗皆体说不能成功的主要原因,是由于无法找到赋、比、兴的诗篇,只能简单地以孔子删诗为理由。所以如果我们要重新论证六诗皆体,首要之务就是找出赋、比、兴三体之诗。郑玄认为赋、比、兴三类诗在《诗经》编集时被合并入《风》《雅》《颂》中;①此说后来得到

---

* 本章于 2002 年 12 月发表于澳门大学举办的"古典诗歌国际研讨会",也是 2003 年 5 月发表于耶鲁大学举办的"Poetic Thought and Hermeneutics Conference"的论文的一部分。其后正式发表为:《兴及兴诗探源》,《中华文史论丛》82(2006):181—199。

① 孔颖达引《郑志》云:"张逸问:'何诗近于《比》《赋》《兴》?'[郑玄]答曰:'《比》《赋》《兴》,吴札观诗已不歌也。孔子录诗,已合《风》《雅》《颂》中,难复摘别'。"见《毛诗正义》卷一,《十三经注疏整理本》,第 15a 页。

贾公彦的赞同。① 这一推测是有道理和根据的,《诗经》的《风》《雅》《颂》三大部分中,完全有可能合并了许多不同小类的诗篇和乐曲。例如,《颂》分周、鲁、商,《雅》有大小之分,十五国风中的《二南》,历来有不少学者认为应另属一类。《左传》引诗,曾将《武》和《颂》对举:"武王克商,作《颂》曰:'载戢干戈,载櫜弓矢。我求懿德,肆于时夏,允王保之。'又作《武》,其卒章曰:'耆定尔功。'其三曰:'铺时绎思,我徂维求定。'其六曰:'绥万邦,屡丰年。'"②《尚书·益稷》记:"《箫韶》九成,凤皇来仪。"③九成乐舞应伴随九首诗篇,《周礼·春官·大宗伯》和《庄子》也都有《九韶》的记载。④《论语》中反复赞美《韶》乐,并与《武》乐相提并论:"子谓《韶》,'尽美矣,又尽善也。'谓《武》,'尽美矣,未尽善也'。"⑤"子在齐闻《韶》,三月不知肉味。曰:'不图为乐之至于斯也。'"⑥"颜渊问为邦。子曰:'行夏之时,乘殷之辂,服周之冕,乐则《韶》《舞(武)》。'"⑦《荀子·乐论》亦云:"舞《韶》歌《武》,使人之心庄。"⑧《周礼·春官·大宗伯》记:

> 以乐舞教国子舞《云门》《大卷》《大咸》《大韶》《大夏》《大濩》《大武》。⑨

---

① 贾公彦云:"诗上下唯有风、雅、颂是诗之名也,但就三者之中有比、赋、兴,故总谓之六诗也。"见《周礼注疏》卷二十三,《十三经注疏整理本》,第718a页。
② 《春秋左传正义》卷二十三,《十三经注疏整理本》,宣公十二年,第750b—752a页。
③ 《尚书正义》卷五,《十三经注疏整理本》,第152a页。
④ 《周礼注疏》卷二十二,第682b—686a页;郭庆藩:《庄子集释》卷六下,《至乐》,第621页;卷七下,《达生》,第665页。
⑤ 《论语·八佾》,3.25。
⑥ 《论语·述而》,7.14。
⑦ 《论语·卫灵公》,15.11。
⑧ 王先谦:《荀子集解》卷十四,第381页。
⑨ 《周礼注疏》卷二十二,第677a页。

舞《云门》，以祀天神。乃奏大蔟，歌应钟，舞《咸池》，以祭地
示。乃奏姑洗，歌南吕，舞《大韶》，以祀四望。乃奏蕤宾，歌函钟，
舞《大夏》，以祭山川。乃奏夷则，歌小吕，舞《大濩》，以享先妣。乃
奏无射，歌夹钟，舞《大武》，以享先祖。①

《礼记·乐记》云："《大章》，章之也。《咸池》，备矣。《韶》，继也。
《夏》，大也。殷周之乐，尽矣。"②《庄子·天下》云："黄帝有《咸池》，尧
有《大章》，舜有《大韶》，禹有《大夏》，汤有《大濩》，文王有辟雍之乐，武
王、周公作《武》。"③《荀子·大略》云："和乐之声，步中《武》《象》，趋中
《韶》《护》。"④同书《正论》云："步中《武》《象》，趋中《韶》《护》。"⑤《礼
记·内则》记："十有三年，学乐诵诗，舞《勺》。成童，舞《象》，学射御。
二十而冠，始学礼，可以衣裘帛，舞《大夏》。"⑥《礼记·祭统》记："夫大
尝禘，升歌《清庙》，下而管《象》，朱干玉戚以舞《大武》，八佾以舞《大
夏》，此天子之乐也。"上引共述及《颂》《大夏》《武/大武》《勺/酌》《韶/箫
韶/九韶》《象》《咸池/大咸》《护/大濩》《大章/大卷》《云门》等十类乐
舞，⑦周代未必皆实际流行，所谓六代归属也未必皆可信。但前面六类
大致可确知是周代流行的乐舞：《颂》是《诗经》的重要体类；《大夏》即
《大雅》，也是《诗经》体类；《武》为《大武》乐章，本是独立的乐舞和组诗，
共有六成，其中可能包括《勺/酌》，其诗收于《诗经·周颂》；孔子亲耳欣

① 《周礼注疏》卷二十二，第 682b—686a 页。
② 《礼记正义》卷三十八，《十三经注疏整理本》，第 1282b 页。
③ 《庄子集释》卷十下，第 1074 页。
④ 《荀子集解》卷十九，第 495 页。
⑤ 《荀子集解》卷十二，第 335 页。
⑥ 《礼记正义》卷二十八，第 1013a 页。
⑦ 参看郑玄和贾公彦的注释，《周礼注疏》卷二十二，第 677a—679a 页；孙诒让：《周
　礼正义》卷四十二，北京：中华书局，1987 年，第 1725—1731 页。

赏过《韶》乐,与之相配的诗篇,也可能收于《诗经》某类;《象》的乐舞见于西周青铜器《匡卣铭》:"唯四月初吉甲午,懿王在射卢,作《象》舞。匡甫《象》乐二,王曰:'休。'"①《史记·孔子世家》载:"三百五篇,孔子皆弦歌之,以求合《韶》《武》《雅》《颂》之音。"②此将《韶》《武》《雅》《颂》四种乐曲并列为弦歌《诗经》三百五篇诗的音乐类别,则《韶》《武》本来应和《雅》《颂》一样,也是《诗经》的诗歌类别。

周代尚未有独立的诗歌和诗论,各种诗歌形态皆与礼仪的表演和运用紧密地联系在一起,故探索六诗本义离不开礼乐文化的背景。而周代礼制又是一个无所不包的大体系,因此关于诗歌与礼乐关系的探讨,我们需要采用跨学科综合分析的方法,将文学、史学、哲学、文化学、训诂学、考古学等打成一片,竭泽而渔,搜集利用一切相关的原始数据。此外,如同第八章所述,我们同时还应参考梳理历代《诗经》注疏传统、诗歌理论传统及现代诠释传统。本章即采用这一综合的诠释方法,从礼乐文化的大背景出发,重新探讨兴字的初义和延伸义,兴诗存在的可能性,以及兴的诗学观念的逐渐形成。

二、兴字初义及兴诗

探讨兴字初义,章炳麟的研究是一个很好的出发点。章氏释兴为廞,即以兴为廞的假借字。但细检文献,则恰好相反,廞与另一字淫被用为兴的假借字。《周礼·春官·大师》载:"大丧,帅瞽而廞,作匩谥。"郑玄注云:"廞,兴也,兴言王之行,谓讽诵其治功之诗。故书廞为淫,郑

---

① 中国社会科学院考古研究所编:《殷周金文集成》,北京:中华书局,1984—1994年,第 5423 号。
② 司马迁:《史记》卷四十七,北京:中华书局,1975 年,第 1936 页。

司农云：'淫，陈也。陈其生时行迹，为作谥。'"①可知廞又写作淫，郑众（？—83）训为陈，郑玄训为兴。按廞（hjəm）和淫（rəm）同属上古侵部，二字自可通假。兴（hjəng）属上古蒸部，蒸、侵韵尾不同，但主要元音相同，此两部常通押，音韵学中称为"蒸侵旁转"，《诗经》中多有其例；而且兴和廞同属晓母，介音相同，乃一声之转，如《尔雅·释诂下》云："廞、熙，兴也。"②陈（drjin）属上古真部，真与蒸、侵的韵尾不同，元音相近但不同，极少相押。③ 故当以郑玄所释为是，廞、淫、兴三字通假。

郑玄将兴释为举行丧礼时讽诵王治功之诗，《周礼》中的其他记载可佐证其说。《春官·瞽矇》载："讽诵诗，世奠系，鼓琴瑟。"郑玄注云：

> 故书奠或为帝……杜子春云："帝读为定，其字为奠，书亦或为奠。世奠系，谓帝系，诸侯卿大夫世本之属是也。小史主次序先王之世，昭穆之系，述其德行。瞽矇主诵诗，并诵世系，以戒劝人君也。故《国语》曰：教之世，而为之昭明德而废幽昏焉，以休惧其动。"玄谓讽诵诗，主谓廞作枢谥时也，讽诵王治功之诗，以为谥；世之而定其系，谓书于世本也。虽不歌，犹鼓琴瑟，以播其音，美之。

贾公彦疏："讽诵诗，谓于王丧将葬之时，则使此瞽矇讽诵王治功之诗，观其行以作谥，葬后当呼之。云'世奠系'者，奠，定也。谓辨其昭穆，以世之序而定其系。系，即帝系、世本是也。'鼓琴瑟'者，诗与世本

---

① 《周礼注疏》卷二十三，第 721b—722a 页。
② 郭璞（276—324）、邢昺（932—1010）：《尔雅注疏》卷一，收《十三经注疏整理本》，第 51 页。
③ 诸字拟音参李方桂：《上古音研究》，北京：商务印书馆，1980 年，第 39—40、45、66—67 页。

二者,虽不歌咏,犹鼓琴瑟而合之,以美之也。"①《春官·小师》又载:"大丧,与廞。"郑玄注:"从大师。"②又《春官·小史》载:"小史掌邦国之志,奠系世,辨昭穆。"郑玄注:"郑司农云:'……系世,谓帝系、世本之属是也。小史主定之,瞽矇讽诵之……'故书奠为帝,杜子春云:'帝当为奠,奠读为定,书帝亦或为奠。'"③《荀子·礼论篇》云:"故丧礼者,无它焉,明死生之义,送以哀敬而终周藏也。故葬埋,敬藏其形也;祭祀,敬事其神也。其铭、诔、系、世,敬传其名也。"④此可佐证讽诵世系确与丧礼相关;而且讽诵时和治功之诗一样,都是鼓琴瑟以和之,则世系似乎原本亦是诗的一种。⑤ 综合以上诸条记载和注疏,可知大师在大丧时,率领小师和瞽矇讽诵有关王的治功之诗和世系,并播之琴瑟,以音乐相和。这种礼仪活动称为廞/兴,则此类诗固亦可称为兴诗。

前举《周礼》本章及注释所列廞、淫、兴三个通假字,哪一个是本字?我认为郑玄的解释较为有理,应以兴为本字。殷卜辞兴字有多种用义,其中之一为祭名,所祭为先公先妣,如"兴祖庚""兴妣戊""兴子庚""兴母庚"。⑥ 兴字初构㗊,中间为一长方形而有四柄的物体,周围为四只手。⑦《说文解字》称:"兴,起也,从舁从同,同力也。"⑧许慎此说未确,

① 《周礼注疏》卷二十三,第 725a—725b 页。
② 《周礼注疏》卷二十三,第 724b 页。
③ 《周礼注疏》卷二十三,第 821a 页。
④ 《荀子集解》卷十三,第 371 页。
⑤ 《大戴礼记》收《帝系》,记黄帝至禹的世系,为散体文,应是战国至汉初人所编造;见王聘珍注,《大戴礼记解诂》卷七,第 126—130。《汉书·艺文志·春秋类》录"《世本》十五篇",原注云"古史官记黄帝以来讫春秋时诸侯大夫";见班固,《汉书》卷三十,北京:中华书局,1962 年,第 1714 页。后代学者辑佚成书,但皆为散体文;见《世本八种》,上海:商务印书馆,1957 年。此类散体文的世本为史官所记,应与礼官在举行丧礼时所颂配合音乐的世系不同。
⑥ 于省吾、姚孝遂主编:《甲骨文字诂林》,北京:中华书局,1996 年,第 2852 页。
⑦ 中国社会科学院考古研究所:《甲骨文编》,北京:中华书局,1965 年,第 105 页。
⑧ 许慎:《说文解字》,第 59 页。

商承祚(1902—1991)、唐兰(1901—1979)、李孝定、姚孝遂等皆据甲骨文兴字构形而批驳之。[①] 商承祚解为"象四手各执盘之一角而兴起之。"[②]杨树达反驳之曰:"盖盘之为物,轻而易举,不劳众手舁之。古人造字,用意大都精切,不应不协事实如此。"并从叶玉森之说,解为众手举船帆之形。[③] 但以盘或帆释兴字中间部分似仍未妥。姚孝遂指出,兴字中间部分之构形与安阳1001号大墓中所发现的三个长方形舆的遗迹十分相似。[④] 安阳考古报告称,此三舆形状如床,两端各出二柄,总长2.3米,舆长1.7米,连两端柄长2.3米,宽0.6米,"据其形制结构推测,必为舁物之舝无疑。柄颇短(只0.3尺),是为肩扛之用"。[⑤]

　　姚孝遂对兴字构形的解释甚有理,循此可进一步作深层的探讨。此种舆,很可能即上古丧礼中作为明器用的遣车。《周礼·春官·巾车》载:"大丧,饰遣车,遂廞之,行之。"郑玄注:"廞,兴也,谓陈驾之;行之,使人以次举之以如墓也。"又云:"天子……遣车九乘。"其他人等则依次递减。贾公彦疏:"遣车,谓将葬遣送之车,入圹者也。言饰者,还以金象革饰之,如生存之车,但粗小为之耳。"[⑥]可知遣车形制比实际的舆车小,举行丧礼时由人抬举如墓,并埋于圹中。遣车在丧礼中是十分重要的一个环节。根据《仪礼》《周礼》《礼记》所载,在举行大丧(即王、

---

① 《甲骨文字诂林》,第2851—2853页。
② 商承祚:《殷契佚存》,北京:北京图书馆出版社,2000年,第62页。彭锋采用此说,并进一步解说为"带有宗教色彩的歌舞活动中的托盘而舞";见其《诗可以兴:古代宗教、伦理、哲学与艺术的美学阐释》,合肥:安徽教育出版社,2003年,第52—67页。孙定辉也发挥此说,认为兴字本义为族人用抬盘抬祭品祭祖,引申为各种祭祖仪式;而六诗之兴诗,是专用于祭祖的诗歌;见其《〈春官〉"六诗"之"兴"与〈诗经〉之"兴"诗》,《重庆师范大学学报》5(2013):5—16。
③ 杨树达:《积微居小学金石论丛》,北京:科学出版社,1955年,第90—91页。
④ 《甲骨文字诂林》,第2853页。
⑤ 梁思永、高去寻:《侯家庄第二本1001号大墓》,收李济编:《中国考古报告集》第三卷,台北:"中央研究院"历史语言研究所,1962年,第64—65页。
⑥ 《周礼注疏》卷二十七,第853a—853b页。

后之丧)之礼时,将灵柩运至祖庙,葬日举行大遣奠的仪式。仪式过程中,陈列遣车、苞牲、食器、乐器、兵器等明器。仪式结束后即出殡,将苞牲等明器装载于遣车之上,抬举赴圹。①《周礼·夏官·虎贲氏》载:"国有大故,则守王门,大丧亦如之。及葬,从遣车而哭。"郑玄注:"遣车,王之魂魄所冯依。"贾公彦释:"遣车者,将葬,盛所苞奠遣送者之车。其车内既皆有牲体,故云'王之魂魄所冯依'。"②由于遣车上装载了苞牲,故设想死去的王之魂魄依凭其上,由此可见遣车之重要性。《周礼》又载,大丧时诸多明器,由司裘"廞裘",司服"廞衣服",大司乐"廞乐器",司干"廞舞器",车仆"廞革车",司兵"廞五兵"等等;这些廞,郑众皆训为陈列之意,郑玄皆训为兴作之意。③ 按二郑所释似皆仅执一面,据上述大遣奠及殡葬之礼,廞/兴应包括了兴作、陈列、载于遣车、抬举赴圹等诸多仪式。

综上所考,可知遣车形制比实际的舆车为小,在举行大遣奠和殡葬之礼时,各种明器被装载于遣车之上,抬举如墓,埋于圹中。此既符合安阳大墓中所发现舆器的较小形制、用于抬物、肩扛抬举及埋于圹中等情况,又与兴字构形之众手举舆相合,则兴字初义当为众手兴举遣车,并进而引申指丧礼过程中兴作、陈列、装载、运送明器等各种仪节。此外,甲骨文和西周铭文中,兴字初文构形有时加一"口"形而成为🈂,④定

① 《仪礼注疏》卷三十七、三十八、四十一,《十三经注疏整理本》,第 808b—809a、839a—839b、906a—906b 页;《周礼注疏》卷二十、二十一、二十四、三十一,第 624b—625a 页、658b、738b、746b、968b—969a 页;《礼记正义》卷九,第 322b 页。详参陈公柔:《士丧礼、既夕礼中所记载的丧葬制度》,《考古学报》4(1956):67—84。
② 《周礼注疏》卷三十一,第 968b—69a 页。
③ 《周礼注疏》卷七、二十一、二十二、二十四、二十七、三十二,第 208b、658b、700a、746a、859a、989a 页。
④ 《甲骨文编》,第 105 页;容庚编:《金文编》,北京:中华书局,1985 年,第 166 页。

型后的兴字即由此构形隶定。这一增加成分或许象征主持丧礼者(即祝)所发出的兴举遣车的号令。① 如杨树达所说:"余谓像众手合举一物,初举时必令齐一,不容有先后之差,故必由一人发令众人同时并作。字从口者,盖以此。"②如前所述,天子之丧遣车九乘,则行礼过程中一人下令而众人同兴的场面当颇为壮观。

　　大遣奠中的另一个重要仪式,除了前考讽诵王之治功之诗和世系,还有读诔和作谥。《周礼·春官·大史》载:"大丧,执法以莅劝防。遣之日,读诔。"郑玄注:"遣谓祖庙之庭大奠,将行时也。人之道终于此。累其行而读之,大师又帅瞽廞之而作谥。"贾公彦疏:"遣谓大遣奠,故以遣谓祖庙之奠。云'人之道终于此'者,以其未葬已前,孝子不忍异于生,仍以生礼事之。至葬,送形而往,迎魂而反,则以鬼事之,故既葬之后当称谥,故诔生时之行而读之,此经诔即累也。云'大师又帅瞽廞之而作谥'者,按大师职,凡大丧,帅瞽而廞,作柩谥。'"③据前考,大师"帅瞽而廞"指讽诵王之治功之诗和世系。由此可知在举行大遣奠时,大史读诔,大师也在此时率小师和瞽蒙讽诵有关王的治功之诗和世系,并作谥。

　　此处可以进一步深究的是,大师、小师及瞽蒙所讽诵的治功之诗和世系,与大史所读之诔颇有相通之处。《周礼·春官·大祝》载:"作六辞,以通上下亲疏远近,一曰祠,二曰命,三曰诰,四曰会,五曰祷,六曰诔。"郑玄注引郑众语云:"诔谓积累生时德行,以锡之命,主为其辞也。"④《礼记·曾子问》载:"贱不诔贵,幼不诔长,礼也。唯天子称天以

_____

① 《周礼》所载祝职有丧祝,掌丧礼之事,见《周礼注疏》卷二十六,第 799—804 页。
② 杨树达:《积微居小学金石论丛》,第 90—91 页。
③ 《周礼注疏》卷二十六,第 819b 页。
④ 《周礼注疏》卷二十五,第 777a—777b 页。

诔之。"郑玄注:"《春秋公羊》说,以为读诔制谥于南郊,若云受之于天然。"①臣不能诔君,故先由大祝于南郊祭天,称天而制,然后再由大史在举行丧礼时宣读。②《礼记·檀弓》载:"鲁庄公及宋人战于乘丘,县贲父御,卜国为右。马惊,败绩。……县贲父曰:'他日不败绩,而今败绩,是无勇也。'遂死之。圉人浴马,有流矢在白肉。公曰:'非其罪也。'遂诔之。士之有诔,自此始也。"郑玄注:"诔其赴敌之功以为谥。"③诔的内容为"积累生时德行""赴敌之功",与"治功之诗"略同;制诔的目的为作谥,颂"治功之诗"与"作枢谥"的目标相同。《左传·哀公十六年》载:"夏,四月,己丑,孔丘卒。公诔之曰:'旻天不吊,不憖遗一老。俾屏余一人以在位,茕茕余在疚。呜呼哀哉!尼父,无自律。'"④王观国评曰:"《节南山》诗曰:'不吊昊天。'《十月之交》诗曰:'不憖遗一老,俾守我王。'《闵予小子》诗曰:'嬛嬛在疚。'然则鲁哀公诔孔子之辞,盖集诗辞而为诔辞耳。"⑤但此诔系韵文,⑥故与其诃责鲁哀公集《诗》句而成诔,不如说诔在先秦本为诗之一体。邓国光详细分析此诔,指出应出自鲁国宗祝之手,并袭用了大祝诔辞的格式。⑦则大祝诔辞与诗体原本无异。《墨子·鲁问》载:"鲁君之嬖人死,鲁君为之诔,鲁人因说而用

---

① 《礼记正义》卷十九,第 701b 页。
② 诔为大祝所掌"六辞"之一,详参邓国光:《〈周礼〉六辞初探》,《中华文史论丛》51(1993):137—140、153—158。
③ 《礼记正义》卷六,第 215b 页。
④ 《春秋左传注疏》卷六十,第 1945a—1945b 页。《礼记·檀弓》引为:"鲁哀公诔孔丘曰:'天不遗耆老,莫相予位焉。呜乎哀哉!尼父!'"见《礼记正义》卷八,第 292a 页。
⑤ 王观国(活动于 1140 前后):《学林》(《四库全书》本)卷二,《孔子诔》,第 8a—8b 页。
⑥ 吊(tiagwh),上古宵部;老(ləgwx),上古幽部;疚(kwjəgh),上古之部,至汉代并入幽部。幽部与宵部常合韵,《诗经》中不乏其例,故此诔吊、老、疚相押。诸字拟音参李方桂:《上古音研究》,第 36—39、40—42、63 页。
⑦ 邓国光:《〈周礼〉六辞初探》,第 156—158 页。

之。子墨子闻之曰:'诔者,道死人之志也。今因说而用之,是犹以来首从服也。'"①诗言志,言生人之志为诗,言死人之志固亦当为诗。② 传世汉晋间诔,完篇者如扬雄(前53—后18)《皇后诔》、苏顺《和帝诔》、③曹植(192—232)《王仲宣诔》、潘岳(247—300)《杨荆州诔》等,④形式上皆前有序文,后为四言押韵之诔词;内容上则先叙世系,中述功德,后抒哀伤之情。故吴讷(1372—1457)《文章辨体序说》谓诔辞"皆述其世系行业而寓哀伤之意"。⑤ 其四言韵文的体式,应沿袭先秦诔诗;其"世系行业"的内容,也应该从先秦诔诗发展而来。则诔与歌颂先王之治功的兴诗和世系可能本为一体,先由大史宣读,再由大师率瞽矇和乐讽诵。

制诔和颂治功之诗及世系的目的皆为"作谥",则大师在大遣奠时所作谥当即据诔、诗、世系的内容而制成。⑥《逸周书·谥法解》谓谥法起于西周初,为周公旦、太公望所制。王国维考西周文、武、成、康、昭、穆等皆为生号而非死谥,遂推测"谥法之作,其在宗周共、懿诸王以后乎"。⑦ 郭沫若进一步援引众多金文,考证"谥法之兴不仅当在宗周共、

① 孙诒让:《墨子间诂》卷十三,北京:中华书局,1986年,第432页。
② 《列女传》(《丛书集成初编》本)卷二,第49—50页,载春秋时柳下惠卒,其妻诔之曰:"夫子之不伐兮,夫子之不竭兮。夫子之信诚,而与人无害兮。屈柔从俗,不强察兮。蒙耻救民,德弥大兮。虽遇三黜,遂不蔽兮。恺悌君子,永能厉兮。嗟呼惜哉,乃下世兮。庶几遐年,今遂逝兮。呜呼哀哉,魂神泄兮。夫子之谥,宜为惠兮。"此亦为韵文。《文心雕龙》称:"至柳妻之诔,则辞哀而韵长矣"(刘勰著、范文澜注:《文心雕龙注》卷三,北京:人民文学出版社,1978年;第213页)。但此诔未见先秦文献,未必可靠。
③ 欧阳询(557—641)等:《艺文类聚》卷十二、十五,上海:上海古籍出版社,1982年,第240,282页。
④ 萧统(501—531):《文选》卷五十六,北京:中华书局,1977年,第21b—29b页。
⑤ 吴讷、徐师增(1517—1580):《文章辨体序说·文体明辨序说》,北京:人民文学出版社,1962年,第53页。
⑥ 许慎云:"诔,谥也。"(《说文解字》,第57页)许慎将诔和谥等同,但二者实际上有所区别;参邓国光:《〈周礼〉六辞初探》,第153—158页。
⑦ 王国维:《遹敦跋》卷十八,收《定本观堂集林》,台北:世界书局,1991年,第7a—7b页。

懿诸王以后,直当在春秋之中叶以后也"。^① 据此,我们可以作出一个合理的推测:周代丧礼中,可能先有兴诗以歌诵死去的先王之治功和世系,春秋中叶后才逐渐演变为谍和谥。

根据以上考述,兴字初义为丧礼过程中在祖庙举行大遣奠时兴举遣车的礼仪,并引申指兴作、陈列、装载、运送诸种明器等仪式。而大师率小师和瞽蒙讽诵王之治功之诗和世系,也是大遣奠中的仪式之一,故也称为兴。在祖庙举行大遣奠时讽诵王之治功之诗和世系,显然是为了奠定新死之王在王族世系和祖庙中的功德地位。《礼记·檀弓》称"殷朝而殡于祖,周朝而遂葬",则此礼可能商周相承而有所演变。此外,从卜辞"兴祖庚""兴祖丁"等条,可推知兴还用来指其他祭祖先之礼;而在祭祖先时所讽诵的歌颂先公先王的治功之诗和世系,也可能被称为兴诗。《周礼·春官·大司乐》载:"以乐语教国子:兴、道、讽、诵、言、语。"^②作为乐语之一的兴,可能就是在丧礼祭典上由瞽蒙乐师讽诵并和以琴瑟的兴诗。

章炳麟以孔子删诗说解释兴诗的消亡,但孔子删诗说本身颇有争议,故章说难具说服力。本章提出一个解释这一千古之谜的假说:周代那些歌颂先公先王治功和世系的兴诗并未全部散亡,而是有一小部分收存于《诗经》的《雅》《颂》中,成为当今学界所艳称的商周史诗。现代学者普遍认为,《大雅》中的《生民》《公刘》《绵》《皇矣》《大明》等五首诗,《商颂》中的《玄鸟》和《长发》二诗,是歌颂叙述商、周民族起源、世系及其先公先王开国或治理天下之功业的史诗或准史诗。这些诗篇在主题内容和语言表现两方面都体现了与《雅》《颂》其他诗篇不同的特征。

---

① 郭沫若:《谥法之起源》,原载《金文丛考》卷五(1932),收陈其泰等编:《二十世纪中国礼学研究论集》,北京:学苑出版社,1998 年,第 306—315 页。
② 《周礼注疏》卷二十二,第 676a—676b 页。

首先，在内容上，这些诗篇大多先追叙王族世系及先王之功，然后颂述某位后王的文治武功，与兴诗歌颂世系和治功的内容完全相符。周史诗中，《生民》全诗述周始祖后稷的事迹，但开头却以姜嫄"履帝武敏"而生后稷领起，点明周族的起源。《绵》先述古公亶父（即大王，文王之祖）率周族迁居岐山、开国奠基的功业，然后叙写文王继承古公遗烈，使周族日益强大。《皇矣》先述大王开辟岐山，使昆夷退去；次叙王季（文王之父）德行美好，传位文王；最后歌颂文王伐崇伐密的武功。《大明》先述王季和大任、文王和大姒的婚姻世系，然后讴歌武王的伐纣之功。其中唯有《公刘》一诗较特殊，诗中全述公刘的事迹，未及世系，但此诗前承后稷，后连大王，在某种程度上仍发挥"世系"的功用。商史诗（一般认为作于周代）中，《殷武》先述其始祖契为有娀氏受天帝之命而生的玄王，及契和其孙相土的奠基之功，然后叙写成汤得贤臣伊尹辅助，灭夏建商的功业。《玄鸟》同样先追溯"天命玄鸟，降而生商"的民族起源，从契的诞生写到成汤立国，然后再叙述武丁的中兴功业。在形式上，这些诗篇幅皆较长，可能主要用来讽诵，与兴诗不歌而诵、和以琴瑟的特点相合。此外，这些诗篇主要采用叙述语气，叙事的成分较重。其他《雅》《颂》祭祖诗中常见的祝祷语气词"其"及祝祷词语"求""惠""锡""贻""佑"等，以及对祭祀场面的描绘等，①在这些诗篇中完全见不到。这些独具特色的诗篇有可能就是《兴》诗，本来自成小类，后来在《诗经》编集时，被分别并入《雅》《颂》之中。《文心雕龙·诔碑》称："若夫殷臣诔汤，追褒玄鸟之祚；周史歌文，上阐后稷之烈：诔述祖宗，盖诗人之则

---

① Edward L. Shaughnessy, "From Liturgy to Literature: The Ritual Contexts of the Earliest Poems in the *Book of Poetry*," in *Before Confucius: Studies in the Creation of the Chinese Classics*, Albany: State University of New York, 1997, pp. 174 - 187.

也。"①刘勰(465？—521？)早已敏锐地发现《玄鸟》《生民》等商周史诗对后世谀词叙述祖宗世系的直接影响,惜从未引起历代批评者的注意。

三、兴象、兴情、兴喻

如上节所述,《雅》《颂》史诗主要用的是叙述也就是赋的手法而不是比兴,那么兴字又是如何演变成为孔子关于"兴于《诗》""《诗》可以兴"的诗学观念和汉儒关于作诗方法的诠释? 这是由于兴字本身在先秦时经历了兴象、兴情、兴喻等语义延伸,由丧祭礼仪的内涵逐渐转向诗歌功用和解诗方法的诗学观念。

兴象之义,仍然源于丧礼。《周礼·天官·司裘》载:"大丧,廞裘,饰皮车。"郑玄注:"玄谓廞,兴也。若《诗》之兴,谓象似而作之。凡为神之偶衣物,必沽(粗)而小耳。"贾公彦疏:

> 大丧谓王丧。廞犹兴也。兴象生时裘而为之,谓明器中之裘,即上良裘、功裘等⋯⋯此《周礼》一部之内,称廞者众多,故书皆为淫,先郑皆为陈,后郑皆破从兴。兴谓兴象生时之物而作之。必知为陈非、为兴是者,《车仆》云"大丧,廞革车";《圉人》云"廞马亦如之",即是所廞车马。又《礼记·檀弓》云:"竹不成用,瓦不成味,琴瑟张而不平,竽笙备而不和。"皆是兴象所作。②

举行丧礼时所制造的诸多明器,皆模仿生时之物而作,故称为兴象。此外,丧礼中的种种礼仪活动,也是一种人事的兴象。例如,《仪

---

① 《文心雕龙注》卷三,第 213 页。"殷臣谀汤"之谀,唐写本作咏。
② 《周礼注疏》卷七,第 208b—209a 页。

礼》记举行丧礼时将灵柩移至祖庙,郑玄注:"象平生将出必辞尊者。"①再如《荀子·礼论》云:"丧礼者,以生者饰死者也,大象其生以送其死也。"②兴象之义,也用于其他祭礼。如《礼记·祭统》载:"夫祭有馂,馂者祭之末也,不可不知也……凡馂之道,每变以众,所以别贵贱之等,而兴施惠之象也。是故以四簋黍见其修于庙中也。庙中者,竟内之象也。"郑玄注:"鬼神之惠遍庙中,如国君之惠遍竟内也。"孔颖达疏:"兴,起也。其馂之礼,初馂贵而少,后馂贱而多,皆先上而后下。施惠之道亦当然,皆先贵后贱,故云'施惠之象'。"③馂为祭神后分食祭品,君上先馂,臣下后馂,分批而食,人数逐渐增加。《礼记》称此为"兴施惠之象",郑玄解为喻国君之惠遍境内,孔颖达解为喻先贵后贱的施惠之道。

　　兴象的主要目标,是兴起合乎礼仪之情。根据《仪礼》所载,举行丧礼时,孝子不停地号踊,兴起哀伤之情。《荀子·礼论》云:"凡礼,事生,饰欢也;送死,饰哀也。""祭者,志意思慕之情也。"④《礼记·檀弓》载:"子游曰:'礼有微情者,有以故兴物者……'"孔颖达疏:"兴,起也。物谓衰绖也。若不肖之属,本无哀情,故为衰绖,使其睹服思哀,起情企及也。引由外来,故云'兴物'也。"⑤则兴物为丧礼中借物起情之意。物亦是象,二者可合称物象,故兴物与兴象义近。《礼记·祭统》云:"夫祭之为物大矣,其兴物备矣。"郑玄注:"为物,犹为礼也。兴物,谓荐百品。"⑥祭礼中陈献各种祭品称为"兴物",应该亦含有借物

① 《仪礼注疏》卷三十八,第 839a 页。
② 《荀子集解》卷十三,第 368 页。
③ 《礼记正义》卷四十九,第 1578b—1579b 页。
④ 《荀子集解》卷十三,第 369、376 页。
⑤ 《礼记正义》卷九,第 330b—332a 页。
⑥ 《礼记正义》卷四十九,第 1580a 页。

象兴起"志意思慕之情"之意。郭店楚简《性自命出》亦云:"礼作于情,或兴之也。"①产生于丧祭礼仪的兴情,后来被普遍用来指兴发情志之义。如《论语·泰伯》记孔子云:"兴于诗,立于礼,成于乐。"皇侃(488—545)《论语义疏》引江熙释"兴于诗"云:"览古人之志,可起发其志也。"②《孟子·尽心上》云:"待文王而后兴者,凡民也。若夫豪杰之士,虽无文王犹兴。""圣人,百世之师也……奋乎百世之上,百世之下,闻者莫不兴起也。"此二处之兴,朱熹皆解为"感动奋发"。③

《论语·阳货》记孔子云:"《诗》可以兴,可以观,可以群,可以怨。"孔安国注:"兴,引譬连类。"邢昺疏:"《诗》可以兴者,又为说其学诗有益之理也。若能学诗,诗可以令人能引譬连类以为比兴也。"④"《诗》可以兴"之兴,与"兴于诗"之兴有所不同;所谓"引譬连类",指的是解诗和用诗方法,通过模拟譬喻来对诗作出政治道德意义的解释,或表达自己的情志。⑤《礼记·学记》云:"不学博依,不能安诗。"郑玄注:"博依,广譬喻也。"孔颖达疏:"此教诗法也……若不学广博譬喻,则不能安善其诗,以诗譬喻故也。"⑥《淮南子》云:"《关雎》兴于鸟,而君子美之,为其雌雄之不乖居也;《鹿鸣》兴于兽,君子大之,取其见食而相呼也。"⑦此用道德兴喻的方法解诗。《毛诗》标兴,也不是指作诗方法,而是用兴喻的方

① 马承源编:《上海博物馆藏战国楚竹书》,第一册,第 235 页。
② 程树德:《论语集释》卷十五,北京:中华书局,1990 年,第 529—530 页。
③ 朱熹:《四书章句集注》,北京:中华书局,1983 年,第 351、369 页。
④ 何晏(190—249)注、邢昺疏:《论语注疏》卷十七,《十三经注疏整理本》,第 269b—270a 页。
⑤ Donald Holzman, "Confucius and Ancient Chinese Literary Criticism," in *Chinese Approaches to Literature from Confucius to Liang Ch'i-ch'ao*, ed. Adele Austin Richett, Princeton: Princeton University Press, 1978, pp. 35 - 37.
⑥ 《礼记正义》卷三十六,第 1233a 页。
⑦ 何宁:《淮南子集释》卷二十,北京:中华书局,1998 年,《泰族训》,第 1394 页。又见《孔子家语》(《四部丛刊》本)卷十,第 17 条。

法,对诗中的兴象作出道德人事的譬喻解说,故郑玄注兴皆云"兴也,喻某事"。① 马王堆帛书《五行》引《鸤鸠》和《燕燕》,也称为"兴也";② 由于《五行》全篇皆以道德譬喻说诗,此处的兴也应是同样用法。上海博物馆藏楚简《孔子诗论》也同样以譬喻说诗,如"《关雎》以色喻于礼"。③ 虽然《孔子诗论》未必为孔子所作,但我们可以确知,始于孔子的"《诗》可以兴",春秋战国时期古典儒学对于《诗经》的诗篇,逐渐传承、发展为一套关于政治、伦理、人事的兴喻解说。④ 这种兴喻的用诗方法和解诗方法,固然是春秋时期赋诗言志的发展演变,但为什么将这种用诗方法称为兴,其起因仍可追溯至丧祭礼仪。丧礼中的明器皆像其物而作之,礼仪也像其生时之事而行之,借以表现对死者的尊敬思慕之情。馂礼以"鬼神之惠遍庙中"之象,喻"国君之惠遍竟内"之意,与后来兴喻解诗的方法是一样的。郑玄释《周礼》"大丧,廞裘,饰皮车"云:"玄谓廞,兴也。若《诗》之兴,谓象似而作之。"⑤将兴喻解诗和丧礼的兴象等同起来,正是有见于二者的内在联系。

　　先秦文献未见有以作诗方法释兴者,但兴象、兴情、兴喻三个义项,已经使作诗方法的转义呼之欲出。东汉儒士郑众、王符(78? —163?)、

① 参看施炳华:《毛诗赋比兴较论》,《成功大学学报》24(1989):79。

② 庞朴:《竹帛〈五行〉篇校注及研究》,台北:万卷楼图书有限公司,2000 年,第 39 页。

③ 《孔子诗论》,收马承源编,《上海博物馆藏战国楚竹书》,第一册,第 119—168 页。参看曹峰:《"色"与"礼"的关系:〈孔子诗论〉、马王堆帛书〈五行〉、〈孟子·告子下〉之比较》,《孔子研究》6(2006):16—24。关于新出土儒学文献中大量引述《诗经》篇章的情况,柯马丁(Martin Kern)有全面的搜集、比较和评述;见其"The Odes in Excavated Manuscripts," in Kern, ed., *Text and Ritual in Early China*, Seattle and London: University of Washington Press, 2005, pp. 149‑193.

④ 关于这一传承谱系的形成,参看王中江:《上博〈诗传〉与儒家〈诗〉教谱系新知》,收《简帛文明与古代思想世界》,北京:北京大学出版社,2011 年,第 340—356 页。

⑤ 《周礼注疏》卷七,第 208b 页。

王逸、刘熙、郑玄等人开始以作诗方法释兴。《释名》云："诗,之也,志之所之也。兴物而作谓之兴,敷布其义谓之赋,事类相似谓之比。"①此以丧礼的兴物而作、借物起情释作诗方法的兴,最明显地体现了兴义从丧祭礼仪演变为作诗方法的痕迹。郑众云："比者,比方于物也;兴者,托事于物。"②郑众将兴解释成寓事于物,与丧礼兴象、兴物之义也有一定关联。郑玄云："赋之言铺,直铺陈今之政教善恶。比,见今之失,不敢斥言,取比类以言之。兴,见今之美,嫌于媚谀,取善事以喻劝之。"③郑玄以比喻释比兴,而以美刺分之,此说历来为人所诃责。但郑氏将兴释为美喻,可能即由原始兴诗歌功颂德的功能联想而致,亦不为无据。王逸《离骚经序》云："《离骚》之文,依《诗》取兴,引类譬谕。故善鸟香草,以配忠贞;恶禽臭物,以比谗佞;灵修美人,以媲于君;宓妃佚女,以譬贤臣;虬龙鸾凤,以托君子;飘风云霓,以为小人。"④此据解《诗》之兴喻来总结《离骚》以香草美人引喻托讽的特征。王符《潜夫论·务本》云："诗赋者,所以颂善丑之德,泄哀乐之情也,故温雅以广文,兴喻以尽意。"⑤此以作诗方法释兴,但亦保留先秦兴喻解《诗》的痕迹。魏晋六朝之后,对赋比兴的解释大多转向作诗方法,至唐代遂形成三体三用的分野。

四、结语

综上所述,兴字初义为丧礼过程中在祖庙举行大遣奠时兴举遣车

① 《释名》,《丛书集成初编》卷六,第 99—100 页。
② 《周礼注疏》卷二十三,第 717a 页。
③ 《周礼注疏》卷二十三,第 717b—718a 页。
④ 洪兴祖(1090—1155):《楚辞补注》卷一,北京:中华书局,1983 年,第 2—3 页。
⑤ 王符著、汪继培笺、彭铎校正:《潜夫论笺校正》,北京:中华书局,1985 年,第 19 页。

的仪式,引申指兴作、陈列、装载、运送诸种明器等仪式,以及大遣奠中大师率小师和瞽蒙讽诵王之世系治功之诗的礼节;此外也指其他祭祀祖先之礼,以及在丧礼祭典上由瞽蒙乐师讽诵的歌功颂德之诗。周代这些歌颂先公先王世系治功的兴诗自成一类,被列为六诗之一,并可能与诔同出一源。其后当《诗经》编集时,部分兴诗可能被分别并入《雅》《颂》之中,成为当今学界所公认的独具特色的史诗。另一方面,兴字在先秦时又经历了兴象、兴情、兴喻等语义延伸,从丧祭礼仪的内涵逐渐演变为古典儒学关于诗歌功用和解诗方法的诗学观念。最后,当汉儒找不到兴诗而无法理解《周礼》之六诗分类时,他们采用了这些延伸的语义,顺水推舟地将兴解释为作诗方法。

第十章

释赋：从乐舞到诗体、诗歌技巧及赋体*

赋为《周礼》所记六诗之一。但是与兴一样，由于《诗经》中只有《风》《雅》《颂》三体，六诗分类成为千古之谜，赋也被重新解说为修辞手段、诗歌技巧等诗学观念，并成为一种特定文体的名称。本章承续前两章，肯定六诗皆体说，并参考梳理历代《诗经》注疏传统、诗歌理论传统及现代诠释传统，从礼乐文化的大背景追溯赋字初义及延伸义，赋与音乐、舞蹈、诗歌的关系，稽考《诗经》中所保存的《大武》乐章的构成，及其与赋的诗体的可能联系，并进而描述赋字如何在西周至汉代的漫长历史时期中，经历从乐舞、诗体到表现技巧及赋体的意义演变。

---

* 本章于 2002 年 6 月发表于上智大学（Sophia University）举办的"The Sixth Annual Asian Studies Conference"。其后正式发表为："An Interpretation of the Term Fu in Early Chinese Texts: From Poetic Form to Poetic Technique and Literary Genre," *Chinese Literature: Essays, Articles, Reviews* 26（2004）: 55‑76；承倪豪士（William H. Nienhauser, Jr.）及两位审稿人给予重要修改意见和鼓励，谨此致谢。并发表为《释赋：从诗体到诗歌技巧及赋体》，《古代文学理论研究》24(2006)：1—17。

一、武：赋之初构

　　许慎释赋为"敛也"。[1] 但此为后起的一般定义。根据《汉书》所载，在先秦，赋与税的含义是不同的。税是一般税收，而赋则是兵役和军需。如《刑法志》载："税以足食，赋以足兵。"[2]《食货志》载："赋共车马甲兵士徒之役，充实府库赐予之用；税给郊社宗庙百神之祀，天子奉养，百官禄食，庶事之费。"[3] 不过，应该进一步指出的是，在西周时期，赋仅指兵役，不包括车马兵甲的征收。如《周礼·地官·小司徒》详细记载征兵制度，却没有征发车马牛及兵器的记载。[4] 反之，根据《夏官·司马》所载，车马兵器都由专官管理，如兵车由车仆掌管，马由圉师掌管，戈盾由司戈盾掌管，五兵、五盾由司兵掌管，六弓、四弩、八矢由司弓矢掌管。[5] 西周政府不必征收军实费用的原因，是周王朝及各诸侯国的所有费用皆出自公田或藉田。[6] 从西周晚期至春秋时期，公田制逐渐废除，周王朝和各诸侯国开始征收各种赋税。赋的征收加上各种

---

① 许慎：《说文解字》，第 131a 页。
② 班固：《汉书》卷二十三，北京：中华书局，1975 年，第 1081 页。
③《汉书》卷二十四，第 120 页。
④《周礼注疏》卷十一，《十三经注疏整理本》，第 323a—338b 页。
⑤《周礼注疏》卷三十二，第 983a—1008b 页。
⑥ 周代是否存在公田或藉田制，历来论说纷纭，但学界一般认为西周时应确实有过土地分配和集体耕作。主要可参看徐中舒：《井田制度探源》，《中国文化研究汇刊》4(1944)：121—156；徐中舒：《先秦史论稿》，成都：巴蜀书社，1996 年，第 97—114 页；郭沫若：《十批判书》，石家庄：河北教育出版社，2000 年，第 17—35 页；李剑农(1880—1963)：《彻田贡：先秦田税制度研究之推测》，《社会科学季刊》9(1948)：25—44；李剑农：《先秦两汉经济史稿》，北京：中华书局，1962 年，第 102—116 页；齐思和(1907—1980)：《孟子井田说辨》，《燕京学报》35(1948)：101—127；Cho-yun Hsu, *Ancient China in Transition: An Analysis of Social Mobility, 722 -222 B.C.*, Stanford: Stanford University Press, 1965, pp. 195 - 196；杨宽：《西周史》，上海：上海人民出版社，1999 年，第 183—211 页。

军实费用,并逐渐成为此种征敛的专用名词。①

从征收兵役的本义,赋进一步延伸出士兵和军队的涵义。例如,孔子评子路曰:"由也,千乘之国,可使治其赋也,不知其仁也。"②《左传》记载,隐公四年(前 719),卫州吁使人谓宋公:"君若伐郑以除君害,君为主,敝邑以赋与陈蔡从。"昭公十三年(前 529),刘献公曰:"天子之老,请帅王赋,元戎十乘,以先启行。"③

赋字未见甲骨文和早期金文,其初构应为武。武与赋同属上古鱼部,二字音近。④许慎分析赋字结构为:"从贝,武声。"⑤如上所述,赋字本指征收兵役,并延伸为指士兵和军队。武字既是义符,又是音符,故应为字根。贝为象征货币、财富的偏旁,由于赋字初义并不包括财富的征收,这一部首可能是后来的增饰。赋字最早见于著名的毛公鼎,而此鼎一般归属于周宣王时期(前 827—782),正是周王朝开始废除公田制并开始征收军实费用的时期。⑥毛公鼎铭文读

---

① 有关周代军赋政策的详细研究,参看王鸣盛(1722—1798):《周礼军赋说》卷一,《续修四库全书》,第八十册,上海:上海古籍出版社,1995 年,第 11b—12a 页;韩连琪:《周代的军赋及其演变》,收《先秦两汉史论丛》,济南:齐鲁书社,1986 年,第 109—134 页。另可参见李剑农:《先秦两汉经济史稿》,第 98—101 页;徐中舒:《先秦史论稿》,第 111—114 页;许倬云:《周礼中的兵制》,收《求古编》,台北:联经出版公司,1982 年,第 283—304 页。
② 《论语·公冶长》,5.8。
③ 《春秋左传正义》卷三、四十六,《十三经注疏整理本》,第十及十九册,第 99b、1523b 页。
④ 此二字的上古音重构如下:赋,pjagh;武,mjagx;见李方桂:《上古音研究》,北京:商务印书馆,1980 年,第 30、34、58—61 页。
⑤ 许慎:《说文解字》,第 131a 页。
⑥ 关于毛公鼎的年代尚有不同说法,但大多数学者认为应为周宣王时代的产物。参看郭沫若:《两周金文辞图录大系考释》,《郭沫若全集》,北京:人民出版社,1985 年,第 135 页;容庚(1894—1983):《商周彝器通考》,台北:文史哲出版社,1985 年,第 56—57 页;王世民、陈公柔、张长寿:《西周青铜器分期断代研究》,北京:文物出版社,1999 年,第 47 页。

曰："埶小大楚赋。"①郭沫若释"埶"为"樹"，"楚"为"胥"，官名。② 由于征收军实费用的意义很可能在此时期延加，原来的武字也符合逻辑地被加上代表财富的偏旁"贝"来指示这一新涵义。这一推测符合汉字发展的过程，许多后来成为字根的字实际上皆为初构，如义为仪之初构，③咸为感之初构，④且为祖之初构，⑤土为社之初构，⑥申为神之初构，⑦等等。

武字从戈从止，像士兵荷戈而行。这一结构生动传达出武/赋的初义：士兵被征发而赶赴战场。《左传·宣公十二年》所记楚庄王之"止戈为武"语，古文字学者们已经考证为望文生义。⑧

二、武/赋诗：《大武》乐章

有周一代，武字还被用来指《大武》乐舞。《大武》是周代第一组乐舞，并一直在周代乐舞中维持其最重要的地位。《逸周书·世俘》篇记载此乐舞的第一次出现："甲寅，谒我殷于牧野，王佩赤白旗。钥人奏

---

① 中国社会科学院考古研究所：《殷周金文集成》，第五册，北京：中华书局，1984—1994 年，第 2841 号。
② 郭沫若：《两周金文辞大系图录考释》，第 137 页；参见朱国藩：《毛公鼎真伪及相关问题研究》，博士论文，香港大学，1992 年，第 323—329 页。
③ 参看本书第一章。
④ 参看本书第七、十二章。
⑤ 见阮元(1764—1869)：《释祖》，《揅经室集》卷一，第 11—14 页。
⑥ 参雷汉卿：《说文示部字与神灵祭祀考》，成都：巴蜀书社，2000 年，第 260—263 页。
⑦ 《说文解字》，第 311b 页；刘翔：《中国传统价值观诠释学》，上海：上海三联书店，1996 年，第 2—7 页。
⑧ 于省吾、姚孝遂编：《甲骨文字诂林》，第 874 号，第 866—868 页。

《武》,王入。进《万》,献《明明》三终。"①《吕氏春秋》亦保存相似记录:
"武王即位,以六师伐殷。六师未至,以锐兵克之于牧野。归,乃荐俘馘
于京太室,乃命周公作为《大武》。"②此外,《毛诗·周颂·酌》小序云:
"酌,告成,大武也。"③武王伐殷的年代,目前比较一致的说法为公元前
1046 年。④ 武王功成返京后,立即举行一个盛大的庆功典礼,献殷俘于
祖庙。这一庆典包括多种仪式的表演,延续了六日。告成的仪式为其
中之一,《大武》即表演于这一仪式过程中。⑤

《左传》对此组乐章有详细的记载:

> 武王克商,作《颂》曰:"载戢干戈,载櫜弓矢。我求懿德,肆于
> 时夏,允王保之。"又作《武》,其卒章曰:"耆定尔功。"其三曰:"铺时
> 绎思,我徂维求定。"其六曰:"绥万邦,屡丰年。"⑥

此段记载所引诗皆见于《诗经·周颂》:出自《颂》的五行诗见于
《时迈》(《毛诗》第 273 首),"耆定尔功"一句见于《武》末行(《毛诗》第

---

① 顾颉刚:《〈逸周书·世俘篇〉校注、写定与评论》,《顾颉刚古史论文集》卷九,《顾
  颉刚全集》,北京:中华书局,2010,第 204—267 页。
② 陈奇猷:《吕氏春秋新校释》卷五,第 286 页。
③ 《毛诗正义》卷十九,《十三经注疏整理本》,第 1609b 页。
④ 关于武王伐殷的年代,学界共有四十多种推测;见北京师范大学国学研究所编:
  《武王克商之年研究》,北京:北京师范大学出版社,1997 年。此处采用 David
  W. Pankenier 的结论,见其 "Astronomical Dates in Shang and Western Zhou,"
  Early China 7 (1981 - 1982):2 - 37;亦见夏商周断代工程专家组:《夏商周断代
  工程 1996—2000 年阶段成果报告:简本》,北京:世界图书公司,2000 年,第
  39—49 页。
⑤ 李学勤:《世俘篇研究》,《史学月刊》2(1988):2—6;Edward Shaughnessy,
  Before Confucius: Studies in the Creation of the Chinese Classics,Albany:
  State University of New York,1997,pp. 48 - 49. 小盂鼎铭文载有献俘的仪礼,
  见刘雨:《西周金文中的周礼》,《燕京学报》3(1997):69—71。
⑥ 《春秋左传正义》卷二十三,宣公十二年,第 750b—752a 页。

285 首），出自组诗第三首的两句诗见于《赉》（《毛诗》第 295 首），出自第
六首的两句诗见于《桓》（《毛诗》第 294 首）。

《礼记·乐记》也生动描绘《大武》乐舞的表演：

> 夫乐者，象成者也。揔干而山立，武王之事也。发扬蹈厉，大公之
> 志也。武乱皆坐，周召之治也。且夫武始而北出；再成而灭商；三成而
> 南；四成而南国是疆；五成而分周公左、召公右；六成复缀以崇。[1]

这段话记述《大武》的演出共分为六成，并描绘每一成的表演和象
征意义。将此记载与《左传》的记载合读，学者普遍认为此组乐舞应包
括六成及六首乐歌。但关于其具体构成、构成年代、乐歌篇名及作者
等，则尚有许多不同争论，以下择要述之。

首先一个问题是如何解释《左传》所述"又作《武》，其卒章曰：'耆定
尔功。'"大部分学者将"卒章"解释为乐舞的最后一章、最后一成或最后
一首歌。但是，这一解释与已经确定的第六首歌《桓》相矛盾。一些学
者为解决这一矛盾，将"卒"解释为"首"或"次"之讹，[2]有的学者甚至建
议此组乐舞应多于六首歌。[3] 但是，似乎无人注意到孔颖达关于此问
题的重要意见："《颂》皆一章。言'其卒章'者，谓终章之句也。"[4]即指
《武》诗的最后一句。孔颖达的意见是正确的，《左传》记述赋诗歌诗之
"卒章"皆就一首诗篇而言，并非指一组诗。如成公九年有"赋《绿衣》之

---

① 《礼记正义》卷三十九，《十三经注疏整理本》，第 1319b—1320a 页。
② 朱熹：《诗集传》卷十九，第 232 页；马瑞辰（1775—1853）：《毛诗传笺通释》卷二
  十九，《续修四库全书》，第六十八册，第 23b 页；高亨：《周代大武乐考实》，收《文
  史述林》，北京：中华书局，1980 年，第 88 页。
③ 姚小鸥：《〈诗经〉三颂与先秦礼乐文化》，北京：北京广播学院出版社，2000 年，
  第 47—63 页。
④ 《礼记正义》卷三十九，第 1319b—1320a 页。

卒章";襄公十四年有"歌《巧言》之卒章";襄公十六年有"赋《鸿雁》之卒章";襄公二十年有"赋《鱼丽》之卒章";昭公元年有"赋《野有死麕》之卒章";昭公二年有"赋《绵》之卒章""赋《节》之卒章"等。

另一个问题是如何解释《礼记》所述"四成而南国是疆;五成而分周公左、召公右"的历史事件与《大武》构成的时间问题,对此学界主要有两种看法。其一是周武王时《大武》并无完整六成,至周成王时增加象征周公整治南国和周公、召公分职而治的内容。① 其二是《大武》的乐曲和诗篇皆创作于武王时,而《乐记》所记舞容是后来根据实际需要而编排。② 然而,可以较为肯定地确认为属于《大武》的五首诗篇(见下所述),皆可解释为颂扬武王,并无周公整治南国和周公、召公分职而治的内容。因此,我提出一种新的解释,即《乐记》所述为后来对《大武》乐舞的解说,虽然可能有据,但未必全部符合其原意;《左传》记此乐章共有六成,却仅述武王克商事,并未涉及后来的历史事件,这应更符合《大武》整组乐舞和诗章的原意。

最后是关于《大武》中与六成乐舞相对应的六首乐歌及具体篇名。从清代到现代,学者们一致认为《诗经》中的五首诗《武》、《酌》、《般》(《毛诗》第 296 首)、《赉》、《桓》应属于《大武》乐章。其理由主要为:《武》《赉》《桓》三诗见于上引《左传》有关《大武》的记述;《酌》见于《毛诗》小序;《般》在《周颂》中置于《桓》和《赉》之后。此处我可以添加一个有力的内在证据:此五首诗皆以总结每首诗主题的一个字为篇题,从而与《周颂》其他诗篇区别开来;《周颂》中其他诗篇的题目,大多取自首

---

① 王国维:《说勺舞象舞》,《观堂集林》(《民国丛书》本)卷二,第一册,第 18a—18b页;马银琴:《诗文本的结集与"诗"名称的出现》,《文学评论》2001 年(青年学者号):3—8;祝秀权:《西周〈大武〉乐章演变新考》,《河北学刊》5(2011):81—84。
② 邓佩玲:《〈雅〉〈颂〉与出土文献新证》,北京:商务印书馆,2017 年,第 113—116 页。

行的两个或更多字，通常并不包含特定的主题意义。然而，关于《大武》的另一首诗则争论纷纷。魏源（1794—1857）认为此诗已佚；①龚橙（1817—？）定此诗为《维清》（《毛诗》第268首）；②王国维定为《昊天有成命》（《毛诗》第271首）；③高亨定为《我将》（《毛诗》第272首）；④张西堂定为《时迈》（《毛诗》第273首）；⑤孙作云则认为此组乐章原本只有五首。⑥ 这些学者的讨论可总结如下表：

表一　古今学者对《大武》乐章篇名的重构

《礼记》	魏源	龚橙	王国维	高亨	张西堂	孙作云
一成：始而北出	武	武	昊天有成命	我将	时迈	酌
二成：灭商	酌	酌	武	武	武	武
三成：南征	赉	赉	酌	赉	赉	般
四成：南国是疆	般	维清	桓	般	般	赉
五成：分周公左、召公右	佚	般	赉	酌	酌	无
六成：复缀以崇	桓	桓	般	桓	桓	桓

　　孙作云关于此组乐章原本只有五首诗的推测缺乏有力证据。其他学者所建议的四首诗《昊天有成命》《我将》《时迈》及《维清》也都难以成

---

① 魏源：《诗古微》卷六，《续修四库全书》，第七十七册，《上编》，第5b—6a页。
② 龚橙：《诗本谊》，《续修四库全书》，第七十三册，第36b—37b页。
③ 王国维：《周大武乐章考》，《观堂集林》卷二，第一册，第15b—17b页。
④ 高亨：《周代大武乐实》，第80—101页。
⑤ 张西堂：《周颂时迈本为周大武乐章首章说》，《人文杂志》6（1959）：26—33。亦见杨向奎：《宗周社会与礼乐文明》，北京：人民出版社，1992年，第336—341页；李炳海：《〈诗经·周颂〉大武歌诗论辨》，《陕西师范大学学报（哲学社会科学版）》5（2008）：101—106；姚小鸥：《〈诗经〉三颂与先秦礼乐文化》，北京：北京广播学院出版社，2000年，第45—89页。
⑥ 孙作云：《周初大武乐章考实》，收《诗经与周代社会研究》，北京：中华书局，1966年，第239—258页。

立。首先，这些诗篇不符合此组诗以一字总结诗篇主题的命题原则。其次，已经确认的五首《大武》诗篇无一例外地运用"告成"这一叙述和庆贺的模式，向周代先祖报告克商立周的历史大事。这一模式与《周颂》中其他诗篇的祈祷特征很不相同。夏含夷细心研究了《周颂》开头的十首诗，包括上述的《昊天有成命》《我将》《时迈》及《维清》四诗，指出这些都是向祖先祈福的祷辞。这些诗经常运用语气词"其"表达祈祷的语气，并用"求""惠""锡"及"贻"等动词向祖先直接祈求福佑。① 这些词语及其祈祷语气在已经确认的五首《大武》诗中完全见不到。因此，这四首祈祷诗，《昊天有成命》《我将》《时迈》及《维清》，不应该包括在《大武》乐章中。

关于六首乐歌与六成舞蹈的相对应，魏源的重构似乎最为合理，因为此五首诗皆以总结每首诗主题的一个字为篇题，与《周颂》其他诗篇区别开来。在其基础上，我略作一些调整。第三首《赉》和第六首《桓》已经为上引《左传》的记载所证。《般》云："敷天之下，裒时之对。"此与《乐记》称第四成乐舞表演为"南国是疆"大致相应，但可能指的是武王在牧野之役后派出四支军队讨伐殷朝在南方的属国并迅速获胜之事，而不是指后来成王时周公镇压殷遗民事。②《武》云："胜殷遏刘。"此与第二成表演之"灭商"相合。《酌》称赞武王的军队和周之受天宠，此亦

① Edward L. Shaughnessy, *Before Confucius*, Albany: State University of New York, 1997, pp. 174-180.
② 根据《吕氏春秋》中的一段记载，有的学者将这一事件解释为周公南征镇压反叛的殷遗民，并在胜利后修改《大武》乐章；见王国维：《说勺舞象舞》卷二，第18a—18b页。但是，《吕氏春秋》的这一记载并不可靠，周人称殷遗民反叛的地区为"东国"而非"南国"，西周称为"南国"的地区在今天的陕西、河南以南和湖北以北一带；武王伐殷时，一些南方部族参与作战。克殷之后，武王分封有功的诸侯，也包括这些南方部族；参见姚小鸥：《〈诗经〉三颂与先秦礼乐文化》，第97—101页。牧野之役后，武王立即派出四支军队讨伐殷朝在南方的属国。此四支军队在牧野之役后的五十日内皆报捷；参见杨宽：《西周史》，第509—514页。

与第一成表演之"始而北出"相合。与第五成乐舞相应的诗篇，如果接受一些学者关于《大武》六成乐舞是西周时期逐渐形成的看法，则可考虑与《象》相配的已佚的诗篇。如上所考，《象》是周懿王时所创作的乐舞（另一可能是周代有不同的《象》舞）。此乐舞的名称符合《大武》乐章以一字命题的规律，而王国维在《说勺舞象舞》中考述，汉人多以《酌》《象》与《武》为一。[1] 这样，在魏源所建议的基础上，我重构《大武》乐章篇名如下：

表二　本章重构之《大武》乐章

一成	二成	三成	四成	五成	六成
酌	武	赉	般	象（诗不存）	桓

《大武》是周代最早也是最重要的乐舞。有周一代，此乐舞被表演于一切重要典礼。从先秦文献中有关其表演的无数记载中，我们知道这组乐舞的表演场面非常壮观，周王及其重臣有时甚至亲自参与表演，[2]而所有贵族青年都被要求学习此组舞蹈和乐歌。[3] 因此，这些乐歌应包含于宫廷乐师所教六诗之中。如前所考，武为赋之初构，所以六诗之一的赋诗，很可能即为《武》诗。大约在公元前 967 年，当谋父引《时迈》时，他称此诗为《颂》。[4] 在公元前 597 年，当楚子引同一首诗，他亦称其为《颂》；但当他引三首《大武》诗时，他称这些诗为《武》。[5] 从这些记载我们可以推测，在西周和春秋时期，《武》和《颂》被看成是两种不同类型的诗歌。另一方面，虽然《大武》乐章十分重要，但它毕竟只包含

① 王国维：《说勺舞象舞》卷二，第 18a—18b 页。
② 《礼记正义》卷四十九，第 1577b 页。
③ 《礼记正义》卷二十八，第 1013a 页。
④ 来可泓：《国语集解·周语》卷一，上海：复旦大学出版社，2000 年，第 1 页。
⑤ 《春秋左传正义》卷二十三，宣公十二年，第 750b—752a 页。

六首乐歌,不足以在《诗经》中独立成类。于是,当《诗经》编集时,它被并入《周颂》部分。《史记》云:"三百五篇,孔子皆弦歌之,以求合《韶》《武》《雅》《颂》之音。"①《武》之音显然指的是《大武》乐章,而与这一乐章相对应的诗歌应称为《武》诗。由于武是赋的初构,《武》诗也可称为《赋》诗。

三、赋之语义延伸:从诗体到诗歌技巧

随着《武》/《赋》诗并入《周颂》部分,武/赋作为诗体的意义逐渐被忘却。同时,赋继续延伸出更多与诗歌相关联的含义:作诗、诵诗及献诗皆可称为"赋诗";详细铺陈和直接表达的修辞手段和诗歌技巧被称为"赋";一种新的文学体式也被命名为"赋"。本义为征收兵役的赋字,如何演化出这么多与诗歌相关联的意义?这主要是通过同音假借的奇妙功用。同音假借在先秦时代大量运用,这一实践在新近出土的文献中表现得最为明显。

在先秦文献中,赋被用为布、敷及铺的假借字,②而且"久借不返",逐渐成为这三个字的同义词。其结果是赋延伸出一组新的意义:"铺陈""敷布""宣示""陈述""表达",等等。从这些新意义进一步发展,赋字最终演化出修辞手段和诗歌技巧的含义,即详细铺陈和直接表达的手法。

首先,赋被用为"布"的假借字,表达陈述、宣示、散布、施行等意思。例如,《诗经·大雅·烝民》(《毛诗》第 260 首)云:"天子是若,明命使

---

① 司马迁:《史记》卷四十七,第 1936 页。
② 此四字皆属上古音鱼部,其语音重构如下:赋,pjagh;布,pagh;敷,phjag;铺,phag。见李方桂:《上古音研究》,第 58—60 页。

赋。""出纳王命，王之喉舌。赋政于外，四方爰发。"毛传云："赋，布也。"①其次，赋被用为敷的假借字，表达敷陈、铺叙、传布、铺展等意思，与布字意义相近。例如，《尚书·益稷》载："敷纳以言，明试以功，车服以庸。"②而《左传·僖公二十七年》引此段时，敷字为赋字所代。《管子》载："丁氏归，革筑室，赋籍藏龟。"房玄龄（579—648）注云："赋，敷也。"③其三，敷字和赋字都被用为铺的假借字，表达铺陈、铺展、陈述等意思。例如，《诗经·周颂·赉》云："敷时绎思，我徂维求定。"《左传·宣公十二年》引此联，敷字为铺字所代；而郑玄释赋则云："赋之言铺也。"④

其后，由于上古汉语的特殊语义演变法则，布、敷、铺等假借义"久借不返"，成为赋的引申义。《尔雅》云："班（颁），赋也。"郭璞（276—324）注谓颁和赋皆"谓布与。"⑤《孔丛子》云："颁、赋、铺、敷，布也。"⑥《广雅》亦云："铺、班、赋，布也。"⑦最后，当汉人找不到赋体之诗而对六诗的分类感到迷惑之时，他们采用赋的延伸义铺陈、敷布、陈述等，将赋解释为详细铺陈和直接表达的修辞手段和诗歌技巧。《释名》云："诗，之也，志之所之也。兴物而作谓之兴，敷布其义谓之赋，事类相似谓之比。"⑧郑玄云："赋之言铺，直铺陈今之政教善恶。"⑨

① 《毛诗正义》卷十八，第 1434b—1435a 页。
② 《尚书正义》卷五，《十三经注疏整理本》，第 146b 页。
③ 黎翔凤撰，梁运华整理，《管子校注》卷二十二，北京：中华书局，2004 年，《山权数》，第 1316—1317 页。
④ 《周礼注疏》卷二十三，第 717b 页。
⑤ 郭璞、邢昺：《尔雅注疏》卷三，《十三经注疏整理本》，第 102a 页。
⑥ 《孔丛子》卷三，《续修四库全书》，第九百三十二册，《小尔雅广诂》，第 10a 页。
⑦ 王念孙：《广雅疏证》，第 100a 页。
⑧ 刘熙：《释名》卷六，第 99—100 页。
⑨ 《周礼注疏》卷二十三，第 717b 页。

四、赋之语义延伸：从诵诗到赋体之名称

作为布、敷、铺的假借字，赋还进一步延伸出第二组意义，即诵诗传达天子、诸侯、王国之志或做诗、陈诗表达作者之志。正是基于这一组意义，赋成为兴于楚地的一种新文体的名称。

在探讨赋字这一组新意义之前，我们首先需要了解"诗"字的含义。《尚书》云："诗言志，歌永言。"[1]然而，直接言志尚未能成为诗。《毛诗·大序》云："诗者，志之所之也。在心为志，发言为诗。情动于中而形于言，言之不足，故嗟叹之。嗟叹之不足，故永歌之。永歌之不足，不知手之舞之，足之蹈之也。"[2]孔颖达注云："而直言者非诗……初言之时，直平言之耳。平言之而意不足，嫌其言未申志，故咨嗟叹息以和续之。嗟叹之犹嫌不足，故长引声而歌之……《汉书·艺文志》云：'诵其言谓之诗，咏其声谓之歌。'然则在心为志，出口为言，诵言为诗，咏声为歌。"[3]当心中之志被直接地、平淡地讲出来时，这些话语并未构成一首诗。只有当这些言志的话语被充满情感地诵读出来，带着强烈的咨嗟叹息甚至节奏韵律时，这才成为一首诗。

诵诗被称为赋诗。郑玄云："以声节之曰诵。"[4]刘向（前77？—前6）云："不歌而诵谓之赋。"[5]《国语·周语》载："天子听政，

---

① 《尚书正义》卷三，第 95a 页。

② 《毛诗正义》卷一，第 7a 页。

③ 《毛诗正义》卷一，第 7a—8a 页。

④ 《周礼注疏》卷二十二，第 676b 页。

⑤ 班固：《汉书》引，卷三十，第 1755 页；亦见刘勰著、范文澜注：《文心雕龙注》卷二，第 134 页。朱自清和张淑卿认为"赋诗"指歌诗，但他们未提供有力的证据；见朱自清：《诗言志辨》，第 22、76 页；张淑卿：《左传称诗研究》，台北：台湾大学出版委员会，1991 年，第 51—56 页。

使……瞍赋、蒙诵。"①此处赋和诵被用为同义词。诵和赋的语音大不
相同，为什么赋会成为诵的同义词？在先秦文献中，宣布和传布君王的
旨命经常称为敷、布及其假借字赋。例如，上引《烝民》诗云："天子是
若，明命使赋。"《长发》诗云："敷政优优。"《尚书》载："敬敷五教。""帝
乃诞敷文德。"②天子的旨命即天子之志，由特定官员诵读颁布。《周
礼》载："（撢人）掌诵王志，道国之政事，以巡天下之邦国而语之。"③因
此，当《烝民》诗谓仲山甫"明命使赋""王之喉舌"时，赋意味诵王之志。
此外，根据刘雨对铜器铭文的研究，在西周初期，宴会之礼被称为言礼，
只有到了西周晚期和春秋时期，宴或燕才成为言的假借字。④宴会被
称为言的原因，应是由于其主要目的在于让与会者表达其志，即《汉
书·艺文志》所谓"在心为志，出口为言"。而当与会者诵言其志时，其
话言就成为诗。这应是赋诗言志盛行于春秋时期所有外交宴会的主要
原因。不过，应该指出的是，在大多数言会/宴会所表达之志，并不是使
者或官员的个人之志，而是其君主或方国之志。⑤这样，诵诗包含了
"赋命"和"赋政"之义，因此也被称为赋诗。

　　赋的另一延伸义是做诗和献诗表达作者本人之志。《卷阿》（《毛
诗》第252首）诗云："矢诗不多，维以遂歌。"毛传云："矢，陈也。""明王
使公卿献诗以陈其志。"⑥《国语·周语》载："故天子听政，使公卿至于

---

① 《国语集解》卷一，第12—13页。
② 《尚书正义》卷三，《舜典》，第89a页；卷四，《大禹谟》，第119a页。
③ 《周礼注疏》卷三十三，第1040a页。其他一些官员如大司寇、布宪、训方氏也负
　 责将天子和周王朝的意志和法令传布给各地官吏百姓；见《周礼注疏》卷三十四、
　 三十六、三十三，第1066a、1132a、1037b页。
④ 刘雨：《西周金文中的周礼》，第87页。
⑤ 见朱自清：《诗言志辨》，第19页；张淑卿：《左传称诗研究》，第86—95页。
⑥ 《毛诗正义》卷十七，第1323a、1336a页。

列士献诗。"①如同顾颉刚和朱自清所指出,这些由公卿列士所陈献的诗皆其自制,故"献诗"不仅指呈献一首诗,还意味着作诗言作者之志。② 屈原《九章》云:"固烦言不可结诒兮,愿陈志而无路。""结微情以陈词兮,矫以遗夫美人。"③荀子《佹诗》云:"天下不治,请陈佹诗。"④可知献、矢、陈三词皆含有作诗和献诗表达作者之志的意思。

这里值得注意的是陈与铺、布、敷也是同义词。例如,《文王》(《毛诗》第 235 首)诗云:"陈锡哉周,侯文王孙子。"毛传释"陈"为敷,孔颖达则释之为布。⑤《江汉》(《毛诗》第 262 首)云:"匪安匪舒,淮夷来铺。"朱熹释曰:"铺,陈也,陈师以伐之也。"⑥后来陈和布结合为一词"布陈",⑦陈和铺结合为一词"铺陈"。⑧ 于是,通过这些假借词,赋又进一步演化出作诗和献诗表达作者之志的意思。《左传》载:"(隐)公入而赋:'大隧之中,其乐也融融。'姜出而赋:'大隧之外,其乐也泄泄。'"⑨杜预(222—285)注云:"赋,赋诗也。"孔颖达释曰:"赋诗谓自作诗也。"⑩

综上所述,作为布、敷、铺的假借字,赋又进一步延伸出两项含义,

---

① 《国语集解》卷一,第 12—13 页。

② 顾颉刚:《诗经在春秋战国间的地位》,《古史辨》,第三册,香港:太平书局,1963 年,第 326 页;朱自清:《诗言志辨》,第 6—11 页。

③ 金开诚、董洪利、高路明编:《屈原集校注》,北京:中华书局,1996 年,《惜诵》,第 446 页;《抽思》,第 508 页。

④ 王先谦编:《荀子集解》卷十八,第 480 页。

⑤ 《毛诗正义》卷十六,第 1122 页。

⑥ 朱熹:《诗集传》卷十八,第 217 页。

⑦ 见《荀子集解》卷七,《王霸》,第 203 页。

⑧ 逯钦立(1911—1973):《先秦汉魏晋南北朝诗》卷十二,北京:中华书局,1983 年,《汉诗》,第 327 页。

⑨ 《春秋左传正义》卷二,隐公元年,第 64a—64b 页。

⑩ 《春秋左传正义》卷二,隐公元年,第 64a 页。参朱自清:《诗言志辨》,第 14—15、76—77 页。

其一为诵诗敷布天子、诸侯或王国之志，其二为做诗和献诗表达作者之志。如同郑玄所云："凡赋诗者，或造篇，或诵古。"①

　　最后一个问题是作为文体的赋如何获得这一名称。朱自清指出："荀子《赋篇》称赋，当也是自做诗之义。"②褚斌杰和骆玉明认为这一文体命名的原因是赋以诵读而被呈献。③ 这些见解十分有理，可以进一步加以发挥。现存荀子、宋玉（约前298—前222）及其他先秦作者的赋作长期以来被怀疑为不可靠，但近年来出土的宋玉《御赋》及其他战国楚赋证实了先秦赋作的可信性。④ 这些早期赋体现两个共同特点：其一是散文和韵文交替，其二是往往采用对话的框架，通常是君王与臣子之间的对话。⑤ 散文和韵文的混用说明这些作品是用来诵读而不是歌唱的，而对话的框架则说明作者作赋的目的是呈献君王。宋玉的几首赋即明确表明是应楚王之命而制作和诵读的。⑥ 此外，在对话中，君王的话语表现其意志，而臣子的话语则表达作者之志。赋字包含了所有这些意义：作者本人制作的一首诗；作诗的目的为献诗；献诗采用诵读的方式；此诗既敷陈君王之志，也表达作者之志。于是，赋成为称呼这一新文体的合适词语。⑦

---

① 孔颖达：《毛诗正义》卷九，《常棣》诗注引，第664a页。
② 朱自清：《诗言志辨》，第77页。
③ 褚斌杰：《论赋体的起源》，《文学遗产增刊》14(1982)：30—38；骆玉明：《论不歌而诵谓之赋》，《文学遗产》2(1983)：36—41。
④ 李学勤：《唐勒、小言赋和易传》，《简帛佚籍与学术史》，南昌：江西教育出版社，2001年，第373—379页；马承源编：《上海博物馆藏战国楚竹书》，《序》，第2页。
⑤ 参曹明纲：《赋学概论》，上海：上海古籍出版社，1998年，第8—12页。
⑥ 萧统(501—531)：《文选》卷十九，北京：中华书局，1977年，第7a、26a页。
⑦ ［日］铃木虎雄和曹明纲认为赋之命名出于两个原因：诵读和铺陈；见［日］铃木虎雄著、殷石臞译：《赋史大要》，台北：正中书局，1976年，第1页；曹明纲：《赋学概论》，第6—8页。但战国赋并未呈现细致铺陈和直接表达的特征，而且东汉之前这些特征尚未被解释为修辞手段和文学技巧。

五、结语

赋字代表早期文学中的一个特殊范畴,联结着三个谜一般的问题:其一是六诗分类的诗体之一,其二是修辞手段和诗歌技巧,其三是文体名称。通过追溯赋字之语义起源和延伸演变,本章对这三个问题作出新的诠释。赋字本义为征收兵役;至西周晚期和春秋时期,赋增加了征收军实用品的含义,并逐渐演变为泛指各种形式的赋税。由于赋原本并未包括财富的征收,其偏旁"贝"很可能是后来所增,而赋字之初构应为武。有周一代,武亦被用来指《大武》乐章,六诗之一的赋诗很可能指的就是《武》诗。通过考察有关《大武》乐章的文献和论著,本章以新的证据考述六首《武》(《赋》)诗:《酌》《武》《赉》《般》《象》及《桓》。除《象》诗不存外,其余五首皆保存在《诗经·周颂》中。

此外,赋字还被用为布、敷及铺的假借字,并由此而延伸出两组意义。第一组为敷布、陈述、铺陈等。基于这一组新意义,汉儒在无法解决六诗和六义的矛盾时,将赋重新定义为细致铺陈和直接表达的修辞手段和诗歌技巧。第二组意义是诵诗敷扬君王之志和作诗献诗表达作者之志。由于这一组意义充分传达出战国时一种新文体的特征,赋字遂被用来命名这一文体。

第十一章
诗可以群辨[*]

一、引言

　　《论语》载孔子述《诗经》的功用:"《诗》可以兴,可以观,可以群,可以怨。迩之事父,远之事君;多识于鸟兽草木之名。"①兴、观、群、怨这四个言简意赅的命题经过后人的反复诠释和发挥,对中国传统诗歌的发展产生了极为深远的影响。但是,在这一漫长的诠释过程中,这四个命题的内涵也发生了一定的演变。限于篇幅,本章将集中于研究第三个命题《诗》可以群,探讨此命题在孔子观念中的可能含义和在后世的

＊ 本章前半部分原为 1996 年在科罗拉多大学读博时,提交柯睿(Paul W. Kroll)师所授课程的学期论文,得到柯老师的重要批改和鼓励,谨此致谢。后于 1997 年发表于科罗拉多大学主办的"Annual Meeting of American Oriental Society (Western Branch)";2001 年 1 月发表于浸会大学举办的"东方诗学国际研讨会"。其后正式发表为:"An Interpretation of 'Shi keyi qun'," *T'oung Pao: International Journal of Chinese Studies* 87 (2001): 1‐13;后半部分则摘要自一篇早期论文:《〈诗〉可以群:中国传统诗歌普及化轨迹描述》,《江海学刊》4 (1989):149—155。
① 《论语・阳货》,17.9。

演变,以及对中国传统诗歌发展的深远影响。

关于《诗》可以群,有代表性的传统诠释为孔安国之"群居相切磋",及朱熹之"和而不流"。① 这些诠释虽然不无道理,但并未触及群字在孔子观念中的本质意义。有代表性的现代诠释为学《诗》可以使人懂得如何处理各种社会伦理关系,从而起到交流协和社会情感的作用。② 这一诠释已较接近孔子的原义,但还需要从训诂学的角度对"群"字作更加深入完整的分析论证。

二、群字新释

在《说文解字》中,许慎训群字为"从羊君声"。③ 徐铉(916—991)和徐锴(920—974)皆视羊为群之语源,因"羊性好群"。④ 段玉裁谓由此而"引申为凡类聚之称"。⑤ 其他学者则列举证据说明在孔子的时代,群字已被用来泛指人或动物之群聚。

然而,《说文》还列举了另一个羣字,并训之为"群居也;从宀君声"。⑥ 王筠(1784—1854)云:"(许慎)以'群'说'羣',区别之词也。谓'群'为'三百维群'之专字;其'敬业乐羣'之比,当用'羣'也。'居'义不

---

① 程树德编:《论语集释》卷三十五,第1212、1213页。
② 以李泽厚、刘纲纪所述最为深入,见其《中国美学史》卷一,北京:中国社会科学出版社,1987年,第129页。
③ 许慎:《说文解字》,第78b页。
④ 徐铉校:《说文解字》,1809年刊本;徐锴:《说文系传》,《四部备要》本;引自丁福保编:《说文解字诂林正补合编》,第四册,台北:鼎文书局,1975年;以下简称《诂林》,第333页。
⑤ 段玉裁:《说文解字段氏注》,南京:凤凰出版社,2007年;引自《诂林》,第四册,第333页。
⑥ 《诂林》,第六册,第692页。

重,以从'宀',故云尔。"[1]钱坫(1741—1806)亦云:"《论语》'群居'字如此(指窘)。"[2]清毛际盛(1764—1792)和薛传均(1788—1829)亦皆谓窘应为正字,后与群混而不能别。[3] 综合这些学者所述,窘字原用以指人之群居,而群则用以指羊之群聚;后来二字混用于各种事物之聚集,逐渐地群成为常用之字,而窘则很少再被使用。

对窘字的语义及语音构成的进一步分析,表明"宀"是指示房屋之义符,仅用以表示一般的意义,"君"则是具有指意及指声双重功能之真正字源。许慎将君训为尹与口之会意字,[4]但段玉裁及另二位清代学者朱士端和陈诗庭皆指出尹亦声。[5] 现代学者对上古音的拟构也表明尹、君、群和窘四字之间的语音联系。下表所列为高本汉、[6]李方桂、[7]郑张尚芳[8]对此四字的拟音重构。

表一　尹、君、群、窘的上古音重构

字	高韵/音	李韵/音	郑张韵/音
尹	真/iuen	真/gwjinx	真/gwlin?
君	文/kiwən	文/kwjən	文/klun

① 王筠:《说文句读》,《诂林》引,第六册,第 692 页。
② 钱坫:《说文解字斠诠》,《诂林》引,第六册,第 692 页。
③ 毛际盛:《说文解字述谊》;薛传均:《说文答问疏证》,《诂林》引,第六册,第 692 页。
④ 《诂林》,第二册,第 1160 页。
⑤ 段玉裁:《说文解字段氏注》;朱士端:《说文校定本》;陈诗庭:《读说文证疑》,《诂林》引,第二册,第 1161—1163 页。
⑥ Bernhard Karlgren, *Grammata Serica Recensa*, Stockholm: The Museum of Far Eastern Antiquities, 1957; reprint, Kungsbacka: Elanders Boktryckeri Aktiebolag, 1972, p. 126, p. 320;高本汉著、张洪年译:《中国音韵学大纲》,台北:台湾编译馆,1972 年,第 121 页。
⑦ 李方桂:《上古音研究》,北京:商务印书馆,1980 年,第 48—49、66—67 页。
⑧ 郑张尚芳:《上古音系》,上海:上海教育出版社,2003 年,第 389、530 页;《汉字形音义演变大字典》工作委员会:《汉字字音演变大字典》,南昌:江西教育出版社,2012 年,第 475、285、1415 页。

（续表）

字	高韵/音	李韵/音	郑张韵/音
群	文/ɡíwən	文/ɡwjiən	文/ɡlun
窘	［文/ɡíwən］	真/ɡwjin	文/ɡlun

从上表可知,此四字的韵母皆被认为属于文部或真部。而文部和真部在上古十分相近,至汉代已混而不分;许多清代学者如顾炎武(1613—1682)、江永(1681—1762)、戴震(1724—1777)、孔广森(1751—1786)等甚至直接将二韵合为一部。① 故此四字的语音在上古应十分相近。

根据上面的语音分析,可知在君字之构形中,口符仅是指示"说"之一般语义构成成分,真正的字源应为尹。在《说文》中,尹被训为"治也。从又丿,握事者也"。② 清代学者许彦华不同意许慎的意见,指出此字在金文中写作从又丨声。③ 甲骨文尹字构形亦同此。④ 王国维分析为以手执笔象形;⑤刘兴隆谓既象以手执笔又象以手执杖。⑥ 徐中舒云:"丨象杖,以手持杖,示握有权力以任事者。"⑦

值得注意的是,尹字初构非常接近父字初构。在一些金文字例中,

---

① 参看李方桂:《上古音研究》,第 67 页;William G. Boltz, *The Origin and Early Development of the Chinese Writing System*, New Haven: American Oriental Society, 1994, p. 124.

② 《诂林》,第三册,第 1024 页。

③ 谢彦华:《说文闻载》,《诂林》引,第三册,第 1026 页。

④ 董作宾等编:《殷墟文字甲编》,台北:"中央研究院"历史语言研究所,1976 年,第 2868 号;《殷墟文字乙编》,台北:"中央研究院"历史语言研究所,1994 年,第 454 号;中国社会科学院考古研究所:《甲骨文编》,北京:中华书局,1965 年,第 118 页。

⑤ 王国维:《观堂集林》,第六册,第 3a 页,收《民国丛书》,第九十二册,上海:上海书店,1992 年,第 4 编。

⑥ 刘兴隆:《新编甲骨文字典》,北京:国际文化出版公司,1993 年,第 156 页。

⑦ 徐中舒主编:《甲骨文字典》,成都:四川成都出版社,1998 年,第 286 页。

父字象以手举斧；①但是在甲骨文及其他金文字例中，父字又象以手举杖，②构型非常近似尹字。唯一不同者是在父字的构型中，手的位置较低，象以手举杖；而在尹字构型中，手的位置较高，象以手持杖。在《说文》中，父亦写如以手举杖，并被训为"家长率教者；从又举杖"。③ 尹之本意可能亦为家长或族长，如甲骨文中常可见到之"族尹"一词，张政烺即训之为族长。④《尔雅》云："尹，正也。"郭璞注云："尹，官正也。"⑤《广雅》亦云："尹，官也。"⑥但在夏、商、周三代，父权等级制度构成社会基础，血亲家族成为统治机构，其时从上到下所有政治首领及官吏，实际上皆由等级化家族中之族长或家长担任。王国维早已提出周人"宗君合一"说。⑦ 许倬云指出："通过将家族关系与政治制度等同，周天子使家族首领成为政治首领。"⑧钱杭则详加论述：

> 君位，指社会公共职务，宗主，指宗族首领的身份，两者在一定条件下会"合一"。比如周天子系列与周氏宗主系列，尽管性质不同，但实际上合一。这是由于继王位者大多为嫡长子，而所谓嫡长子，恰恰要从宗法血缘关系方面才能加以认准。各"以国为氏"的

———————

① 例如，《子父辛鼎》和《木父壬鼎》，收罗振玉、王辰编：《殷文存·续殷文存》卷一，台北：台联国风出版社，1980 年，第 5 页。参容庚、张振林、马国权编：《金文编》，北京：中华书局，1985 年，第 182—185 页。
② 董作宾：《小屯·殷墟文字甲编》，台北："中央研究院"历史语言研究所，1948 年，第 2423 号；刘鹗《铁云藏龟》卷一百九十六（石印本，1904 年），第 1 页；考古研究所：《甲骨文编》，第 117 页。
③《诂林》引，第三册，第 1007 页。
④ 张政烺：《卜辞裒田及其相关诸问题》，《考古学报》1(1973)：110。
⑤《尔雅注疏》卷三，《十三经注疏整理本》，第 91b 页。
⑥ 王念孙：《广雅疏证》卷四下，北京：中华书局，1983 年，第 16a 页。
⑦ 王国维：《殷周制度论》，收《观堂集林》卷十，第 231—244 页。
⑧ Cho-yun Hsu, *Ancient China in Transition*, Stanford：Stranford University Press，1965，p.3.

诸侯君位继承，与此呈同样现象，即使出现非嫡长继承，但继承范围始终不出同一父系世系，继承者必为该长宗主。在卿大夫阶层，政治身份的世袭与宗主身份的传递基本相合。如春秋时，晋国范氏宗族世袭晋卿，宗、君合一者为士蒍、范武子、范文子、范共子、范宣子、范献子、范昭子；鲁国季氏宗族世袭大夫职与宗主身份者为季文子、季武子、季悼子、季平子、季桓子、季康子。称"子"者，宗主之谓。春秋各国情况大体一致。①

由此可知，父和尹不但构形相近，意义也有相合之处。

现在我们可从尹回归至君。首先，尹被用为君之语义和语音的双重字符，因此，相应地，君含有父、家长（族长）、君主（诸侯）、统治者等多重意义。胡厚宣已指出，在商周时代，君与父及另一字公皆为同义词。②《诗经·大雅·公刘》有"君之宗之"句，③"君"与"宗"在此处皆用如动词，指推尊公刘为宗族首领。在公刘的时代，周尚未成为国家，而仅是一个族群；公刘成功地带领其宗族成员迁居至豳地，故被推尊为周族群之总首领。④《仪礼》云："君谓有地者也。"郑玄笺云："天子、诸侯及卿大夫有地者皆曰君。"⑤然而，在商周时代，当一位诸侯或卿大夫被周王授命前往领地建立城邑时，他不仅获得一方领地，更重要的是拥有

① 钱杭：《周代宗法制度史研究》，上海：学林出版社，1991年，第77—78页。
② 胡厚宣：《殷代封建制度考》，收《甲骨学商史论丛初集》，《民国丛书》，第八十二册，上海：上海书店，1989年，第1编，第33—34页。
③《毛诗正义》卷十七，《十三经注疏整理本》，第250首，第1312a页。
④ 参看钱杭：《周代宗法制度史研究》，第72—73页；许倬云：《西周史》，北京：生活·读书·新知三联书店，1994年，第54页。"宗"之本义为祖庙，引申亦指宗族首领、族长，如李亚农指出，"所谓'宗'，就是整个氏族的统率者，宗庙之所在，为全族人所尊敬的总家长。"见其《欣然斋史论集》，上海：上海人民出版社，1962年，第258页。
⑤《仪礼注疏》卷二十九，《十三经注疏整理本》，第639b—640a页。

或多或少之族群成员。① 故诸侯或卿大夫首先是其族群之族长,甚至周王本身亦是周王族之宗主。《诗经·小雅·伐木》诗云:"既有肥羜,以速诸父。"毛疏云:"天子谓同姓诸侯,诸侯谓同姓大夫,皆曰父。"②据此,所有"有地"之天子、诸侯及卿大夫皆既是君又是父。此外,君与尹亦可互训。在商代,大多数卿大夫皆拥有领地和族群,而领地在王朝近郊的诸侯往往在朝中任职,领地在边境的诸侯则相当于戍边官员。③

其次,君又被用为构成窘之语义和语音双重字符。考虑到君之语源意义,窘应可训为由君(族长或君王)率领或统治的居住于城邑中的族群。有关商周城邑和墓群的考古发现,生动展示了窘字之构形本义。例如,山西垣曲商邑,其中有一主体宫室,位于城中部,由六座夯土台基组成,最大一级面积有一千多平方米;④陕西清涧李家崖商邑,其中有一主体宅落,房子布局呈品形,面积达一千平方米。⑤ 这些主体宫室或宅落的主人当为邑中之诸侯或族长。殷墟西区墓葬发掘报告称,根据墓群的分布情况及所发掘出来的随葬品及族徽,"这片大墓地的各个墓区可能是属于宗氏一级组织,而每个墓区中的各墓群可能是属于分族的"。尤其值得注意的是,在所发掘的九百三十九座墓中,有五座带有墓道,随葬有精制的铜器、车马器与玉器,并有较多的殉葬人。⑥ 这

---

① Kuang-chih Chang, *Shang Civilization*, New Haven: Yale University Press, 1980, p. 165, p. 193.

② 《毛诗正义》卷九,第 165 首,第 677a—677b 页。

③ 胡厚宣:《殷代封建制度考》,第 38—39;Kuang-chih Chang, *Shang Civilization*, p.193. 另参看饶宗颐:《殷代贞卜人物通考》;李学勤:《甲骨文与殷商史》,于省吾、姚孝遂编:《甲骨文字诂林》引,北京:中华书局,1996 年,第 903—907 页。

④ 《中国考古学年鉴(1986)》,北京:考古出版社,1986 年,第 94—95 页。

⑤ 张映文、吕智荣:《陕西清涧李家崖古城址发掘报告》,《考古与文物》1(1988):47—56。

⑥ 安阳发掘队:《1969—1977 年殷墟西区墓葬发掘报告》,《考古学报》1(1979):119—120。

五座墓的主人可能即为族长。此外,河北房山所发现的西周时代燕国墓地,亦按族群有规则排列,可能亦属于同一宗族之不同分支;其中有一些较大的墓,不但殉葬人及随葬品皆较多,而且发现刻有诸如"父乙""父辛"之类人名的铜器。① 其主人亦当为族长或分支之家长。

事实上,宭(群)字的确含有亲族之义。《礼记》云:"三年之丧何也?曰:'称情而立文,因以饰群,别亲疏贵贱之节。'"郑玄笺云:"群谓亲之党也。"孔颖达疏云:"群谓五服之亲也。"② 五服,指以男子为中心的,上至高祖、下至玄孙、旁及三从兄弟的父族,再加母族、妻族的服丧系统。③ 则宭(群)之初义应指某种血缘最近之基本亲族或族群。

此外,不少早期文献论及君与群之关系。《逸周书》云:"从之成群曰君。"④荀子云:"君者何也? 曰能群也。能群者何也? 曰善生养人者也,善班治人者也,善显设人者也,善藩饰人者也。"⑤《吕氏春秋》称:"群之可聚也,相与之利也;利之出于君也,君道立也。"⑥其后董仲舒亦云:"君者,不失其群者也。"⑦尤其值得注意的是,荀子甚至将"能群"作为人兽之别的标准:

---

① 琉璃河考古工作队:《北京附近发现的西周奴隶殉葬墓》,《考古》5(1974):309—321;北大历史系考古教研室:《商周考古》,北京:文物出版社,1979 年,第 192—194 页。

② 郑玄、孔颖达:《礼记注疏》卷五十八,收《十三经注疏整理本》,第 1816b 页。

③ 参看邹昌林:《中国礼文化》,北京:社会科学文献出版社,2000 年,第 147 页。虽然五服之明确制为礼文在周代,但其基本礼节可能已出现于商。参看陶希圣(1899—1988):《服制之构成》,《食货月刊》9.1(1971):472;Allen J. Chun, "Conceptions of Kinship and Kingship in Classical Chou China," *T'oung Pao* 76(1990):38 – 47.

④ 《逸周书·谥法解》(《抱经堂丛书》本)卷六,第 23a 页。

⑤ 王先谦:《荀子集释》卷八,第 237 页。

⑥ 陈奇猷:《吕氏春秋校释》卷二十,上海:学林出版社,1984 年,第 1321 页。

⑦ 董仲舒:《春秋繁露》(《四部丛刊初编》本)卷五,第 1a 页。

力不若牛,走不若马,而牛马为用,何也? 曰:人能群,彼不能群也。人何以能群? 曰:分。……故人生不能无群,群而无分则争,争则乱,乱则离,离则弱,弱则不能胜物,故宫室不可得而居也,不可少顷舍礼义之谓也。能以事亲谓之孝,能以事兄谓之弟,能以事上谓之顺,能以使下谓之君。君者,善群者也。①

此处群显然不表示类聚之义,而是谓有君臣上下亲疏之分的族群组织和宗法秩序;其原字疑亦当为𡩊。

三、诗可以群新释

现在我们可以回到孔子之《诗》可以群并作出新的诠释。周代的礼乐文化建立于宗法等级制的基础之上。在这一制度下,由具有绝对权威之父家长(族长)领导的族群维持着社会等级秩序。无数族群构成的宗法之网分布天下,因此,周代的政治结构基本上是家族结构的反映。到了春秋时代,作为社会基本组织之族群仍然十分活跃。② 在族群内部,每一个体皆受限于等级化的宗法结构及规范化的人伦关系。这一结构的核心是父与君:父是家庭或家族的权威,正如君是邦国或王朝的统治者;父子关系被用来比拟君臣关系。孔子思想中的基本观念诸如仁、义、忠、孝等,即与维护这一等级化的社会伦理关系相关。简要地说,义是由每个个体在家族和社会的名分地位所决定的义务责任;③忠强调臣对君的忠诚;忠的基础为孝,即子对父兄的孝悌;仁由孝悌的亲

---

① 《荀子集释》卷五,第164—165 页。
② 参看许倬云:《西周史》,第155 页。
③ 参看本书第一章。

子之爱而自然扩充至爱所有人。①

　　如前所述,宭(群)字包涵父与君之权威,其本义为族群,其引申义则为泛亲族——泛指人之社会群聚。这样,当孔子用宭(群)字作为动词说明《诗经》的功用时,他指的应是《诗经》可以使人懂得如何协调个人与族群及社会成员的各种人伦关系,从而自觉地实践仁、义、忠、孝等伦理观念,起到维护礼制的等级秩序的作用。值得注意的是,在《论语》中,紧接着兴、观、群、怨的论述,孔子又说:"迩之事父,远之事君。"这是对诗可以群的最好注脚。孔子弟子曾子云:"君子以文会友,以友辅仁。"②此可看成是曾子对于诗可以群的阐发。《礼记·乐记》称:"故乐者……所以合和父子君臣、附亲万民也。"③上古时诗乐舞三位一体,《乐记》所论乐之功用,应包括诗在内;④因此,这也是对孔子所言《诗》可以群地阐发。

　　孔子为什么认为《诗》可以群? 这个问题可以从两方面来回答。首先,《诗经》是周代礼乐文化最重要的典籍之一,其本身反映了周代的历史发展、社会制度、伦理规范和生活经验。例如,收于《颂》和《大雅》部分的史诗和祭祀乐歌歌颂商周民族的起源和历史;收于《雅》部分的宴饮乐歌描述礼乐文化中的燕飨礼仪活动,颂美乐歌歌颂君子贤臣的内德外仪之美,等等。这些乐歌能够兴起对祖先的尊仰之情,强调延续宗族的责任感,及兴发合乎礼义的伦理情感。⑤

---

① 参看本书第三章。
② 《论语·颜渊》,12.24。
③ 《礼记正义》卷三十九,《十三经注疏整理本》,第 1334b 页。
④ 如《礼记·乐记》又云:"德者,性之端也。乐者,德之华也。金石丝竹,乐之器也。诗,言其志也。歌,咏其声也。舞,动其容也。三者本于心,然后乐器从之。"见《礼记正义》卷三十八,第 1295b 页。
⑤ 关于这方面的详细论述,参看赵明主编:《先秦大文学史》,长春:吉林大学出版社,1993 年,第 271—275 页。

其次,在春秋时代,赋诗言志已形成传统。士大夫出使他国,往往断章取义,赋诗言志,进行外交酬对。《左传》《国语》中此类记载甚多。孔子云:"诵《诗》三百,授之以政,不达;使于四方,不能专对。虽多,亦奚以为?"①此突出强调《诗》之实际社会政治功用。赋诗言志并不限于外交场合,也用来在日常社交生活中交流思想感情。如《论语·学而》载:

> 子贡曰:"贫而无谄,富而无骄,何如?"子曰:"可也。未若贫而乐,富而好礼者也。"
> 子贡曰:"《诗》云:'如切如磋,如琢如磨。'其斯之谓矣?"子曰:"赐也,如可与言《诗》而已矣。告诸往而知来者。"②

在政治及社交场合赋诗言志在春秋时代非常盛行,虽然所被引用的诗篇往往仅是断章取义,这些诗歌确实被用来协调社会秩序和人伦关系,以及巩固周王朝和诸侯国之统治。孔子可能就是在总结了这些实践之后,得出诗可以群的结论。

四、《诗》可以群的影响

赋诗言志随着春秋战国时代的结束而结束,《诗经》在汉代以后被尊奉为儒学经典,并不仅是文学作品。但是,《诗》可以群对于诗歌的伦理政治功用、协调社会秩序、谐和人际关系的强调,却与孔子的其他思想观念一样,以其超时空的权威对此后两千多年中国传统诗歌的发展

---

① 《论语·子路》,13.5。
② 《论语·学而》,1.15。

产生了不可低估的影响。后代儒学以诗歌为政教工具的理论与这一观念有一定关联,而中国传统诗歌自汉魏以降的逐渐应酬化、普及化和技术化的发展方向,更可直接追溯至这一观念。

东汉卫宏在《毛诗序》中说:"正得失,动天地,感鬼神,莫近于诗。先王以是经夫妇,成孝敬,厚人伦,美教化,移风俗。"其中"经夫妇,成孝敬,厚人伦"即从诗可以群引申而来。这样,诗可以群与兴、观、怨一道,经过汉儒的阐发,形成主导中国古代诗史的政教工具论。但是,除此之外,诗可以群又具有自己的独特重要影响,即促使中国传统诗歌的很大一部分逐渐朝着"以文会友"之社交应酬化方向发展。在梁代,钟嵘已将诗可以群解释为"嘉会寄诗以亲"。① 到了清代,黄宗羲更明确地指出:"群是人之相聚,后世公宴、赠答、送别之类皆是也……善于风人答赠者,可以群也。"②这已经不是对诗可以群本意的阐发,而是包括了对其在中国传统诗歌发展中的实际影响的总结。这种影响的结果,首先是形成中国传统诗歌的一大特性——社交应酬性。钱锺书指出:"从六朝到清代这个长时期里,诗歌愈来愈变成社交必需品,贺喜吊丧,迎来送往,都用得着,所谓'牵率应酬'。"③世界上没有一种诗歌像中国诗歌这样在社交场合上发挥了如此广泛巨大的作用。

早在《诗经》时代,就已经出现应酬诗的萌芽。例如,《小雅》之《鹿鸣》《南有嘉鱼》《蓼萧》《湛露》《彤弓》等,都是宴乐宾客之歌;《邶风·燕燕》《秦风·渭阳》《大雅·烝民》等,都是送别之歌。前者能够融洽宾主关系,后者能够加深离别之情。汉代有传说中的汉武帝与其从臣的《柏梁台》联句,是一首宫廷宴会诗,但这一传说未必可靠。应酬诗的正式

① 王叔岷:《钟嵘诗品笺证稿》,北京:中华书局,2007年,第77页。
② 黄宗羲:《汪扶晨诗序》,收《南雷文定》四集(《续修四库全书》)卷一,第11a页。
③ 钱锺书:《宋诗选注·序》,北京:人民文学出版社,2005年,第43页。

发展,开始于汉末建安时期。这一时期的诗歌以乐府诗为主,但曹丕兄弟及建安七子等邺下诗人,都写有一些应酬诗。刘勰在称赞建安诗歌"雅好慷慨,良由世积乱离,风衰俗怨,并志深而笔长,故梗概而多气"的同时,又指出其"怜风月,狎池苑,述恩荣,叙酣宴"的一面。① 建安诗歌中,宴会、送别、赠答、应制这四种最基本的应酬诗类型都已经出现,虽然流传下来的数量不多。宴会诗能够增添佳会的喜庆融洽气氛,促进宾主之间的情谊;送别诗可以宽慰离群之心,增进友情;赠答诗有利于双方思想情感的交流;应酬诗能够协调君臣关系。这些都符合孔子关于诗可以群的要求。随后在魏晋南北朝时期,应酬诗的数量不断增加,上述四种应酬题材都得到了进一步的发展与完善。特别是随着南朝皇族日益喜爱和掌握诗歌,宫廷日益成为创作中心,应酬诗也繁盛一时,成为最主要的应酬题材。此外,这一时期还开始出现一些新的应酬题材。应酬诗至唐代而大备,干谒、题咏、访问、酬谢、庆贺、吊丧、诗体信等题材纷纷涌现。应酬中心从宫廷及上流社会扩大到日常社交生活的各个方面,可谓无所不及。应酬对象之广,从皇帝到家中妻儿,从活人到死人,从人到物,可谓无所不包。应酬已经明显地成为诗歌的一大功用和特征。宋元之后,应酬诗继续发展繁荣,在社交生活的各个方面发挥着越来越大的作用,在诗歌创作中所占比重也日益增加。到了清代,已是"每见时人,一部集中,应酬居什九有余,他作居什一不足"。② 应酬诗中有一部分好诗,如唐人的送别诗,但多数应酬诗是社交场合"牵率应酬"的产物。诗人写作应酬诗,往往不是出于创作的冲动,而是社交酬酢的需要,因此,很大一部分应酬诗的质量是不高的。然而,尽管

---

① 刘勰著、范文澜编:《文心雕龙注》卷九,《时序》,第 674 页;卷二,《明诗》,第 66 页。
② 叶燮:《原诗·外篇下》,第 10a 页。

应酬诗的总体成就不高,却毕竟是中国传统诗歌的一个重要发展方向和突出特征。它实践了孔子提出的诗可以群的观念,在两千年的漫长历史时期中,发挥了协调社会秩序和融洽人与人之间关系的重要作用。①

从诗歌的应酬化,中国传统诗歌进一步形成普及化的现象。中国古代诗歌创作的另一个突出特色,是在士大夫阶层的普及,几乎人人都会作诗。这种普及化的原因是复杂多样的,有传统文官制度的原因,有政教工具论的影响,但最主要的原因,却可能是由诗可以群发展而来的诗歌的社交应酬特性。诗歌可以用来协调人与人之间的社会伦理关系,交流人们的思想情感,所以孔子又说:"不学《诗》,无以言。"②语言正是人们进行社会交往的工具。《汉书·艺文志》解释孔子这句话说:

> 传曰:"不歌而颂谓之赋,登高能赋可以为大夫。"言感物造端,材知深美,可与图事,故可以为列大夫也。古者诸侯公卿大夫交接邻国,以微言相感,当揖让之时,必称《诗》以谕其志,盖以别贤不肖而观盛衰焉。故孔子曰"不学《诗》,无以言"也。③

"学《诗》"在当时指颂诗、赋诗,但对于后人来说,却可以理解为指学作诗。政治外交及社交往来不是单方面就能进行的事,应酬诗总是有酬有应,有赠有答,所以人人都应掌握诗这一语言工具,才能进行相互交流。于是,从《诗》可以群、"不学《诗》,无以言""登高能赋可以为大

---

① 关于中国传统诗歌应酬化的详细讨论,参看贾晋华:《〈诗〉可以群:中国传统诗歌普及化轨迹描述》:156—157。
② 《论语·季氏》,16.13。
③ 班固:《汉书·艺文志》卷三十,第 1755—1756 页。

夫"出发,随着诗歌的日益社交应酬化,日益在政治及社会生活的各个
方面发挥作用,诗歌创作也日益在士大夫阶层普及化,成为人们普遍掌
握的社交工具。诗歌的应酬化滥觞于建安时代,诗人队伍的扩大也始
于此时:

> 魏武以相王之尊,雅爱诗章;文帝以副君之重,妙善辞赋;陈思
> 以公子之豪,下笔琳琅;并体貌英逸,故俊才云蒸。仲宣委质于汉
> 南,孔璋归命于河北,伟长从宦于青土,公幹徇质于海隅;德琏综其
> 斐然之思,元瑜展其翩翩之乐;文蔚休伯之俦,子叔德祖之侣。傲
> 雅觞豆之前,雍容衽席之上,洒笔以成酣歌,和墨以藉谈笑。①

此后操觚之士日益增多,西晋时金谷盛会,未能成诗者已经罚酒三
斗;东晋时兰亭流觞,未作诗者亦为当世所讥笑。至南朝宋、齐、梁、陈
诸朝,皇帝皆笃好诗文,宫廷宴游赋诗成风,尚文之士往往被封以高官
厚禄。于是天下向风,人自雕饰,缙绅之徒,世家之族,皆成作者。隋代
的李谔批评这种风气说:

> 魏之三祖,更尚文词,忽君人之大道,好雕虫之小艺。下之从
> 上,有同影响,竞骋文华,遂成风俗。江左齐梁,其弊弥甚。贵贱贤
> 愚,唯务吟咏……世俗以此相高,朝廷据兹擢士。禄利之路既开,
> 爱尚之情愈笃。于是闾里童昏,贵游总角,未窥六甲,先制五言。②

尽管曹丕曾经强调文章是"经国之大业",李谔仍责备其"忽君人之

---

① 《文心雕龙注》卷九,《时序》,第 673 页。
② 李谔:《上隋高祖革文华书》;魏徵:《隋书》卷六十六,第 1544 页。

大道";李谔推尊风教,但又反对"贵贱贤愚,唯务吟咏",这就说明政教工具论并不是诗歌普及的主要因素。诗歌的应酬化至唐代而完成,诗歌的普及化亦至唐代而最后形成。南朝诗人虽盛,却大多出自士族。而唐代无论士庶,率皆能诗,盛况空前。历来论唐诗繁荣原因,多举唐代科举以诗取士,但进士试诗赋始于武后、中宗之时,而早在唐代之前的南朝,就已经是"世俗以此相高,朝廷据兹擢士";唐太宗至中宗朝宫廷诗创作的持续隆盛,又进一步奠定了推崇和普及诗歌的基础。[①] 以诗取士尚有其他复杂因素,但诗歌普及的基础却是其首要前提,没有这一前提,要求进士试诗赋是不可想象的。其后,由于诗歌成了青年士子的法定必修课程,以及行卷之风的盛行,[②]进士试诗反过来才进一步促进了诗歌的普及和繁荣。到了宋代,随着应酬诗的继续繁盛发展,诗歌在社会生活各个方面无所不用。尽管已经不再以诗取士,诗歌作者仍然遍及于士大夫阶层,出现"人各有集,集各有诗。……少者千篇,多至万首"的繁盛局面。[③] 这种士大夫普遍能诗的局面一直持续到清代。虽然其中大多数人算不上是真正的诗人,虽然成千上万的诗集早已湮没无闻,但这毕竟是中国诗歌史的一种特殊现象。这一现象助成诗歌王国的繁荣,众星拱月般地烘托出真正的伟大诗人。

从诗歌的普及化,又不可避免地导向诗歌写作的技术化。古代西方流行灵感说,认为诗歌创作是少数人的神秘特殊天赋。而在古代中国,却人人都会作诗。虽然其中大多数人并不具备诗人的禀赋,缺乏真

---

① 详细讨论参看贾晋华:《〈诗〉可以群:中国传统诗歌普及化轨迹描述》:152—153;《唐代集会总集与诗人群研究》,北京:北京大学出版社,2015年,第11—72页。
② 参看程千帆:《唐代进士行卷与文学》,上海:上海古籍出版社,1980年。
③ 刘克庄(1187—1269):《竹溪诗序》,收《后村集》(《四库全书》)卷二十三,第16b页。

正的灵感,却仍然能够写出相当像样的诗篇,不太难堪地在优秀诗人的作品旁边站住脚跟。同时,随着诗歌成为应酬工具和干禄手段,士大夫们不但要学会作诗,而且还要学会迅速作诗。因为在应酬场合里,必须即席赋诗、探题分韵、限定时刻。南朝齐时,已经"集学士为诗四韵,刻烛一寸"。[①] 在宫廷场合里,往往还展开竞赛,先完成者获得赏赐,后完成者则须罚酒。进士试诗,同样需要速度。因此,为了使缺乏诗歌禀赋的人也能学会作诗,就必须将诗歌变成一门可学习的技术;为了使诗歌创作迅速便捷,就必须形成一套现成的格律、词藻和法则,以供随时套用。

首先,从六朝至唐初,诗歌形式经历了一个逐渐格律化的发展过程,这一过程的完成以隋代定型的陆法言《切韵》和唐初定格的律诗的出现为标志。《切韵》出现后,"时俗共重,以为典规",[②]有唐一代,基本上之作为押韵的标准。与纯任口语押韵的上古诗歌不同,韵书限定了诗人的用韵范围,但同时也便利了他们的学诗和作诗,初学者只需将韵书背熟,就可以自如运用。同样,与自然声调的古诗不同,律诗对声调和对偶的要求十分严格,但同时也为初学者提供了固定不变的格式,使他们有规矩可依,可以通过学习而熟练掌握。

其次,在帮助初学者迅速掌握诗歌语言和修辞技巧方面,除了魏晋六朝以来日益发展的修辞学外,最直接有效的办法莫过于编纂类书。隋唐时所编大量类书,大多为供学习和写作诗文之用。隋杜公瞻《编珠序》称:"皇帝在江都日,好为杂咏及新体诗,偶缘属思,顾谓侍读学士曰:'今经籍浩汗,子史恢博,朕每阅览,欲其故实简者,易为比风。'爰命

---

① 李延寿:《南史》卷五十九,北京:中华书局,1975 年,《王僧儒传》,第 1463 页。
② 王仁昫:《刊谬补缺切韵序》,敦煌唐写本伯 2129。

微臣编录。"①类书"金箱玉印,比类相从",分类辑录成语典故、诗文名篇,便于初学及临文时检索典故、辞藻。不少类书还列有"事对","骈青妃白,排比对偶",极大地便利了对偶的制作。帮助丰富诗歌词藻的另一方法,是抄身古今秀句,随身携带,以为馈贫救急之粮。《文镜秘府论·南卷·论文意》引王昌龄语云:"凡作诗之人,皆自抄古人诗语精妙之处,名为随身卷子,以防苦思。作文兴若不来,即须看随身卷子。"②这种"随身宝"显然主要就是为了对付社交应酬场合上的迅速作诗。各种类书和随身卷子提供了现成的成语典故、名篇佳对、秀句美词,有效地帮助了那些才气不足、缺乏灵感、语言贫乏的诗人。

促成诗歌技术化的第三方面工作,是提示具体的作诗方法和规则。六朝时出现了不少杰出的文学理论著作,如陆机的《文赋》、刘勰的《文心雕龙》、钟嵘的《诗品》等。但这些著作主要是从理论上总结创作方法,这对于缺乏悟性的普通作者来说,仍然是远水解不了近渴。于是在唐代,出现了大量提示具体诗法的书,如王昌龄(698—757)的《诗格》、皎然(720?—803?)的《诗式》、王起(760—847)的《大中新行诗格》、齐己(863—937)的《风骚旨格》,等等。所谓"格""式",都是"法"的意思,其命名取自法典。《新唐书·刑法志》载:"唐之刑书有四,曰律、令、格、式。……格者,百官有司之所常行之事也;式者,其所常行之法也。"③诗格、诗式一类著作,即旨在提示具体常行的作诗方法、技巧、惯例、规则等。宋人曾讥皎然《诗式》为"画地为牢"的死法,但《诗式》自称"使无天机者坐获天机",则本为"无天机者"——缺乏诗歌才能的人而

① 杜公瞻:《编珠·序》(《四库全书》),第 1a 页。
② [日]遍照金刚(即空海,774—835)著,王利器校注:《文镜秘府论校注》,北京:中国社会科学出版社,1983 年,第 342 页。
③ 欧阳修(1007—1072):《新唐书·刑法志》卷五十六,北京:中华书局,1975 年,第 1407 页。

作,故不说得具体、实用,甚至死板、程式化,就不能奏效。初唐至五代诗格诗式一类著作的畸形繁荣,正说明它们在大量普通诗人中是拥有市场的。

诗歌形式的格律化和标准化,加上便于检索典故辞藻的类书,起承转合、比兴意境的各种现成构造诗法等,这些方面的工作共同促使诗歌成为一门可以通过学习而熟练掌握、便于运用的技术。优秀的诗人才学并用,而大量的普通诗人却是以学为主。例如,张九徵(1617—1684)《与王阮亭书》云:"历下诸公皆后天事,明公先天独绝。"林寿图(1809—1885)《榕阴谈屑》记张松寥语:"君等作诗,只是修行,非有夙业。"[①]此皆道破了其中消息。

五、结语

孔子提出《诗》可以群的观念,群字原本应写为宭,蕴含父和君的权威,指的是具有等级秩序的族群和社会。诗可以群强调诗歌的伦理政治和人际交往功用,指出学习和运用《诗经》可以使人懂得如何协调个人与族群和社会成员的人伦关系,自觉地实践仁、义、忠、孝等伦理观念,起到维护礼制的等级秩序的作用。这一诗学观念对其后两千多年中国传统诗歌的发展产生了深远的影响,有效地促使诗歌朝着应酬化、普及化和技术化的方向发展,使得中国古代出现人人皆会作诗的特殊现象。这一现象既造出了大量的平庸诗人和诗作,也促成了诗歌王国的繁荣,烘托出许多真正伟大的诗人,并在一定程度上促进了社会秩序的稳定和人伦关系的和谐。

---

① 引自钱锺书:《谈艺录》,北京:生活·读书·新知三联书店,2001 年,第 127 页。

第十二章

感物说溯源：从人神感通到关联模式[*]

一、引言

感物说是古典儒学的音乐和诗歌理论的基本观念之一。《礼记·乐记》所述"人生而静，天之性也；感于物而动，性之欲也"及"夫民有血气心知之性，而无哀乐喜怒之常，应感起物而动，然后心术形焉"，[①]长期以来一直被视为感物说的源头。新出土的郭店楚简《性自命出》中也出现相似的说法："喜怒哀悲之气，性也。及其见于外，则物取之也。"[②]因此，我们现在可以确知，在战国中期的儒学文献中，已经出现人之情感因外物的刺激而兴起的感物说。

关于感物说的内涵及其对中国传统文学艺术创作的深远影响，学

---

* 本章原发表为："From Human-Spirit Resonance to Correlative Modes: The Shaping of Chinese Correlative Thinking," *Philosophy East and West* 66. 2 (April 2016)：449 - 474；及《感物说溯源》，收胡晓明编：《后五四时代中国思想学术之路：王元化教授逝世十周年纪念文集》，第145—169页。
① 《礼记正义》卷三十七、三十八，《十三经注疏整理本》，第1262a、1286b页。
② 陈伟：《楚地出土战国简册(十四种)》，北京：经济科学出版社，2009年，第220—235页。参看本书第四章。

界已有大量的出色论述。胡晓明在 20 世纪 80 年代已经敏锐地指出，感物说源于天人感应的观念，承认天地万物与人具有相同相通的精神、性情、生命及灵魂，由此而形成中国诗人特殊的观物方式和创作方法。① 从这一富于启发意义的观察出发，本章进一步追溯天人感应观念的源头，从宗教信仰、礼乐文化、古典儒学和思想史的角度探讨关联思维的起源及其各种模式的衍化，从而揭示感物说所蕴含的深层关联模式。

19 世纪末至 20 世纪初，西方来华传教士开始谈论中国人的思维注重范畴之间的关联的特征，由此引发一些人类思想史学者讨论中国人的"范畴思维"或"范畴推理"。② 稍后的汉学家爱伯华（Wolfram Eberhard）、葛兰言等较为深入地描述此种思维，称之为"协调思维"（coordinative thinking）或"关联思维"（correlative thinking），认为这一思维代表了中国思想的特质。③ 其后关联思维成为普遍接受的名称，许多中外学者对这一思维的特点展开进一步的深入探讨。其中较可注意的有卫德明（Hellmut Wilhelm，1905—1990）和李约瑟（Joseph Needham，1900—1995）的看法，他们认为在关联思维中，各种概念并列于一个巨大的模式之中，而事物之间的相互影响不是由于机械式的推动或作

---

① 胡晓明：《"移情"与"感应"：中西方诗学心物关系理论比较片论》，《文艺理论研究》6(1988)：37—44。

② S. Wells Williams, *The Middle Kingdom*, New York：Scribners，1895，2：74；Emile Durkheim and Marcel Mauss，"De quelques formes primitives de classification：contibution à l'étude des representations collectives," *L'Année sociologique* 6（1901-1902），1-72. 参看 Haun Saussy，"Correlative Cosmology and Its Histories," *Bulletin of the Museum of Far Eastern Antiquities* 72（2000）：13-28。

③ Wolfram Eberhard，"Beiträgezur kosmologischen spekulation Chinas in der Han Zeit," *Baessler Archiv* 16.1 (1933)；Marcel Granet，*La pensée chinoise*，Paris：Albin Michel，1934.

用,而是由于一种神秘的感应(inductance)或共鸣(resonance)。[1] 葛瑞汉采用列维-斯特劳斯(Claude Lévi-Strauss,1908—2009)的关联理论,[2]以相似/邻近关系及隐喻/转喻关系解释关联作用中的形式化因素,进行精致复杂的结构语言学分析。[3] 史华慈则主要从宇宙论的角度分析关联思维的思想史意义。[4]

这些学者的研究从各个方面启发了我们对中国关联思维的认识。在学界研究成果的基础上,我们可以进一步探索关联思维的产生根源,一个尚未被关注的重要问题。卫德明和李约瑟关于关联作用的核心和机制为感应的看法,本来可以引向关于关联思维起源的探讨,但遗憾的是他们未在此方面展开进一步的论证。可能受到他们的启发,白光华(Charles Yvon Le Blanc)集中讨论《淮南子》中的感应观念及其与关联宇宙论的关系。[5] 这一研究很重要,但《淮南子》中的感应观念已经处于关联思维发展的较迟阶段,未能用来探讨这一思维的起源。亨德森

[1] Hellmut Wilhelm, *Chinas Geschichte: Zehn einführende Vorträge* ["China's History: Ten Introductory Lectures"], Peking: Vetch, 1944, p. 35 (文中称联想思维 [associate thinking]); Joseph Needham, *Science and Civilisation in China*, Cambridge: Cambridge University Press, 1956, *v.* 2, pp. 279 - 304.

[2] 列维-斯特劳斯的关联理论基于葛兰言关于中国关联思维的论述及雅各布森(Roman Jakobson,1896—1982)关于相似关系(similarity relation)和邻近关系(contiguity relation)、隐喻关系(metaphoric relation)和转喻关系(metonymic relation)等观念;见 Claude Lévi-Strauss, *The Savage Mind*, Chicago: University of Chicago Press, 1966.

[3] A. C. Graham, *Yin-Yang and the Nature of Correlative Thinking*, Singapore: Institute of East Asian Philosophies, 1986; *Disputers of the Tao*, La Salle, IL: Open Court, 1989, pp. 315 - 370.

[4] Benjamin I. Schwartz, *The World of Thought in Ancient China*, Cambridge, MA: Harvard University Press, 1985, pp. 350 - 382.

[5] Charles Yvon Le Blanc, *Huai-nan Tzu: Philosophical Synthesis in Early Han Thought: The Idea of Resonance (Kan-ying)*, Hong Kong: Hong Kong University Press, 1985, pp. 116 - 131.

（John B. Henderson）、史华慈、象川马丁（Martin S. Ekström）、沙尔夫
（Robert H. Sharf）及司马富（Richard R. Smith）也都敏锐地指出感应
可能是关联宇宙论的源头及关联思维的核心特征。① 然而，他们也未
就感应观念的起源和形成展开充分地探索。此外，虽然大多数学者主
要关注形成于战国晚期至汉代的关联宇宙论，也有一些学者寻找关联
思维的更早出处。吉德炜（David N. Keightley）以其对商代甲骨文和出
土文物的大量分析为基础，提出关联思维已经明显地体现于青铜时代
的占卜者那里，甚至可以追溯至新石器晚期。② 郝大维和安乐哲也致
力于从先秦诸子的思想中寻找关联思维的例证，并与因果思维（causal
thinking）进行细致比较。③ 其后安乐哲又将讨论范围扩充至从商代至
易传的关联思维模式的发展。④

二、咸/感：上古巫术仪式中的人神感通

　　在学界研究的基础上，我们可以进一步追溯关联思维的上古起

① John B. Henderson, *The Development and Decline of Chinese Cosmology*, New York: Columbia University Press, 1984; Benjamin I. Schwartz, *The World of Thought in Ancient China*, pp. 350 - 382; Martin S. Ekström, "On the *Concept* of Correlative Cosmology," *Bulletin of the Museum of Far Eastern Antiquities* 72 (2000): 7 - 12; Robert H. Sharf, *Coming to Terms with Chinese Buddhism: A Reading of the Treasure Store Treatise*, Honolulu: University of Hawaii Press, 2002, pp. 77 - 93; Richard J. Smith, *Fathoming the Cosmos and Ordering the World: The Yijing (I-Ching) or Classic of Changes and Its Evolution in China*, Charlottesville: University of Virginia Press, 2008, pp. 32 - 37.
② David N. Keightley, "Shang Divination and Metaphysics," *Philosophy East and West* 38.4 (1988): 367 - 397.
③ David L. Hall and Roger T. Ames, *Anticipating China: Thinking through the Narratives of Chinese and Western Culture*, Albany: State University of New York Press, 1995, pp. 181 - 282.
④ Ames, *Confucian Role Ethics: A Vocabulary*, Hong Kong: Chinese University of Hong Kong Press, 2011, pp. 41 - 49.

源。我们发现，这一思维的核心在于感字，其初期构形为咸，其早期意义可以追溯至上古至商代巫术传统中巫师感通神灵的能力和仪式。先秦至两汉的出土及传世文献资料中，感字含义及其复合词丰富多样，大致可分为五大类。其一为人与神的感通，如感应、感灵、感瑞、感孕、感生等。其二为人与自然事物或物与物之间的感触，如感物、感类、感气、感时、感变等。其三为人的心理情绪的感动，如感怀、感伤、感怒、感恨、感悦等。其四为伦理政治的感化，如感人、感心、感德、感义、感仁等。其五为疾病的感染，如感寒、感疾等。[①] 如此众多的义项，涉及宗教、宇宙观、心理、伦理、政治、文学、艺术、医学等领域，说明感是中国古代思想文化传统中的基本观念之一。但是，哪一种义项才是其原始的、基本的含义？从咸为感之本字看，人神感通应为其起源。

《荀子·大略》解释《周易》咸卦云："《易》之咸，见夫妇。夫妇之道，不可不正也，君臣父子之本也。咸，感也，以高下下，以男下女，柔上而刚下。"[②]荀子以感释咸，与《易传》咸卦象辞同："咸，感也。柔上而刚下，二气感应以相与，止而说，男下女，是以亨利贞，取女吉也。天地感而万物化生，圣人感人心而天下和平。观其所感而天地万物之情可见矣。"咸卦明"人伦之始，夫妇之义"，始于男女互相感应。由男女感应，进一步引申述及天地交感而化生万物和圣人之感化人心。[③] 同卦象辞云："山上有泽，咸。君子以虚受人。"王弼注云："以虚受人，物乃感应。"同卦爻辞云："初六，咸其拇。""六二，咸其腓。""九三，咸其股。"

---

① 另有感梦一项，跨越梦中与神灵感通及与其他事物感通两者，故此处未专门立项。此外早期汉译佛典中，感字已经大量出现，其义项除涵括上述之感应、感生、感动等外，还衍生出一些特殊的义项，需专文探索，故未包括在本章的讨论范围。
② 王先谦：《荀子集解》，第495页。
③ 参看本书第七章。

"九五，咸其脢。""上六，咸其辅、颊、舌。"这些咸，王弼、孔颖达也都释为感。①此外，临卦爻辞载："初九，咸临，贞吉。""九二，咸临，吉，无不利。"王弼、孔颖达亦皆云："咸，感也。"②

如同学者已经指出，卜辞中有"心"字但语义与心无关，仅作为通假字使用；众多从心之字在西周时期开始出现。③卜辞和金文皆未出现感字，而如上所述，《周易》古经中的卦辞和爻辞之咸字的含意同感。《说文解字》云："感，动人心也，从心咸声。"④在现代学者的上古音重构中，咸和感音近，属于同一韵部。⑤因此，咸兼为感之音符和义符，应即感之字源和早期构形。⑥后世咸、感仍然通用，如《潜夫论·救边》云："百万之众，〔叫〕号哭泣咸天心。"⑦《汉书·王莽传》记陈崇上书，有"咸应兆占，是谓配天"。⑧两处咸字显然皆通用为感字。

咸字在卜辞中用为人名，有咸和咸戊两称。关于咸戊，⑨学界较为

① 《周易正义》卷四，《十三经注疏整理本》，第163a—167a页。拇为足大指，腓为小腿，股为大腿，脢为胸，辅为上颌，这些指感触的部位。
② 《周易正义》卷三，第112b—113a页。参看本书第六章。
③ 刘翔：《中国传统价值观诠释学》，上海：上海三联书店，1996年，第199—222页；王元鹿：《心字探源》，收《普通文字学与比较文字学论集》，上海：上海古籍出版社，2012年，第222—238页。
④ 许慎撰、段玉裁注：《说文解字注》，南京：凤凰出版社，2007年，第896b页。
⑤ 李方桂列咸和感于侵部，拟音为grəm和kəmx；见其《上古音研究》，北京：商务印书馆，1980年，第45页；郑张尚芳也列咸和感于侵部，拟音为grwwm和krwwm?；见其《上古音系》，上海：上海教育出版社，2003年，第498—499页。
⑥ 王浩已注意咸为感之本字，但又释咸为"格杀之'动'"，则未得要领；见其《"感""象""数"：〈周易〉经传象数观念的哲学人类学释读》，《周易研究》3(2005)：10—18。亦见金景芳：《周易讲座》，桂林：广西师范大学出版社，2005年，第224页。
⑦ 王符著、汪继培笺、彭铎校正：《潜夫论笺校正》，第263页。原字为咸，彭校作感，但咸、感通用，本无需校。
⑧ 班固：《汉书》卷九十九上，第4088页。
⑨ 郭沫若：《甲骨文合集》，北京：中华书局，1979—1983年，第273、592号。

一致地解释为咸巫,亦即《尚书》中的巫咸,皆活动于大戊时期,正可相互印证。[1] 卜辞中另有单名的咸,有两种构形,一从戊从丁,[2]一从戊从口。[3] 孙诒让最早提出两种构形皆为咸字,[4]不少学者以为即咸戊之省称。[5] 陈梦家则提出从戊从丁者为成字,指的是商人开国先王大乙成汤。[6] 由于咸在卜辞中往往相当于成汤的位置,陈说一出,学者纷纷采用。岛邦男提出咸是大乙的另一名称。[7] 张秉权进一步援引卜辞详加考证,指出咸为"五示"之一示,其在五示中所处的地位,正相当于其他记载世系的卜辞中的成汤;咸享受隆重祭典,宾于上帝或为其他先王所宾,并具有作威作福的权力,显然远非作为人臣的咸戊所能承担。[8] 陈复澄有《咸为成汤说》一文,亦阐发此说。[9] 胡厚宣则征引《尚书·酒

① 《尚书正义》卷十六、八,《十三经注疏整理本》,第 520b、262b 页。参看罗振玉:《增订殷虚书契考释》卷上,台北:艺文印书馆,1969 年,第 13b 页(收《甲骨文献集成》第 7 册,第 84b 页);陈梦家:《商代的神话与巫术》,《燕京学报》20(1936):537;李孝定:《甲骨文字集释第二》,台北:"中央研究院"历史语言研究所,1970 年,第 369—373 页。

② 《甲骨文合集》,第 3,338 号。

③ 《甲骨文合集》,第 3919 号。

④ 孙诒让:《契文举例》卷下,台北:艺文印书馆,1963 年,第 19 页。赞同此说者有张秉权:《小屯第二本殷虚文字丙编上辑》,台北:"中央研究院"历史语言研究所,1957 年,第 67—69 页;孙海波:《古文声系》卷十四,北京:中华书局,1965 年,第 500 页;等等。

⑤ 最早见罗振玉:《增订殷虚书契考释》卷上,第 13b 页。赞同此说者还有王国维:《古史新证:王国维最后的讲义》,北京:清华大学出版社,1994 年,第 51 页;陈梦家:《殷虚卜辞综述》,北京:科学出版社,1956 年,第 365 页;严一萍:《柏根氏旧藏甲骨文字考释》,台北:艺文印书馆,1978 年,第 59 页;严一萍:《殷契徵医》,上册,台北:艺文印书馆,1951 年,第 2—4 页。

⑥ 陈梦家:《殷虚卜辞综述》,第 411 页。

⑦ 岛邦男:《论卜辞中先王的称谓》,《甲骨学》(东京)1.1(1951):15—20。

⑧ 张秉权:《小屯第二本·殷虚文字丙编上辑(一)》,台北:"中央研究院"历史语言研究所,1957 年,第 67—69、72—75 页。

⑨ 陈复澄:《咸为成汤说》,《辽宁文物》5(1983):6—9。另有陈絜:《重论"咸为成汤说"》,《历史研究》2(2002):145—149。

诰》之"成汤咸"，证明咸应为成汤之一名。①

本章接受咸为成汤之一名的说法，并进一步提出一个新看法：这一名字代表汤作为"群巫之长"所具有的感通神灵的能力和成就。原始部族中的智者兼任巫师、祭师和首领的情况，在世界各地皆出现过。② 李安宅认为，中国古代的酋长君王起源于巫师。③ 陈梦家指出从新石器晚期至商代，"由巫而史而为王者的行政官吏，王者自己虽为政治领袖，同时仍为群巫之长"。④ 典籍中所载成汤以身为牺牲而祷雨的传说，正是对其作为"群巫之长""巫君合一"的职责的履行。⑤ 咸和成皆从戌。戌、戊、戚、钺一类大斧皆可能用为族徽和礼兵器，为政权、兵

① 胡厚宣：《殷卜辞中的上帝和王帝》，《历史研究》10(1959)：89—92。以上有关殷卜辞中咸字的阐释，参看蔡哲茂：《论殷卜辞中的"咸"字为成汤之"成"——兼论"咸""咸"为咸字说》，收《"中央研究院"历史语言研究所集刊》第77本，第一分册(2006)：1—32。

② ［英］弗雷泽著、徐育新等译：《金枝》，北京：大众文艺出版社，1998年，第70—73，83—89页。

③ 李安宅：《巫术的分析》，1931；重印，成都：四川人民出版社，1991年，第10页。

④ 陈梦家：《商代的神话与巫术》，第535页。参看［日］赤塚忠：《中国古代の宗教と文化：殷王朝の祭祀》，东京：角川书店，1977年；Kwang-Chih Chang, *Art, Myth and Ritual*, Cambridge, MA: Harvard University Press, 1983, pp. 44 - 55. 根据分析卜辞和青铜器的结果，认为晚商时期的王已经不是巫师，而是更接近组织秩序井然的祭祀活动的祭师，虽然那时仍可能存在巫术和祭祀的张力，仍有巫术的成分存在；见其 "Shamanism, Death, and the Ancestors: Religious Mediation in Neolithic and Shang China (ca. 5000 - 1000 B.C.)," *Asiatische Studien/Études asiatiques* 52.3 (1998): 763 - 828 esp. 826. 吉德炜的分析有道理，但这不但不排除早期的商王兼具巫师的身份，而且还说明商代诸王及其臣僚可能经历一个从巫师到祭师的转换过程。至西周时，由于政治制度/礼乐制度的完善，"世俗的政治领袖(周王和诸侯)不再担任宗教领袖，而处理政务的官员也从处理宗教事务的巫师集团中分离出来"；见童恩正：《中国古代的巫、巫术、巫术崇拜及其相关问题》，收《人类与文化》，重庆：重庆出版社，1998年，第456页。

⑤ 孙诒让：《墨子间诂》卷八，第229页；《尸子》佚文，见《艺文类聚》卷八十二，上海：上海古籍出版社，1995年，第1412页；许维遹：《吕氏春秋集释》卷九、十五，第200—201，357页。参看 K. C. Chang, *Art, Myth and Ritual*, p. 45；［日］赤塚忠：《中国古代の宗教と文化：殷王朝の祭祀》；陈来：《古代宗教与伦理》，北京：生活·读书·新知三联书店，2009年，第29—37页；李泽厚：《说巫史传统》，上海：上海译文出版社，2012年，第34—40页。

权和神权的三重象征,并可能用为通神的礼器。例如,良渚礼玉器中有玉斧,上面刻有代表神灵的面纹;①山东益都商墓出土的两件青铜钺,上面亦有镂空的神灵面纹;②周武王牧野誓师时手持黄钺;《礼记·祭统》载祭祀歌舞时,"君执干戚就舞位"。③ "国之大事,在祀与戎",④君王手持作为礼兵器的大斧,正形象地象征国、祀、戎这三层意义。

虽然中国古巫有占卜、求雨、祭祀、禳灾、占梦、治病等多种活动,但其首要功能为人神感通,并主要采用两种方式,其一为神灵附体,请神降临并代神传语;其二为灵魂脱体(ecstasy),进入超自然的世界寻找鬼神。前一种方式较普遍,如《说文解字》释巫为"以玉事神","能事无形,以舞降神者",无形亦指神。⑤《国语·楚语》记观射父语:"民之精爽不携贰者,而又能齐肃衷正,其智慧上下比意,其圣能光远宣朗,其明能光照之,其聪能听彻之。如是则明神降之,在男曰觋,在女曰巫。"韦昭注云:"觋,见鬼者也,《周礼》男亦曰巫。"⑥巫觋是圣智聪明之人,具有超越常人的感通能力,能使神降附其身,能见到鬼。商代卜辞中有许多祖先神灵降临的记录,如:

> 父乙来。
> 佳兄丁来。
> 子商来。

---

① 苏秉权认为:"玉器成了最初的王权象征物……神权由王权来垄断,一些玉器又成为通天的神器。"见其《华人,龙的传人,中国人》,第 249 页。
② 《山东益都苏埠屯一号奴隶殉葬墓》,《文物》8(1972):17—30。
③ 《礼记正义》卷四十九,收《十三经注疏整理本》,第 1577a 页。
④ 《春秋左传正义》卷二十七,《十三经注疏整理本》,成公十三年,第 867 页。
⑤ 前句见于"灵"字,后句见于"巫"字,《说文解字注》,第 31b、357b 页。
⑥ 徐元诰:《国语集解》,第 512—513 页。

帚好其来。①

巫觋降神的活动在《楚辞》中也有生动的描绘。朱熹释《九歌·东皇太一》云："灵，谓神降于巫之身者也……古者巫以降神，神降而托于巫，则见其貌之美而服之好，盖身则巫而心则神也。"②张光直指出，"(降神)也就是说巫师能举行仪式请神自上界下降，降下来把信息、指示交与下界。"③咸字从口，可能即象征神灵附体，假巫发令。如《论衡·实知》云："鬼神用巫之口告人。"④此外，李泽厚指出，在降神的仪式表演过程中，情感应是重要的因素，巫师以其真诚、激情及狂热的状态与神灵感通合一。⑤ 因此，咸字可能原本即含有心理的、情感的意义，其后遂被加上心旁成为感。

后一种灵魂出游的方式如《山海经》所记"登葆山，群巫所从上下也"；"灵山……十巫从此升降"。⑥《离骚》中遨游天地的描绘，即是巫师神游超自然界在文学想象中的反映。《尚书·君奭》载：

> 在昔成汤既受命，时则有若伊尹，格于皇天。在太甲，时则有若保衡。在太戊，时则有若伊陟、臣扈，格于上帝。巫咸乂王家。在祖乙，时则有若巫贤。在武丁，时则有若甘盘。率惟兹有陈，保

---

① 《甲骨文合集》，第 914、2895、2962、2654 号。参看 Keightley, "Shamanism, Death, and the Ancestors," pp. 802-803。
② 朱熹：《楚辞集注》，上海：上海古籍出版社，1979 年，第 30 页。
③ 张光直：《中国青铜时代二集》，北京：生活·读书·新知三联书店，1990 年，第 48 页。
④ 王充撰、刘盼遂集解、黄晖校释：《论衡校释》卷二十六，北京：中华书局，1990 年，第 1083 页。
⑤ 李泽厚：《己卯五说》，第 164—165 页。
⑥ 袁珂：《山海经校注》卷七、十六，上海：上海古籍出版社，1980 年，第 219、396 页。

乂有殷；故殷礼陟配天，多历年所。[1]

此处"格"指感通。文中所举殷代历朝重臣伊尹、保衡、伊陟、臣扈皆能感通天帝，则巫咸之治（乂）王家，当指管理殷王族之祭祀，善于感通先公先王，以保佑殷朝，配天长久。[2] 巫咸为大戊时重要巫官，也见于《竹书纪年·太戊》所记"十一年，命巫咸祷于山川"；[3]《史记·天官书》也以巫咸为商之传天数者。[4]

学者已经注意到，传世和出土文献中有关巫咸的传说和记载众说纷纭，令人迷惑：上古时有巫咸之国，众巫居之；[5]巫咸为灵山十巫之首；[6]巫咸在黄帝时或神农时曾作筮，[7]在尧时曾作医，[8]在战国时则成为神巫甚至天神，[9]等等。但是，如果以咸为"群巫之长"的通称，因为善于咸通/感通神灵而被称为"咸"，笼罩于巫咸的疑云即可驱散。《说

---

[1]《尚书正义》卷十六，第 520b—522b 页。

[2] 不少学者援引弗雷泽在《金枝》中所记述的交感巫术（包括顺势巫术和模拟巫术）来描述中国古巫的活动，但如同陈来正确地指出，弗雷泽所记述的蒙昧社会巫术，是无神灵的自然巫术，与中国古文献所记载的降神巫术并不相吻合。见陈来：《古代宗教与伦理》，第 40—51 页。

[3]《竹书纪年》（四部丛刊本）卷上，第 24b 页。

[4] 司马迁：《史记》卷二十七，第 1343 页。

[5] 袁珂：《山海经校注》卷七，上海：上海古籍出版社，1980 年，第 219 页。何宁：《淮南子集释》卷四，第 360 页。

[6] 袁珂：《山海经校注》卷十六，第 396 页。

[7]《归藏》，见李昉（925—996）等编：《太平御览》（四部丛刊本）卷七十九，第 2b—3a 页引；罗泌（1131—1189）：《路史》（四部备要本）卷三，《后纪》，第 70b 页。

[8]《世本八种》，上海：商务印书馆，1957 年，王谟辑本，第 40 页；雷学淇校辑本，第 81 页；茆泮林辑本，第 116 页。

[9] 郭庆藩：《庄子集释》卷五下，第 496 页；王逸注、洪兴祖（1090—1155）补注：《楚辞补注》卷一，北京：中华书局，1983 年，第 36—37 页；《诅楚文》中有一篇"巫咸文"，见郭沫若：《郭沫若全集考古编第九卷》，北京：科学出版社，1982 年，第 295—298 页。参看姜亮夫：《楚辞通故》，第二辑，济南：齐鲁书社，1985 年，第 57—63 页。

文解字》云：“古者巫咸初作巫。”①如果将大戊时期的历史人物巫咸解
为第一位巫师，显然于史不符；但如果将咸解释为古之大巫的通称，则
豁然冰释。

综上所考述，商汤的另一名称咸，指明了他作为“群巫之长”而兼揽
政权和神权的身份。然而，如果退一步说，即使不接受咸为商汤之一名
的说法，由于咸为上古大巫/巫王的通称，我们仍有充分理由将咸解释
为感之本字，其本义为巫师降神而感通神灵。巫术之人神感通包括意
愿情感、沟通交流、互动反应等，咸或感因此而蕴含感情、感通、感动、感
应等诸多意义。

与巫师降神同样表达人神感通观念的，是同样古老的感生神话。
例如，“天命玄鸟，降而生商”；②周之先妣姜嫄“履帝武敏歆”而“载生载
育，时维后稷”；③等等。巫师降神是人采取主动，以真诚感通天帝神
灵，而感生传说则主要是神采取主动，与人相感应。虽然行为的主体和
方向不同，但都体现了人神能够相互感通的观念，故典籍中普遍以感、
感生、感孕等称呼此类神话传说。④

此外，神主动与人相通的另一种方式是鬼神祟祸。在卜辞中，殷人
视灾祸和疾病的主要原因为天帝所降或鬼神祟祸。⑤此观念为后代所
沿袭，如《战国策·齐策四》载：“寡人不祥，被于宗庙之祟。”⑥《说文解
字》云：“祟，神祸也。”⑦《管子·权修》云：“上恃龟筮，好用巫医，则鬼神

① 《说文解字注》，第 358a 页。
② 《毛诗正义》卷二十，《商颂·玄鸟》，第 303 首，第 1700a 页。
③ 《毛诗正义》卷十七，《大雅·生民》，第 245 首，第 1240a 页。
④ 例如《潜夫论·五德志》，见《潜夫论笺校正》卷八，第 382—400 页。
⑤ 参见严一萍：《殷契征医》，见《严一萍先生全集甲编》，第一册，台北：艺文印书
馆，1991 年，第 1—180 页。
⑥ 诸祖耿：《战国策集注汇考》卷十一，南京：凤凰出版社，2008 年，第 593 页。
⑦ 《说文解字注》，第 13b 页。

骤祟。"①新出土楚简中也有大量类似记载。由于感生和祟祸归根结底出自人的想象和编造,因此,虽然此两种感通以鬼神采取主动的形态出现,它们应同样产生自人相信自己可以和鬼神相感通的观念。

三、从西周至春秋:关联模式的形成

从殷代晚期至西周,上古巫术传统似乎经历了一个重大的革新转变过程。《尚书·吕刑》《国语·楚语》《山海经·大荒西经》等典籍中为学界所艳称不已的"绝地天通"的传说,虽然以传说中的颛顼为背景,实际上更可能是以商周时期隔绝庶民与神灵交通、革新巫术传统为主题:人神感通的仪式从此完全为担任神职的王臣所垄断,普通的巫师不再被允许与神感通。② 吉德炜分析众多商代卜辞,发现殷代晚期的君王已经"更像是祭师之君(priest-kings)而不是巫师之君(shaman-kings)"。③ 陈来研究殷代晚期至西周早期神职官吏的职责,指出这些王臣代表古代巫术传统已经脱魅。④ 李泽厚认为西周时礼制的形成标志了巫术传统的理性化,他将此过程描述为"由巫到礼"。⑤

从上古的巫术仪式至西周礼制的转变是一个深广而复杂的课题,不是本章所能充分探讨者。然而,感字及其一系列复合词积淀了上古巫术

---

① 黎翔凤:《管子校注》卷一,北京:中华书局,2004 年,第 55 页。
② 关于此传说的详细研究,参看张光直:《中国青铜时代》,北京:生活·读书·新知三联书店,1999 年,第 189 页;徐旭生:《中国古史的传说时代》,桂林:广西师范大学出版社,2003 年,第 96 页;陈来:《古代宗教与伦理》,第 21—29 页。
③ David N. Keightley, "Shamanism, Death, and the Ancestors," pp. 63 - 828, esp. 826.
④ 陈来:《古代宗教与伦理》,第 51—62 页。
⑤ 李泽厚:《说巫史传统补》,收《说巫史传统》,上海:上海艺文出版社,2012 年,第 45—96 页。

传统的人神感通经验及其经由殷周祭祀礼仪而逐渐衍生出的各种感应关联模式。通过从细微之处入手，深入分析这一组感字的复合词，并佐以大量传世的和新出土的证据，我们可以探寻上古人神感通的巫术仪式如何逐渐演变成为周礼中有关政治伦理的关联思维和感应模式。

（一）天人感应

学者们已经指出，德是西周礼乐文化中最具有创新意味和最富于人文精神的观念之一。通过细致分析《尚书》的一些篇章，我们发现德的观念在很大程度上蕴含了早期天人感应的关联模式。例如，《君陈》篇载周成王语："我闻曰：'至治馨香，感於神明。黍稷非馨，明德惟馨。'"①此语清楚地表明，从巫师/君王与神明感通的祭祀仪式中，发展出统治者以其芬芳的德行和完美的治理感通神明的观念，而且这些新的伦理政治规范被认为比祭礼祭品更重要。

《君陈》属于古文《尚书》，而古文《尚书》的篇章从清代阎若璩（1636—1704）以来，曾被大多数学者打入"伪书"之列。但是，古今学者们用来考证"伪书"的证据，主要是所谓古文《尚书》乃撷取西周至春秋战国典籍中引《尚书》的条文编纂而成；因此，即使古文《尚书》的确为后来所编辑，也仍然在很大程度上反映了周代的思想观念。近来有一些学者根据新出土楚简引用《尚书》的证据，包括对《君陈》篇及下引《君牙》篇的引用，以及用电脑统计先秦典籍的数据等，论证阎若璩等学者的证伪有很多并不可靠。② 此外，《尚书》中那些公认为可靠的今文篇

---

① 《尚书正义》卷十八，第579a页。
② 主要可参看［日］泽田多喜男：《郭店楚简缁衣篇考》，收池田知久编，《郭店楚简儒教研究》，东京：汲古书院，2003年，第315—340页；张岩：《审核古文尚书案》，北京：中华书局，2006年；胡治洪：《尚书真伪问题之由来与重辨》，《江苏师范大学学报》40.1(2014)：112—128。

章,以及《诗经》和众多金文,也表达了相似的天人感应观念,虽然不一定直接用"感"字。例如,在《尚书·召诰》中,周公宣布成王继续接受天命以统治天下,并教诲年轻的成王:"肆惟王其疾敬德! 王其德之,用祈天永命!"①通过敬德而祈求天命的福佑,也就是通过德行而感通上天神明。再如《诗经·大雅·皇矣》写太王、太伯、王季及文王之德感动上帝,使上帝改变选择,眷顾西方,"予怀明德",授周以天命。② 同样,《尚书》及《诗经》、西周金文、《论语》《左传》等典籍中大量关于文王有德而受天命、殷王无德而失天命、天降德于所选择的人物等记载和话语,也从天人感应的另一方说明天和神明只佑助贤明有德的君臣。因此应该可以说,殷代之前人神感通的巫术仪式和鬼神祟祸的观念,至西周和春秋时期,已逐渐发展出统治者以其政治伦理德行与天相互感应并直接影响天之福佑或灾祸的观念。

众所周知,周人经常用天来代替殷人的上帝。在西周至春秋时期,天仍然代表上帝和神明,但也包含更为复杂多样的意蕴,包括各种自然的和超自然的力量,宇宙及其运行,万物生成转变的过程,等等。因此,从巫神感通到天人感应仅是往前迈出一步。但是,这又是重大的、理性化的一步,更新和改革了人神关系。巫神感应具有强烈的神秘、魔术的因素;虽然天人感应仍然保留相当程度的神秘成分,诸如天的神圣权威,但是其中也包含对于人的伦理品质、道德情感和贤明行为的理性肯定。现在,更重要的不是巫师的神秘能力、狂热激情及巫术仪式,而是统治者的品德、情感和行为在起作用。

这一天人感应的早期模式为古典儒学所进一步阐发,见于《论语》《孟子》《荀子》《易传》《礼记》等,以及出土楚简中的儒学文本。例如,上

---

① 顾颉刚、刘起釪:《尚书校释译论》,第 1442—1443 页。
② 《毛诗正义》卷十六,第 1194a—1218b 页。

海博物馆藏战国楚简《孔子诗论》解释《诗经·大雅·皇矣》中的"予怀明德"句时云："'怀尔明德'，何？ 诚谓之也。'有命自天，命此文王'，诚命之也。"此同样阐发周王以德感动天帝而获得天命之意。同时，天人感应的模式也为其他战国诸子所接受，大量见于《墨子》《管子》《吕氏春秋》《鹖冠子》等。

此外，在古典儒学的经典文献中，这一关联模式还发展了对于人类的主观能动性及其力量的强烈自信。例如，《易传》云："夫大人者，与天地合其德，与日月合其明，与四时合其序，与鬼神合其吉凶。先天而天弗违，后天而奉天时。"①大人/圣人以其德行政事与天地、日月、四时、鬼神相通相合，"若在天时之先行事，天乃在后不违，是天合大人也。……若在天时之后行事，能奉顺上天，是大人合天也。"②人上与天合，天亦俯而就人。因此，人可以"赞天地之化育""与天地参"，③赞和参同样表达了天人感通合一的观念。人类整体被描述成一个巨人，与天地并肩而立，与一切自然的、超自然的力量共同合作，助成万物之生生不息及宇宙之和谐秩序。郝大为和安乐哲指出，这种对于人类及其主动力量的强调，"是中国哲学传统最基本的、别具一格的特色之一"。④

这一特色也可能源于上古的巫神感通。李泽厚认为，巫术仪式的最重要特征之一是人类主动精神的突出，"人（氏族群体）的'吉''福'，被想象是通过这种'巫术礼仪'的活动，作用、影响、强迫甚至控制、主宰了鬼神、天地而发生的"。⑤ 巫师被描述成有能力运用其巫术和情感力

---

① 《周易正义》卷一，第 27a、b 页。
② 《周易正义》卷一，第 27b 页。
③ 《礼记正义》卷五十三，第 1691b 页。
④ Hall and Ames, *Anticipating China*, p.279.
⑤ 李泽厚：《说巫史传统》，第 41—43、58—59 页。

量促使上天降雨、消灾及赐福。这种由巫术仪式召唤、感通及控制鬼神所突显的对人类主动性的强烈信念,其后被逐渐理性化,形成天人感应的观念,相信人类能够通过与天地合德而帮助维持宇宙的运行、秩序及和谐。

(二) 感化人心

从天人感应再往前迈进一步,西周礼乐文化还形成圣人/统治者感化人心的关联模式。统治者的品德、情感及政事一方面上感于天,另一方面下应于民。在《尚书·君陈》中,周成王称赞君陈"令德孝恭""克施有政",能够感化民众,"尔惟风,下民惟草"。① 在《尚书·君牙》中,周穆王告戒君牙自正其身,为民众树立榜样:"尔身克正,罔敢弗正。民心罔中,惟尔之中。"②此种关于统治者以自身的伦理品格、道德情感及个人行为感化民众,而不是采取严厉的治理和刑罚的观念,为古典儒学所充分发展。《论语》记孔子语云:

> 政者,正也。子帅以正,孰敢不正。
> 苟子之不欲,虽赏之不窃。
> 子欲善而民善矣。君子之德风,小人之德草,草上之风必偃。
> 上好礼,则民易使也。③

不论风和草的比喻是《君陈》抄袭《论语》,还是孔子发展周礼的思想,统治者以自身的品德行为感化民众的观念在西周至春秋时期出现

① 《尚书正义》卷二十三,第 578a、579b 页。
② 《尚书正义》卷十九,第 621 页。
③ 《论语·颜渊》,12.17—19;《宪问》,14.41.

和发展，应该是可信的。

其后，战国至汉初的儒学文献更明确地陈述圣人/统治者以其品德、情感及意志引导、感化人心的观念。例如，郭店楚简《成之闻之》云："上苟身服之，民必有甚焉者。君衰冕而立于阼，一宫之人不胜其敬。君衰绖而处位，一宫之人不胜其（哀。君冠胄带甲而立于军，）一军之人不胜其勇。上苟倡之，则民鲜不从矣。"兼容百家、含有大量儒学观念的《吕氏春秋》也明确地说："圣人南面而立，以爱利民为心，号令未出而天下皆延颈举踵矣，则精通乎民也。"[①]"爱利民之心"即仁心。此处明确指出，统治者以其情感和品德从心理上感通民众。《易传》更清楚地提出感化人心的观念："圣人感人心而天下和平。""上下交而其志同也。"[②]其后在宋代，张载（1020—1077）将这一观念概括为"感之道"。[③] 感之道指圣人/统治者以自己的品德、情感和行为作为教化手段，感通并改变民众之心，与强迫性的管制和刑罚相区别。统治者成为社会道德的根源，其政治权威被阐释成道德权威。当统治者与民众怀有共同的品德、情感和意志，整个社会将自然而然地维持平安、和谐和秩序。

感化人心的模式将人与天的感应关系转变为人与人的感应关系，并很快成为儒学社会政治理论的核心。人与人的感应主要基于共同的伦理品德和道德情感。这一模式进一步消除巫神感通的神秘经验，代表对于道德情感和美德榜样的理性信任，以及对于培养民众道德自主的可能性的确认。感化人心的关联模式隐含一种"政治心理学"，相信通过心灵、情感、品德、人性的相互心理感通，统治者和被统治者可以维

---

① 陈奇猷：《吕氏春秋新校释》卷九，《精通》，第 513 页。
② 《周易正义》卷四、二，第 164a、78a 页。
③ 张载：《横渠易说》，收《张载集》，北京：中华书局，1978 年，第 107 页。

持和谐的关系,民众可以自愿愉快地接受统治管理,参与社会秩序的建设和运行,而不是依赖于强迫性的法律和惩罚。儒学的感化之道最大限度地强调以心理的、情感的和美德的力量作为人类生活和社会秩序的主要激发和驱动力。

四、从战国至汉初:关联模式的发展衍化

在战国时期,由于天文学的重要发展,诸如历法进一步完善和二十八星宿的建立等,以及社会秩序的动荡变化,从而使得天道/道及天人关系成为诸子的共同关注点。各种有关宇宙起源和运行及其与人类社会关系的论说纷纷涌现,如新出土的《太一生水》《恒先》《凡物流形》《道原》等简帛文本,皆大致可分为宇宙/天道的生成运行及人道如何模仿天道两部分。天人感应的关联模式由此也进一步发展衍化出各种新的模式。

(一)万物感通

虽然战国至西汉的各种宇宙生成论各有不同之处,大多数皆包含一个天地阴阳生成万物的阶段,如《太一生水》《恒先》《吕氏春秋》《易传》等。[①] 而天地阴阳生成万物的主要驱动力量仍然是感应。《易传》云:"二气感应以相与……天地感而万物化生。天地氤氲,万物化醇;男女构精,万物化生。"[②]此处感、氤氲、构精皆指交合感通,二气、男女皆

---

① 荆门市博物馆编:《郭店楚墓竹简》,《太一生水》,第 125 页;《上海博物馆藏战国楚竹书》,《恒先》,第三册,第 285—300 页;《吕氏春秋新校释》卷五,第 258—262 页。
② 《周易正义》卷四、八,第 163b—164a,364b—365a 页。

指阴阳。[①] 天地或代表天地的阴阳二气相互感通而化生宇宙间的万事万物，包括人类。

由于宇宙万物皆为天地阴阳交感而生，出自同一个源头，物与物之间或人与物之间也就同样可以相互感通响应，所谓"天地交而万物通也，上下交而其志同也"，[②]"观其所感，而天地万物之情可见矣"；[③]"人之与天地也同"；[④]"天地万物，一人之身也"。[⑤] 天地万物同源共生，相互感通，相互依存，相互关联，相互协调，这就是所谓的"天地万物之情"，即包括人在内的万物在宇宙中生生不息的有机过程和共存共荣的情状。

《易传》除了指出天地万物相互感通的普遍模式外，也涉及同类相感的命题，提出"同声相应，同气相求"。[⑥] 但《易传》的作者们未就此方面充分展开，而是《吕氏春秋》中突出阐发了同类相感的观念。[⑦] 至西汉则发展为包罗万象、无所不通的关联宇宙结构。

（二）阴阳感易

基于万物感通的关联思维，《易传》的作者们进一步形成阴阳及所有两两相对事物的感应变化的关联模式。如前所述，《周易》古经隐含

---

① 王弼注云："二气相与，乃化生也。"孔颖达疏云："天地二气，若不感应相与，则万物无由得应化而生。"见《周易正义》卷四，第 164a 页。
② 《周易正义》卷二，第 78a 页。
③ 《周易正义》卷四，第 164a 页。
④ 《吕氏春秋新校释》卷二，《情欲》，第 45 页。
⑤ 《吕氏春秋新校释》卷十三，《有始览》，第 283 页。
⑥ 《周易正义》卷一，第 20b 页。《庄子·渔父》亦云："同类相从，同声相应，固天之理也。"见《庄子集释》卷十上，第 1027 页。
⑦ 徐复观已指出此点，见其《吕氏春秋及其对汉代学术与政治的影响》，《新亚书院学术年刊》14（1972）：31。

了上古巫神感通经验的积淀。《易传》的作者在阐发古经时,进一步以阴阳变易的基本法则说明卦象、爻象及事物的变化和性质,概括为"一阴一阳之谓道"。[①] 孔颖达疏云:"夫易者,变化之总名,改换之殊称。自天地开辟,阴阳运行,寒暑迭来,日月更出,孚萌庶类,亭毒群品,新新不停,生生相续,莫非资变化之力,换代之功。然变化运行,在阴阳二气。"[②]阴阳代表了宇宙的变化运行,而变化的动力和机制,在于阴阳、乾坤、刚柔等相对待的范畴之相互感通。《系辞上》云:"易无思也,无为也,寂然不动,感而遂通天下之故。"[③]天地阴阳交感而万物化醇,生生相续,物物相通。日月寒暑的更迭变化,宇宙的运行过程,则被解释为屈伸之相感,如《系辞下》云:"日往则月来,月往则日来,日月相推而明生焉。寒往则暑来,暑往则寒来,寒暑相推而岁成焉。往者屈也,来者信也,屈、信相感而利生焉。"[④]

《易传》阐释卦爻辞,凡是亨吉恒久的皆被解说为阴阳刚柔相互感通响应的对待性范畴。[⑤] 例如,前引咸卦象辞云:"柔上而刚下,二气感应以相与,止而说,男下女,是以亨利贞,取女吉也。"临卦象辞云:"刚中而应,大亨以正,天之道也。"孔颖达释云:"天道以刚居中而下,与地相应,使物大得亨通而利正。"[⑥]恒卦象辞云:"刚上而柔下,雷风相与,巽而动,刚柔皆应,恒。"孔颖达释云:"咸明感应,故柔上而刚下,取二气相交也。"[⑦]反之,如果阴阳不能感应者、天地万物和君臣上下不交通者,

---

① 《周易正义》卷七,第 315b 页。
② 《周易正义》卷首,第 5a 页。
③ 《周易正义》卷七,第 334a 页。
④ 《周易正义》卷八,第 358a—358b 页。
⑤ 王雅已经注意到此点,见其《生生、感通、偕行:易传的天人共生哲学》,《周易研究》3(2010):31。
⑥ 《周易正义》卷三,第 111b 页。
⑦ 《周易正义》卷四,第 168a—168b 页。

则皆为不吉之兆。例如，否卦象辞云："否之匪人，不利君子贞。大往小来，则是天地不交，而万物不通也。上下不交，而天下无邦也。内阴而外阳，内柔而外刚，内小人而外君子。小人道长，君子道消也。"①

阴阳感应的力量使得天地万物变易不息、生生相续而又相通互补、和谐共处，形成一个巨大永恒的宇宙生命有机体。感应是宇宙万物产生、联系、变化、延续的根本原因、动力、机制和模式。《易传》的一阴一阳之道，也就是相对待的范畴彼此感应、相互补充和生成变化之道。《易传》的阴阳变易哲学在本质上可以说是一种感易哲学，强调感应关联赋予万物生命力量、有机结构、和谐运行和永恒发展。许多学者已经指出，阴阳理论展示中国人倾向于在相对待的事物中寻求和谐、平衡、互补，而不是如同西方之强调二者的冲突对立。② 这种思维倾向的形成，原因之一可能就在于《易传》将阴阳变易的动力解说为相互的和谐感应而不是对立。《世说新语·文学》载："殷荆州（仲勘）曾问远公：'《易》以何为体？'答曰：'《易》以感为体。'殷曰：'铜山西崩，灵钟东应，便是《易》耶？'远公笑而不答。"③惠远拈出感/感应作为《易》(《易传》)之本体或核心，确实独具慧眼。其后程颐解《易》，亦云："天地之间，只有一个感与应而已，更有甚事！"④

---

① 《周易正义》卷二，第 83a 页。参看曾春海：《〈易〉哲学中的感应与亨通》，《哲学与文化》29.4(2002)：297—305。
② 主要参看 D. Bodde, "Dominant Ideas," in H. F. McNair ed., *China*, Berkeley: University of California Press, 1946, p. 22; "Harmony and Conflict in Chinese Philosophy," in A. F. Write ed., *Studies in Chinese Thought*, AAN 55. 5 (1953)：19; Joseph Needham, *Science & Civilisation in China*, Volume 2 *History of Scientific Thought*, Cambridge: Cambridge University Press, 1956, p. 277; A. C. Graham, *Disputers of the Tao*, p. 331; David L. Hall and Roger T. Ames, *Thinking through Confucius*, Albany: State University of New York Press, 1995, pp. 17 - 21。
③ 刘义庆撰、徐震堮校注：《世说新语校笺》卷上，第 132 页。
④ 程颢、程颐：《二程遗书》，第 206 页。

（三）感疾

从宇宙万物相互感通的观念，又进一步衍生出中国传统医学理论中人体与自然气候环境相互感应之感疾说。

在卜辞中，殷人已经视天象之变化如风雪等为疾病之一因。[①]《左传·昭公元年》记医和论六气与疾病关系云：

> 天有六气，降生五味，发为五色，徵为五声，淫生六疾。六气曰阴、阳、风、雨、晦、明也，分为四时，序为五节。过则为菑：阴淫寒疾，阳淫热疾，风淫末疾，雨淫腹疾，晦淫惑疾，明淫心疾。[②]

医和的六气淫生六疾说被后世尊为病因理论的始祖，不过《黄帝内经·素问》以降的医学典籍中大多以"感"字代替"淫"字，更为明显地表现人体与气候相互感应的观念。例如，《素问》云："故天之邪气，感则害人五藏；水谷之寒热，感则害于六府；地之湿气，感则害皮肉筋脉。"[③]人体与邪气或不正常之气候相感应，就会引起疾病。类似叙述在这一医学经典中大量出现。反之，人体与四时之正气相感应，则有助于养生，维持健康状态。如《素问》云："春三月，此谓发陈，天地俱生，万物以荣。夜卧早起，广步于庭，被发缓形，以使志生。生而勿杀，予而勿夺，赏而

---

① 严一萍：《殷契征医》，第 31—71 页。

② 《春秋左传正义》卷四十一，第 1341a—42b 页。董慕达（Miranda D. Brown）认为医和是战国时期编造的人物；见其 "Who Was He? Reflections on China's First Medical Naturalist," *Medical History* 56.3（2012）：366–389。但是，在医和列举的六气中，阴和阳基本上指的是气候现象，与其他四种气候现象相提并论。此与阴阳的语源意义及其在西周和春秋时期的概念相合，而与战国时普遍化、宇宙化的阴阳观念不同。因此，董慕达的看法未必站得住脚。

③ 程士德主编：《内经》，北京：人民卫生出版社，1985 年，第 61 页。

勿罚。此春气之应，养生之道也，逆之则伤肝。"①

中医典籍中的感字，通常被解释或翻译为"影响""感染"（to affect）。然而，在早期经典诸如《素问》中，感字显然含有感应之义，因为此书以战国后期至西汉的阴阳五行关联宇宙论为基础，将人体描述成与大宇宙相通相应、同构同步的小宇宙，自然而然地与外部环境事物感通互动，对正常的或不正常的自然韵律作出反应。

（四）感物

最后，我们回到感物说的关联模式。宇宙万物之间的相互感通，包括前述各种天与人、人与人、物与物、人与物等种种关联模式，最终衍生出感物说，一方面深化了对于人的心理情感过程的认识，另一方面解释了文学艺术的创作和审美动因。

如同学者们已经指出，《礼记·乐记》对人的情感过程进行了心理分析："人生而静，天之性也；感于物而动，性之欲也。""夫民有血气心知之性，而无哀乐喜怒之常，应感起物而动，然后心术形焉。"②人的心性本来是安静平和的，由于某种事物的刺激而与之相感应，于是产生某种相应的情绪。也就是说，情感是人的心性与外部环境的刺激事物相互感应的倾向和表现。这一分析与现代情感心理学的研究在相当程度上是一致的，现代心理学家们也普遍同意情感过程开始于某种刺激事件或事物。③

---

① 《内经》，第 573 页。参看 Paul U. Unschuld, *Huang Di nei jing su wen: Nature, Knowledge, Imagery in an Ancient Chinese Medical Text*, Berkeley: University of California Press, 2003, p. 194。
② 《礼记正义》卷三十七，第 1262a；卷三十八，第 1286b 页。
③ 参看 Antonio R. Damasio, *Descartes' Error: Emotion, Reason, and the Human Brain*, New York: G. P. Putnam, 1994, p. 145; Damasio, "Fundamental Feelings," *Nature* 413 (2001): 781。

由此而进一步推衍,音乐、诗歌、文赋等表达情感的文学艺术作品,也皆是感物而作,出自作者的心性与外部的刺激事物相互感应而产生的情感。在音乐方面:"凡音之起,由人心生也。人心之动,物使之然也。感于物而动,故形于声……乐者,音之所由生也;其本在人心之感于物也。"①在诗赋方面:

> 传曰:"不歌而诵谓之赋,登高能赋可以为大夫。"言感物造端,材知深美,可与图事,故可以为列大夫也。②
> 人禀七情,应物斯感,感物吟志,莫非自然。③

关于感物说的内涵及其对中国文学艺术创作的深远影响,学界已有大量出色论述,兹不赘述。

五、结语

本章追溯关联思维的起源,并探讨感应观念在各种关联模式的形成过程中所起的关键作用。这一观念的核心在于感字,其早期构形为咸,其早期含义可以追溯至上古至商代巫术传统中巫师感通神灵的能力和仪式。从西周至春秋战国时期,由于礼乐文化的推动和古典儒学的发展,人神感通的巫术仪式被理性化为关联思维的模式,发展为天人感应和万物感通的观念,不仅成为关联宇宙论的基础,还衍化出儒学政治伦理的感化说,《易传》哲学的感易说,医学理论的感疾说,以及儒学

① 《礼记正义》卷三十七,第1251a—1253a页。
② 《汉书》卷三十,第1708、1755—1756页。
③ 刘勰著、范文澜注:《文心雕龙注》卷二,第65页。

文艺理论的感物说。这些关联模式解释人类与自然的、超自然的环境及人与人之间的感应、融通、互动的关系，涉及宇宙自然、社会政治、伦理道德、医学、心理、美学、文学、艺术等众多领域。感应的观念含有某种神秘成分，中国的关联模式是人与自然、超自然力量互感共存的"一个世界"，①曾经被韦伯(Max Weber，1864—1920)批评为从未脱魅和理性化的"魔术花园"。② 然而，韦伯未能进一步看到，中国的"一个世界"是一个从未与人类经验相脱离的人文世界，体现了中国独特的理性化特征。中国古代的思想家们用感应解释这个充满变化关系的世界，说明各种关联、互动和贯通关系的驱动力量。通过感应的力量，人类一方面努力于构建自己的和谐持续的社会秩序，另一方面融入宇宙过程的自然韵律，与万事万物共存共荣于同一个世界。揭其神秘面纱，这一驱动和融合的感应力量实际上以人类的情感力量为基础，并经由道德和理性的强化，从而与关联的、共存的、和谐的宇宙力量相感相融，共同运行。

世界上许多古代民族都曾经形成和谐、秩序、均衡的宇宙观，宇宙(cosmos)一词的希腊词根即表示秩序和均衡；③关联观念也曾经出现于许多文明社会的思想史。④ 然而，将感应看成普遍的观念，并从上古

---

① 关于中国传统的一个世界的观念，主要参看 Roger T. Ames, *Sun-tzu: the Art of Warfare*, New York：Ballantine Books，1993，pp. 43 - 67；李泽厚：《如何活，度与情：李泽厚 1995 年的一次座谈》，《中国文化》37(2014)：1—17；李泽厚：《初拟儒学深层结构说》，收《己卯五说》，北京：中国电影出版社，1999 年，第 167—188 页。

② Max Weber, *The Religion of China: Confucianism and Taoism*, trans. and ed. Hans H. Gerth, New York：Free Press，1951，pp. 196 - 205，pp. 226 - 249.

③ Clarence J. Glacken, *Traces on the Rhodian Shore: Nature and Culture in Western Thought from Ancient Times to the End of the Eighteenth Century*, Berkeley：University of California Press，1967，pp. 16 - 17；and Henderson, *Development and Decline of Chinese Cosmology*, xiii.

④ P. K. Feyerabend, *Farewell to Reason*, New York：Verso Press，1987；Henderson, *Development and Decline of Chinese Cosmology*, 1，pp. 54 - 58；and Graham, *Disputers of the Tao*, pp. 315 - 319.

一直发展到近代,却是中国文化所独有的。这一观念及由之所形成的各种关联思维模式,对中国人的文化—心理结构和中国文化传统产生了深远的影响。如同钱穆所云:"感应二字,实可谓会通两千年来之文化精义而包括无遗。"①

---

① 钱穆:《宋代理学三书随劄》,北京:生活·读书·新知三联书店,2002 年,第155—156 页。

引用文献

一、中文文献

安阳发掘队：《1969—1977 年殷墟西区墓葬发掘报告》，《考古学报》1
　　（1979）：119—120。

白玉峥：《契文举例校读》，台北：艺文印书馆，1988。

班固撰、颜师古注：《汉书》，北京：中华书局，1964 年。

北京大学历史系考古教研室：《商周考古》，北京：文物出版社，1979 年。

北京大学中国古文献研究中心、北京大学古文献研究所：《北京大学中
　　国古文献研究中心集刊》，北京：北京燕山出版社，2000 年。

北京师范大学国学研究所编：《武王克商之年研究》，北京：北京师范大
　　学出版社，1997 年。

《蔡侯尊》，中国社会科学院考古研究所编：《殷周金文集成（修订增补
　　本）》，第 06010 号。

蔡沈：《书集传》，江南书局本。

蔡哲茂：《论殷卜辞中的"𠄴"字为成汤之"成"：兼论"𠄡""𠄡"为咸字说》，
　　《"中央研究院"历史语言研究所集刊》第 77 本，第 1 分册（2006）：

1—32。

曹定云：《殷代族徽戈与夏人后裔氏族》，《考古与文物》1（1989）：
　　72—79。

曹峰：《"色"与"礼"的关系：〈孔子诗论〉、马王堆帛书〈五行〉、〈孟子·
　　告子下〉之比较》，《孔子研究》6（2006）：16—24。

曹峰：《20世纪学科体制全球化背景下的中国古典学：兼论出土文献
　　在古典学复兴中的作用》，《社会科学战线》8（2013）：129—139。

曹建敦：《东周祭祀研究》，博士论文，清华大学，2007年。

曹建敦：《周代祭礼用牲礼制考略》，《文博》3（2008）：18—21。

曹明纲：《赋学概论》，上海：上海古籍出版社，1998年。

《曹沫之陈》，收马承源编：《上海博物馆藏战国楚竹书》，第四册，第
　　239—285页。

晁福林：《孟子"浩然之气"说探论》，《文史哲》2（2004）：38—43。

晁福林：《从上博简〈诗论〉看文王受命及孔子的天道观》，《北京师范大
　　学学报》2（2006）：101。

陈复澄：《咸为成汤说》，《辽宁文物》5（1983）：6—9。

陈公柔：《士丧礼、既夕礼中所记载的丧葬制度》，《考古学报》4（1956）：
　　67—84。

陈汉平：《西周册命制度研究》，北京：学林出版社，1986年。

陈絜：《重论"咸为成汤说"》，《历史研究》2（2002）：145—149。

陈来：《古代宗教与伦理：儒家思想的根源》，北京：生活·读书·新知
　　三联书店，1996年。

陈来：《荆门竹简之性自命出篇初探》，《中国哲学》20（1999）：293—314。

陈来主编：《中国哲学的诠释和发展：张岱年先生90寿庆纪念文集》，
　　北京：北京大学出版社，1999年。

陈来：《古代思想文化的世界：春秋时代的宗教、伦理与社会思想》，北京：生活·读书·新知三联书店，2002年；台北：允晨文化公司，2006年。

陈来：《古代宗教与伦理》，北京：生活·读书·新知三联书店，2009年。

陈来：《郭店楚简性自命出与儒学人性论》，收《竹帛五行与简帛研究》，北京：生活·读书·新知三联书店，2009年，第76—95页。

陈来：《竹简〈五行〉篇讲稿》，北京：生活·读书·新知三联书店，2012年。

陈来：《仁学本体论》，北京：生活·读书·新知三联书店，2014年。

陈丽桂：《近四十年出土简帛文献研究》，台北：五南出版公司，2013年。

陈梦家：《商代的神话与巫术》，《燕京学报》20(1936)：485—576。

陈梦家：《西周的策命制度》，载《西周铜器断代(三)》，《考古学报》1(1956)：98—114。

陈梦家：《殷虚卜辞综述》，北京：科学出版社，1956年；北京：中华书局，1988年。

陈旻志：《"诚"体寂感的文化原型与圣巫关涉之探勘》，《哲学与文化》36.11(2009)：103—128。

陈其泰等编：《二十世纪中国礼学研究论集》，北京：学苑出版社，1998年。

陈奇猷：《韩非子新校注》，上海：上海古籍出版社，2000年。

陈奇猷：《吕氏春秋新校释》，上海：上海古籍出版社，2001年。

陈诗庭：《读说文证疑》，《四库全书》本。

陈伟：《郭店竹书别释》，武汉：湖北教育出版社，2003年。

陈伟主编：《楚地出土战国简册(十四种)》，北京：经济科学出版社，2009年。

陈应润：《周易爻变意蕴》，《四库全书》本。

陈元锋：《乐官文化与文学》，济南：山东教育出版社，1999年。

《成之闻之》，荆门市博物馆：《郭店楚墓竹简》，第165—170页。

程颢、程颐：《二程遗书》，上海：上海古籍出版社，2000年。

程颢、程颐：《二程集》，北京：中华书局，1981年。

程千帆：《唐代进士行卷与文学》，上海：上海古籍出版社，1980年。

程石泉：《易辞新诠》，上海：上海古籍出版社，2001年。

程士德主编：《内经》，北京：人民卫生出版社，1985年。

程树德编：《论语集释》，北京：中华书局，1990年。

褚斌杰：《论赋体的起源》，《文学遗产增刊》14(1982)：30—38。

戴家祥：《金文大字典》，上海：学林出版社，1995年。

邓国光：《〈周礼〉六辞初探》，《中华文史论丛》51(1993)：137—140、
　　153—158。

邓佩玲：《〈雅〉〈颂〉与出土文献新证》，北京：商务印书馆，2017年。

丁佛言：《说文古籀补补》，北京：中华书局，1988年。

丁福保编：《说文解字诂林正补合编》，台北：鼎文书局，1975年。

丁山：《甲骨文所见氏族及其制度》，北京：科学出版社，1956年。

丁四新：《郭店楚墓竹简思想研究》，北京：东方出版社，2000年。

丁四新：《生、眚、性之辨与先秦人性论研究之方法论检讨》，收《先秦哲
　　学探索》，北京：商务印书馆，2015年，第3—57页。

董仲舒：《春秋繁露》，《四部丛刊初编》本。

董作宾编：《小屯·殷墟文字甲编》，台北："中央研究院"历史语言研究
　　所，1948年。

董作宾编：《殷虚文字甲编》，台北："中央研究院"历史语言研究所，
　　1976年。

董作宾编：《殷虚文字乙编》，台北："中央研究院"历史语言研究所，

1994 年。

杜公瞻：《编珠》，《四库全书》本。

杜金鹏：《说皇》，《文物》7(1994)：55—63。

杜维明：《儒家的恕道是文明对话的基础》，《人民论坛》12（2013）：76—77。

杜正胜：《周代封建的建立：封建与宗法(上篇)》，"中央研究院"历史语言研究所中国上古史编辑委员会：《中国上古史》第三本《两周编之一史实与演变》，第 53—120 页。

段玉裁：《说文解字段氏注》，成都：成都古籍书店，1981 年。

方东美：《中国形上学中宇宙与个人》，收《生命理想与文化类型：方东美新儒学论著辑要》，北京：中国广播电视出版社，1992 年，第189—226 页。

冯友兰：《中国哲学史》，上海：华东师范大学出版社，2000 年。

冯友兰著、鲍霁主编：《冯友兰学术精华录》，北京：北京师范学院出版社，1988 年。

傅道彬：《中国生殖崇拜文化论》，武汉：湖北人民出版社，1988 年。

傅道彬：《诗可以观：礼乐文化与周代诗学精神》，北京：中华书局，2010 年。

傅庚生：《赋比兴间诂》，收中国人民大学古代文论资料编选组：《中国古代文论研究论文集》，第 150—161 页。

傅斯年：《性命古训辨证》(1938)，收《傅斯年全集》，第二册，长沙：湖南教育出版社，2000 年，第 499—666 页。

高亨：《周易大传今注》，济南：齐鲁书社，1979 年。

高亨：《诗经今注》，上海：上海古籍出版社，1980 年。

高亨：《文史述林》，北京：中华书局，1980 年。

高亨：《周代大武乐考实》，收《文史述林》，第 80—116 页。

高亨：《周易古经今注》，北京：中华书局，1984 年。

高明：《大戴礼记今注今译》，台北：台湾商务印书馆，1984 年。

葛志毅：《周代分封制度研究》，哈尔滨：黑龙江人民出版社，1992 年。

龚橙：《诗本谊》，《续修四库全书》本。

贡华南：《咸：从味到感》，《复旦学报》4(2007)：54—60。

顾颉刚：《禅让传说起于墨家考》(1936)，收骈宇骞编：《顾颉刚古史论文集》卷一，北京：中华书局，1988 年，第 293—369 页。

顾颉刚编：《古史辨》，《民国丛书》本。

顾颉刚：《起兴》，《古史辨》，第三册，第 672—677 页。

顾颉刚：《诗经在春秋战国间的地位》，《古史辨》，第三册，第 309—366 页。

顾颉刚：《〈逸周书·世俘篇〉校注、写定与评论》，《顾颉刚古史论文集》卷九，《顾颉刚全集》，北京：中华书局，2010 年，第 204—267 页。

顾颉刚、刘起釪：《尚书校释译论》，北京：中华书局，2005 年。

《归藏》，收李昉等编：《太平御览》，《四部丛刊》本。

过常宝：《制礼作乐与西周文献的生成》，北京：中国社会科学出版社，2017 年。

郭沫若：《金文丛考》，北京：人民出版社，1954 年。

郭沫若：《郭沫若全集考古编》，第九卷，北京：科学出版社，1982 年。

郭沫若主编：《甲骨文合集》，北京：中华书局，1979—1983 年。

郭沫若：《两周金文辞图录大系考释》，收《郭沫若全集》，北京：人民出版社，1985 年。

郭沫若：《谥法之起源》(1932)，收陈其泰等编：《二十世纪中国礼学研究论集》，第 306—315 页。

郭沫若：《十批判书》，石家庄：河北教育出版社，2000 年。

郭璞注、邢昺疏：《尔雅注疏》，收《十三经注疏整理本》，北京：北京大学出版社，2000 年。

郭齐勇：《郭店儒家简的意义与价值》，《湖北大学学报》2(1999)4—6。

郭庆藩：《庄子集释》，北京：中华书局，1961 年。

郭绍虞：《六诗说考辨》，《中华文史论丛》7(1978)：213—215。

韩连琪：《周代的军赋及其演变》，收《先秦两汉史论丛》，济南：齐鲁书社，1986 年。

汉字形音义演变大字典编辑委员会：《汉字字音演变大字典》，南昌：江西教育出版社，2012 年。

何丹：《两周丧礼研究：仪式与思想》，北京：科学出版社，2018 年。

何定生：《关于诗的起兴》，收《古史辨》，第三册，第 694—705 页。

何琳仪：《战国古文字典》，北京：中华书局，1988 年。

何宁：《淮南子集释》，北京：中华书局，1998 年。

何文焕辑：《历代诗话》，北京：中华书局，1986 年。

何晏注、邢昺疏：《论语注疏》，收《十三经注疏整理本》，北京：中华书局，2000 年。

《恒先》，收马承源编：《上海博物馆藏战国楚竹书》，第三册，第 285—300 页。

洪兴祖：《楚辞补注》，北京：中华书局，1983 年。

湖北省荆沙铁路考古队：《包山楚简》，北京：文物出版社，1991 年。

胡厚宣：《甲骨学商史论丛初集》(1944)，石家庄：河北教育出版社，2002 年。

胡厚宣：《殷代婚姻家族宗法生育制度考》，收《甲骨学商史论丛初集》。

胡厚宣：《殷卜辞中的上帝和王帝》，《历史研究》10(1959)：89—92。

胡厚宣:《殷代封建制度考》,收《甲骨学商史论丛初集》。

胡吉宣编:《玉篇校释》,上海古籍出版社,1989 年。

胡念贻:《诗经中的赋比兴》,《文学遗产增刊》1(1955):1—21。

胡适:《中国哲学史大纲》,上海:商务印书馆,1919 年。

胡晓明:《"移情"与"感应":中西方诗学心物关系理论比较片论》,《文艺理论研究》6(1988):37—44。

胡晓明:《中国诗学之精神》,南昌:江西人民出版社,1990 年。

胡晓明编:《后五四时代中国思想学术之路:王元化教授逝世十周年纪念文集》,上海:华东师范大学出版社,2018 年。

胡治洪:《尚书真伪问题之由来与重辨》,《江苏师范大学学报》40.1(2014):112—128。

黄怀信编:《逸周书汇校集注》,上海:上海古籍出版社,1995 年;北京:中华书局,2004 年。

黄俊杰:《孟学思想史论》,台北:东大图书公司,1991 年。

黄俊杰:《东亚儒家仁学史论》,台北:台湾大学出版中心,2017 年。

黄寿祺、张善文:《周易译注》,上海:上海古籍出版社,1989 年。

黄伟合:《墨子的义利观》,《中国社会科学》3(1985):300—308。

黄宗羲:《南雷文定》,《续修四库全书》本。

黄宗羲:《汪扶晨诗序》,《南雷文定》卷十一,第 11a—12b 页。

黄宗炎:《周易象辞》,《四库全书》本。

纪志昌:《"诚"与"斋戒":从祭礼到哲学的转化》,《哲学与文化》27.11(2000):1084—1092。

贾海生:《周代礼乐文明实证》,北京:中华书局,2010 年。

贾晋华:《〈诗〉可以群:中国传统诗歌普及化轨迹描述》,《江海学刊》4(1989):149—155。

贾晋华：《六诗之现代诠释循环》，《九州学林》23(2004)：2—25。

贾晋华：《释赋：从诗体到诗歌技巧及赋体》，《古代文学理论研究》24
（2006）：1—17。

贾晋华：《兴及兴诗探源》，《中华文史论丛》82(2006)：181—199；《诗经
研究丛刊》2(2008)：1—19。

贾晋华：《神明释义》，《深圳大学学报》31.3(2014)：5—15。

贾晋华：《唐代集会总集与诗人群研究》，北京：北京大学出版社，2001
年(初版)，2015年(第二版)。

贾晋华：《诚之宗教起源》，《学问》5(2017)：43—56。

贾晋华：《感物说溯源》，收胡晓明编：《后五四时代中国思想学术之路：
王元化教授逝世十周年纪念文集》，第145—169页。

贾晋华：《古典儒学关于宇宙时空和个体命运的思考》，收贾晋华、曾振
宇编：《社会责任与个体价值：儒学伦理学的现代启示》，第42—
63页。

贾晋华：《诚字新释及其宗教起源》，收贾晋华、陈伟、王小林、来国龙
编：《新语文学与早期中国研究》，第197—213页。

贾晋华、陈伟、王小林、来国龙编：《新语文学与早期中国研究》，上海：
上海人民出版社，2018年。

贾晋华、曾振宇编：《社会责任与个体价值：儒学伦理学的现代启示》，
济南：齐鲁书社，2019年。

《简大王泊旱》，收马承源编：《上海博物馆藏战国楚竹书》，第四册，第
19页。

江林：《〈诗经〉与宗周礼乐文明》，上海：上海古籍出版社，2010年。

江林昌：《上博竹简诗论的作者及其与今本毛诗序的关系》，《文学遗
产》2(2002)：4—15。

姜亮夫：《楚辞通故》，济南：齐鲁书社，1985年。

蒋人杰编、刘锐审：《说文解字集注》，上海：上海古籍出版社，1996年。

焦循：《孟子正义》，北京：中华书局，1987年。

金景芳：《周易讲座》，桂林：广西师范大学出版社，2005年。

金开诚、董洪利、高路明：《屈原集校注》，北京：中华书局，1996年。

金耀基：《中国社会与文化》，香港：牛津大学出版社，1992年。

《晋公盆》，收中国社会科学院考古研究所编：《殷周金文集成（修订增
　　补本）》，第10342号。

荆门市博物馆：《郭店楚墓竹简》，北京：文物出版社，1998年。

景海峰：《从训诂学走向诠释学：中国哲学经典诠释方法的现代转化》，
　　《天津社会科学》5(2004)：4—7。

景海峰：《五伦观念的再认识》，《哲学研究》5(2008)：51—57。

孔安国注、孔颖达疏：《尚书正义》，《十三经注疏整理本》，北京：北京大
　　学出版社，2000年。

《孔子家语》，《四部丛刊》本。

《孔子诗论》，收马承源编，《上海博物馆藏战国楚竹书》，第一册，第
　　119—68页。

来可泓：《国语集解》，上海：复旦大学出版社，2000年。

来知德：《易经集注》，《四库全书》本。

劳思光：《大学及中庸译注新编》，香港：香港中文大学出版社，2001年。

雷汉卿：《说文示部字与神灵祭祀考》，成都：巴蜀书社，2000年。

李安宅：《巫术的分析》(1931)，重印，成都：四川人民出版社，1991年。

李炳海：《〈诗经·周颂〉大武歌诗论辨》，《陕西师范大学学报（哲学社
　　会科学版）》5(2008)：101—106。

李存山：《反思经史关系：从"启攻益"说起》，《中国社会科学》3(2004)：

75—85。

李鼎祚:《周易集解》,台北:台湾商务印书馆,1968年。

李谔:《上隋高祖革文华书》,收魏徵:《隋书》卷六十六,第1544页。

李昉等编:《太平御览》,《四部丛刊》本。

李方桂:《上古音研究》,北京:商务印书馆,1980年。

李光:《读易详说》,《四库全书》本。

李济编:《中国考古报告集》第三卷,台北:"中央研究院"历史语言研究所,1962年。

李家浩:《秦骃玉版铭文研究》,《北京大学中国古文献研究中心集刊》2,北京:北京燕山出版社,2001年,第99—128页。

李剑农:《彻助贡:先秦田税制度研究之推测》,《社会科学季刊》9(1948):25—44。

李剑农:《先秦两汉经济史稿》,北京:中华书局,1962年。

李镜池:《周易通义》,北京:中华书局,1981年。

黎靖德编:《朱子语类》,北京:中华书局,1994年。

李浚川、萧汉明:《医易会通精义》,北京:人民卫生出版社,1991年。

李零:《包山楚简研究(占卜类)》,《中国典籍与文化论丛》第1辑,北京:中华书局,1993年,第425—448页。

李零:《秦骃祷病玉版的研究》,《国学研究》卷六,北京:北京大学出版社,1999年,第525—547页。

李零:《中国方术正考》,北京:中华书局,2005年。

李零:《中国方术续考》,北京:中华书局,2006年。

李零:《读九店楚简〈日书〉》,《中国方术续考》,第318—329页。

李明辉主编:《孟子思想的哲学探讨》,台北:"中央研究院"中国文哲研究所筹备处,1995年。

李明辉:《孟子知言养气章的义理结构》,收李明辉编,《孟子思想的哲学探讨》,第 115—158 页。

李杞:《用易详解》,《四库全书》本。

李实:《释俄》,收《甲骨文字丛考》,兰州:甘肃人民出版社,1997 年,第 121 页。

李守奎、李轶编:《尸子译注》,哈尔滨:黑龙江人民出版社,2003 年。

李天虹:《郭店楚简〈性自命出〉研究》,武汉:湖北教育出版社,2003 年。

黎翔凤撰、梁运华整理:《管子校注》,北京:中华书局,2004 年。

李孝定编:《甲骨文字集释》,台北:"中央研究院"历史语言研究所,1970 年,1991 年。

李学勤:《论新出大汶口文化陶器符号》,《文物》12(1987):75—85。

李学勤:《世俘篇研究》,《史学月刊》2(1988):2—6。

李学勤:《周易经传溯源》,长春:长春出版社,1992 年。

李学勤:《当代学者自选文库·李学勤卷》,合肥:安徽教育出版社,1999 年。

李学勤:《郭店简与〈乐记〉》,《中国哲学的诠释和发展:张岱年先生 90 寿庆纪念文集》,第 23—28 页。

李学勤:《郭店楚简与儒家经典》,收《郭店楚简研究》,《中国哲学》第二十辑,第 18—21 页。

李学勤:《先秦儒家著作的重大发现》,收《郭店楚简研究》,《中国哲学》第二十辑,第 13—17 页。

李学勤:《秦玉牍索隐》,《故宫博物院院刊》2(2000):41—45。

李学勤:《简帛佚籍与学术史》,南昌:江西教育出版社,2001 年。

李学勤:《唐勒、小言赋和易传》,收《简帛佚籍与学术史》,2001 年,第 373—379 页。

李学勤：《秦律与〈周礼〉》，收《简帛佚籍与学术史》，第 110—118 页。

李学勤：《诗论的体裁和作者》，收朱渊清、廖名春编：《上博馆藏战国楚竹书研究》，第 51—61 页。

李学勤：《谈诗论诗亡隐志章》，《文艺研究》2(2002)：31—32。

李学勤主编：《清华大学藏战国竹简》，上海：中西书局，2010 年。

李亚农：《欣然斋史论集》，上海：上海人民出版社，1962 年。

李延寿：《南史》，北京：中华书局，1975 年。

李泽厚：《中国古代思想史论》，北京：人民出版社，1986 年。

李泽厚：《孔子再评价》，《中国社会科学》2(1980)：77—96。

李泽厚：《论语今读》，合肥：安徽文艺出版社，1998 年；香港：天地图书出版公司，1998 年。

李泽厚：《己卯五说》，北京：中国电影出版社，1999 年。

李泽厚：《历史本体论》，北京：生活·读书·新知三联书店，2002 年。

李泽厚：《哲学纲要》，北京：北京大学出版社，2011 年。

李泽厚：《说巫史传统补》，收《说巫史传统》，上海：上海文艺出版社，2012 年，第 45—96 页。

李泽厚：《回应桑德尔及其他》，北京：生活·读书·新知三联书店，2014 年。

李泽厚：《如何活，度与情：李泽厚 1995 年的一次座谈》，《中国文化》37(2014)：1—17。

李泽厚：《由巫到礼·释礼归仁》，北京：生活·读书·新知三联书店，2015 年。

李泽厚：《人类学历史本体论》，青岛：青岛出版社，2016 年。

李泽厚：《伦理学新说述要》，北京：世界图书出版公司，2019 年。

李泽厚、刘纲纪：《中国美学史》，北京：中国社会科学出版社，1987 年。

连劭名:《秦惠文王祷祠华山玉简文研究》,《中国历史博物馆馆刊》1
　　(2001):49—57。

梁启超:《中国近三百年学术史》,收《梁启超全集》,北京:北京出版社,
　　1999 年。

梁启超:《周秦时代之美文·附释"四诗"名义》,收《中国近三百年学术
　　史》,第 4384—4388 页。

梁漱溟:《中国文化要义》(1949),台北:中正书局,1963 年;上海:学林
　　出版社,1987 年;上海:上海人民出版社,2005 年。

梁思永、高去寻:《侯家庄第二本 1001 号大墓》,收李济编:《中国考古
　　报告集》第三卷,第 64—65 页。

梁涛:《郭店竹简与思孟学派》,北京:中国人民大学出版社,2008 年。

廖名春:《新出竹简试论》,台北:台湾古籍出版公司,2001 年。

《列女传》,《丛书集成初编》本。

林栗:《周易经传集解》,《四库全书》本。

林素英:《〈礼记之先秦儒家思想:〈经解〉连续八篇结合相关传世与出
　　土文献之研究》,台北:台湾师范大学出版中心,2017 年。

林沄:《林沄学术文集》,北京:中国大百科全书出版社,1998 年。

林之奇:《尚书全解》,《通志堂经解》本。

刘宝才:《〈唐虞之道〉的历史与理念:兼论战国时期的禅让思潮》,《人
　　文杂志》3(2000)106—110。

刘兵:《良渚文化玉琮初探》,《文物》2(1990):30—37。

刘沧龙:《〈性自命出〉的情性论与礼乐观》,《鹅湖月刊》429(2011):
　　32—43。

刘鹗:《铁云藏龟》,1904 年石印版。

刘洪泽:《易卦通解》,北京:学苑出版社,1990 年。

刘怀荣:《中国古典诗学原型研究》,台北:文津出版社,1996 年。

刘怀荣:《赋比兴与中国诗学研究》,北京:人民出版社,2007 年。

刘克庄:《后村集》,《四库全书》本。

刘乐贤:《〈性自命出〉与〈淮南子·缪称〉论情》,《中国哲学史研究》4
　　(2000):22—27。

琉璃河考古工作队:《北京附近发现的西周奴隶殉葬墓》,《考古》5
　　(1974):309—21。

刘起釪:《〈礼〉真伪之争及其书写成的真实依据》,收《古史续辨》,北
　　京:中国社会科学出版社,1991 年,第 619—653 页。

刘熙:《释名》,《丛书集成初编》本。

刘翔:《中国传统价值观阐释学》,上海:上海三联书店,1996 年。

刘笑敢:《老子古今:五种对勘与析评引论》,北京:中国社会科学出版
　　社,2006 年。

刘勰著、范文澜注:《文心雕龙注》,北京:人民文学出版社,1958 年。

刘昕岚:《郭店楚简〈性自命出〉篇笺释》,《郭店楚简国际学术研讨会论
　　文集》,武汉:湖北人民出版社,2000 年,第 330—354 页。

刘兴隆:《新编甲骨文字典》,北京:国际文化出版公司,1993 年。

刘义庆撰、徐震堮校注:《世说新语校笺》,北京:中华书局,1984 年。

刘雨:《西周金文中的周礼》,《燕京学报》3(1997):69—71。

陆德明:《经典释文》,《周易正义》引,第 421a 页。

鲁洪生:《从赋比兴产生的时代背景看其本义》,《中国社会科学》3
　　(1993):213—223。

陆九渊:《陆九渊集》,北京:中华书局,1980 年。

逯钦立:《先秦汉魏晋南北朝诗》,北京:中华书局,1983 年。

罗福颐:《古玺文编》,北京:文物出版社,1981 年。

罗国杰:《中国伦理思想史》,北京:中国人民大学出版社,2008 年。

罗泌:《路史》,《四部备要》本。

骆玉明:《论不歌而诵谓之赋》,《文学遗产》2(1983):36—41。

罗振玉、王辰编:《殷文存・续殷文存》,台北:台联国风出版社,
1980 年。

罗振玉:《增订殷虚书契考释》,台北:艺文印书馆,1969 年。

吕思勉:《论读子之法》,收《论学集林》,上海:上海教育出版社,1987
年,第 274—289 页。

吕思勉:《先秦史》,上海:上海古籍出版社,2005 年。

马承源编:《上海博物馆藏战国楚竹书》,上海:上海古籍出版社,
2001—2012 年。

马瑞辰:《毛诗传笺通释》,《续修四库全书》本。

马银琴:《诗文本的结集与"诗"名称的出现》,《文学评论》2001 年(青年
学者号):3—8。

毛亨传、郑玄笺、孔颖达疏:《毛诗正义》,收《十三经注疏整理本》,北
京:北京大学出版社,2000 年。

毛际盛:《说文解字述谊》,北京:北京出版社,2000 年。

毛奇龄:《仲氏易》,《四库全书》本。

蒙培元:《论中国传统的情感哲学》,《哲学研究》1(1994):45—51。

蒙培元:《情感与理性》,北京:中国社会科学出版社,2002 年。

蒙培元:《人是情感的存在:儒家哲学再阐释》,《社会科学战线》2
(2003):1—8。

蒙培元:《性自命出的思想特征及其与思孟学派的关系》,《甘肃社会科
学》2(2008):36—43。

欧阳修:《新唐书》,北京:中华书局,1975 年。

欧阳询等:《艺文类聚》,上海:上海古籍出版社,1982年。

欧阳祯人:《先秦儒家性情思想研究》,武汉:武汉大学出版社,2005年。

潘德荣:《诠释学导论》,台北:五南图书出版公司,1999年。

庞朴:《孔孟之间:郭店楚简中的儒家心性说》,《中国社会科学》5
    (1998):88—95。

庞朴:《竹帛〈五行〉篇校注及研究》,台北:万卷楼图书有限公司,
    2000年。

庞朴:《庞朴文集》,济南:山东大学出版社,2005年。

庞朴:《竹帛〈五行〉篇校注》,收《古墓新知》,《庞朴文集》第二卷,第
    117—151页。

彭锋:《诗可以兴:古代宗教、伦理、哲学与艺术的美学阐释》,合肥:安
    徽教育出版社,2003年。

彭林:《郭店楚简与〈礼记〉的年代》,《郭店简与儒学研究》,《中国哲学》
    第21辑,第41—59页。

彭林:《〈周礼〉的主体思想与成书年代研究》,北京:中国人民大学出版
    社,2009年。

彭声洪:《诗六义辨说》,《华中师院学报》4(1983):108—118。

齐思和:《周代锡命礼考》,《燕京学报》32(1947):197—226。

齐思和:《孟子井田说辨》,《燕京学报》35(1948):101—127。

钱坫:《说文解字斠诠》,台北:文海出版社,1962。

钱杭:《周代宗法制度史研究》,上海:学林出版社,1991年。

钱穆:《孔子与论语》,台北:联经出版事业公司,1974年。

钱穆:《论语新解》,北京:生活・读书・新知三联书店,2002年。

钱穆:《宋代理学三书随劄》,北京:生活・读书・新知三联书店,
    2002年。

钱玄：《三礼通论》，南京：南京师范大学出版社，1996 年。

钱锺书：《管锥编》，北京：中华书局，1979 年。

钱锺书：《谈艺录》，北京：生活·读书·新知三联书店，2001 年。

钱锺书：《宋诗选注》，北京：人民文学出版社，2005 年。

《秦公镈》，收中国社会科学院考古研究所编：《殷周金文集成（修订增补本）》，第 00267 号。

裘锡圭：《汉字形成问题的初步探索》，《中国语文》3(1978)：165—166。

饶宗颐：《殷代贞卜人物通考》，香港：香港大学出版社，1959 年。

饶宗颐：《古史重建与地域扩张问题》，收《饶宗颐新出土文献论证》，第 67—68 页。

容庚：《商周彝器通考》，台北：文史哲出版社，1985 年。

容庚、张振林、马国权编：《金文编》，北京：中华书局，1985 年。

阮元：《揅经室集》，北京：中华书局，1993 年。

山东省博物馆：《山东益都苏埠屯一号奴隶殉葬墓》，《文物》8(1972)：17—30。

山东师范大学齐鲁文化研究中心编：《儒家思孟学派论集》，济南：齐鲁书社，2008 年。

山西省文物工作委员会编：《侯马盟书》，北京：文物出版社，1976 年。

商承祚：《殷契佚存》，北京：北京图书馆出版社，2000 年。

沈建华编：《饶宗颐新出土文献论证》，上海：上海古籍出版社，2005 年。

沈培：《从战国简看古人占卜的"蔽志"：兼论"移祟"说》，收陈昭容主编：《古文字与古代史》第一辑，台北："中央研究院"历史语言研究所，2009 年，第 391—434 页。

沈文倬：《宗周礼乐文明考论》，杭州：杭州大学出版社，1999 年。

施炳华：《毛诗赋比兴较论》，《成功大学学报》24(1989)：79。

《叔夷钟》，收中国社会科学院考古研究所编：《殷周金文集成(修订增
　　补本)》，第 00276 号。

司马迁：《史记》，北京：中华书局，1959 年。

斯维之：《西周金文所见官名考》，《中国文化研究汇刊》7(1947)：
　　1—25。

宋保：《谐声补逸》，北京大学图书馆藏 1803 年抄本。

宋镇豪：《从花园庄东地甲骨文考述晚商射礼》，收王建生、朱歧祥编：
　　《花园庄东地甲骨论丛》，台北：圣环图书公司，2006 年，第 77—
　　98 页。

宋镇豪、段志洪编：《甲骨文献集成》，成都：四川大学出版社，2001 年。

宋衷注、秦嘉谟等辑：《世本八种》，上海：商务印书馆，1957 年。

苏秉琦：《华人，龙的传人，中国人》，沈阳：辽宁大学出版社，1994 年。

苏轼：《东坡易传》，《四库全书》本。

苏辙：《栾城后集》，《四库全书》本。

孙定辉：《〈春官〉"六诗"之"兴"与〈诗经〉之"兴"诗》，《重庆师范大学学
　　报》5(2013)：5—16。

孙海波：《古文声系》，北京：中华书局，1965 年。

孙隆基：《中国文化的深层结构》，桂林：广西师范大学出版社，2011 年。

孙奇逢：《四书近指》，《四库全书》本。

孙诒让：《契文举例》，台北：艺文印书馆，1963 年。

孙诒让：《墨子间诂》，北京：中华书局，1986 年。

孙诒让：《周礼正义》，北京：中华书局，1987 年。

孙诒让：《古籀拾遗·古籀余论》，北京：中华书局，1989 年。

孙作云：《诗经与周代社会研究》，北京：中华书局，1966 年。

《太一生水》,收荆门市博物馆:《郭店楚墓竹简》,第 123—126 页。

唐君毅:《先秦思想中之天命观》,《新亚学报》2.2(1957):1—33。

唐君毅:《中国哲学原论:导论篇》,台北:台湾学生书局,1976 年。

唐君毅:《中国哲学原论:原道篇》,台北:台湾学生书局,1976 年。

唐君毅:《中国哲学原论:原性篇》(1968),北京:中国社会科学出版社,2005 年。

唐兰:《从大汶口文化的陶器文字看我国最早文化的年代》,《光明日报》,1977 年 7 月 14 日。

唐文明:《仁义与内外》,收山东师范大学齐鲁文化研究中心编《儒家思孟学派论集》,第 388—403 页。

汤一介、李中华主编:《中国儒学史先秦卷》,北京:北京大学出版社,2011 年。

汤一介:《"道始于情"的哲学诠释》,《学术月刊》7(2001):40—44。

《唐虞之道》,荆门市博物馆:《郭店楚墓竹简》,第 154—160 页。

陶希圣:《服制之构成》,《食货月刊》9.1(1971):472。

童恩正:《人类与文化》,重庆:重庆出版社,1998 年。

童恩正:《中国古代的巫、巫术、巫术崇拜及其相关问题》,收《人类与文化》,第 434—76 页。

童书业:《先秦七子思想研究》,济南:齐鲁书社,1982 年。

汪荣宝:《释皇》,《国学季刊》1.2(1923):387—390。

王弼注、孔颖达疏:《周易正义》,《十三经注疏整理本》,北京:北京大学出版社,2000 年。

王博:《早期儒家仁义说的研究》,《哲学门》11(2005):71—97。

王充撰、刘盼遂集解、黄晖校释:《论衡校释》,北京:中华书局,1990 年。

王锷：《礼记成书考》，北京：中华书局，2007 年。

王符著、汪继培笺、彭铎校正：《潜夫论笺校正》，北京：中华书局，
　　1997 年。

王观国：《孔子诔》，收《学林》，《四库全书》本，第 8a—8b 页。

王国维：《毛公鼎铭考释》，《广仓学窘丛书》本，1916 年。

王国维：《古史新证：王国维最后的讲义》，北京：清华大学出版社，
　　1994 年。

王国维：《观堂集林》，1923；重印，石家庄：河北教育出版社，2001 年；
　　《民国丛书》本，上海：上海书店，1992 年。

王浩已：《"感""象""数"：〈周易〉经传象数观念的哲学人类学释读》，
　　《周易研究》3(2005)：10—18。

王辉：《秦曾孙骃告华大山明神文考释》，《考古学报》2(2001)：143—158。

王钧林：《中国儒学史先秦卷》，广州：广东教育出版社，1998 年。

王筠：《说文句读》，北京：中国书店，1983 年。

王昆吾：《中国早期艺术与宗教》，北京：东方出版社，1998 年。

王利器编：《文子疏义》，北京：中华书局，2000 年。

王鸣盛：《周礼军赋说》，《续修四库全书》本，第八十册，上海：上海古籍
　　出版社，1995 年。

王念孙：《读书杂志》，台北：广文书局，1963 年。

王念孙：《广雅疏证》，台北：广文书局，1971 年；北京：中华书局，
　　1983 年。

王聘珍：《大戴礼记解诂》，北京：中华书局，1983 年。

王仁昫：《刊谬补缺切韵序》，敦煌唐写本伯 2129。

王世民、陈公柔、张长寿：《西周青铜器分期断代研究》，北京：文物出版
　　社，1999 年。

王叔岷:《钟嵘诗品笺证稿》,北京:中华书局,2007 年。

王斯睿:《慎子校正》,《国学小丛书》本。

王先谦:《荀子集解》,北京:中华书局,1988 年。

王先慎:《韩非子集解》,北京:中华书局,1998 年。

王献唐:《释由美》,《中国文字》35(1970):2。

王小盾、马银琴:《从诗论与诗序的关系看诗论的性质与功能》,《文艺
　　研究》2(2002):45—48。

王兴国:《孟子"知言养气"章义解:兼论孟子与告子的不动心之道》,
　　《深圳大学学报》29.5(2012):27—38。

王雅:《生生、感通、偕行:易传的天人共生哲学》,《周易研究》3(2010):
　　29—34。

王逸注、洪兴祖补注:《楚辞补注》,北京:中华书局,1983 年。

王引之:《经义述闻》,1827 年刊本。

王玉哲:《中华远古史》,上海:上海人民出版社,2000 年。

王毓彤:《荆门出土一件铜戈》,《文物》1(1963):64—65。

王元鹿:《心字探源》,收《普通文字学与比较文字学论集》,上海:上海
　　古籍出版社,2012 年,第 222—238 页。

王中江,《上博〈诗传〉与儒家〈诗〉教谱系新知》,收《简帛文明与古代思
　　想世界》,北京:北京大学出版社,2011 年,第 340—356 页。

魏源:《诗古微》,《续修四库全书》本。

魏徵:《隋书》,北京:中华书局,1973 年。

闻一多:《说鱼》,《闻一多全集》,武汉:湖北人民出版社,1993 年,第三
　　册,第 231—252 页。

吴讷、徐师增:《文章辨体序说·文体明辨序说》,北京:人民文学出版
　　社,1962 年。

吴毓江、孙启治编：《墨子校注》，北京：中华书局，1993 年。

吴震：《论儒家仁学"公共性"问题：以程朱理学"以公言仁"为核心》，《人文论丛》2(2017)：11—28。

武汉大学中国传统文化研究中心：《郭店楚简国际学术研讨会论文集》，武汉：湖北人民出版社，2000 年。

夏商周断代工程专家组：《夏商周断代工程 1996—2000 年阶段成果报告：简本》，北京：世界图书公司，2000 年。

夏竦：《汉简·古文四声韵》，北京：中华书局，1983 年。

萧公权：《中国政治思想史》，台北：中华文化出版事业委员会，1954 年。

萧统编：《文选》，北京：中华书局，1977 年。

《小尔雅·广诂》，收《孔丛子》，《续修四库全书》本。

谢彦华：《说文闻载》，1914 年石印本。

陈伟编：《楚地出土战国简册（十四种）》，武汉：文物出版社，2013 年。

徐复观：《中国人性论史·先秦篇》，台湾：商务印书馆，1969 年；武汉：湖北人民出版社，2002 年。

徐复观：《吕氏春秋及其对汉代学术与政治的影响》，《新亚书院学术年刊》14(1972)：1—83。

徐复观：《孟子知言养气章试释》，收《中国思想史论集》，台北：学生书局，1983 年，第 142—154 页。

徐灏：《说文解字注笺》，《续修四库全书》本。

许进雄：《中国古代社会：文字与人类学的透视》，台北：商务印书馆，1995 年。

徐锴：《说文系传》，《四部备要》本。

许青春：《法家义利观探微》，《中南大学学报》6(2006)：657—661。

许慎：《说文解字》，北京：中华书局，1963 年。

许维遹编：《韩诗外传集释》，北京：中华书局，1980 年。

许维遹：《吕氏春秋集释》，北京：中华书局，2009 年。

徐铉校：《说文解字》，1809 年刊本。

徐旭生：《中国古史的传说时代》，桂林：广西师范大学出版社，
　　2003 年。

徐元诰编、王树民、沈长云校点：《国语集解》，北京：中华书局，
　　2002 年。

徐中舒：《井田制度探源》，《中国文化研究汇刊》4(1944)：121—156。

徐中舒：《先秦史论稿》，成都：巴蜀书社，1996 年。

徐中舒主编：《甲骨文字典》，成都：四川辞书出版社，1998 年。

许倬云：《周礼中的兵制》，收《求古编》，台北：联经出版公司，1982 年，
　　第 283—304 页。

许倬云：《西周史》，1984 年；重印，北京：生活·读书·新知三联书店，
　　1994 年。

薛传均：《说文答问疏证》，1884 年刊本。

荀悦：《申鉴》，香港：中华书局，1978 年。

阎步克：《服周之冕：〈周礼〉六冕礼制的兴衰变异》，北京：中华书局，
　　2009 年。

严一萍：《殷契征医》，台北：艺文印书馆，1951 年。

严一萍：《柏根氏旧藏甲骨文字考释》，台北：艺文印书馆，1978 年。

严一萍：《严一萍先生全集甲编》，台北：艺文印书馆，1991 年。

杨伯峻：《论语译注》，北京：中华书局，1980 年。

杨伯峻：《春秋左氏注》，北京：中华书局，1990 年。

杨伯峻：《孟子译注》，北京：中华书局，2005 年。

杨朝明：《儒家文献与早期儒学研究》，济南：齐鲁书社，2002 年。

杨华:《新出简帛与礼制研究》,台北:台湾古籍公司,2007 年。

杨华:《古礼新研》,北京:商务印书馆,2012 年。

杨宽:《西周史》,上海:上海人民出版社,1999 年。

杨庆中:《知命与知己:孔子命运观的新指向》,《齐鲁学刊》4(2010):
　　5—9。

杨树达:《积微居小学金石论丛》,北京:科学出版社,1955 年。

杨希枚:《姓字本义析证》,《历史语言研究所集刊》23(1952):409—442。

杨向奎编:《清儒学案新编》,济南:齐鲁书社,1985 年。

杨向奎:《宗周社会与礼乐文明》,北京:人民出版社,1992 年。

杨载:《诗法家数》,收何文焕辑:《历代诗话》第一册,北京:中华书局,
　　1986 年。

姚小鸥:《〈诗经〉三颂与先秦礼乐文化》,北京:北京广播学院出版社,
　　2000 年。

叶嘉莹:《迦陵论诗丛稿》,北京:中华书局,1984 年。

叶舒宪:《物的叙事:中华文明探源的四重证据法》,《兰州大学学报》
　　38.6(2010):1—8。

叶燮:《原诗》,北京:人民文学出版社,1979。

于成龙:《包山二号楚墓卜筮简中若干问题的探讨》,收中国文物研究
　　所编:《出土文献研究》第 5 辑,第 167 页。

《语丛三》,荆门市博物馆:《郭店楚墓竹简》,第 207—214 页;陈伟编:
　　《楚地出土战国简册(十四种)》,第 256—261 页。

《语丛一》,荆门市博物馆:《郭店楚墓竹简》,第 191—200 页;陈伟编:
　　《楚地出土战国简册(十四种)》,第 244—251 页。

虞万里:《上博馆藏楚竹书〈缁衣〉综合研究》,武汉:武汉大学出版社,
　　2009 年。

于省吾、姚孝遂编:《甲骨文字诂林》,北京:中华书局,1996年。

余英时:《中国思想传统的现代诠释》,南京:江苏人民出版社,1989年。

余英时:《论天人之际:中国古代思想起源试探》,台北:联经出版公司,2014年。

余治平:《命的哲学追问》,《东南学术》1(2006):135—144。

余治平:《"仁"字之起源与初义》,《河北学刊》1(2010):44—48。

袁俊杰:《两周射礼研究》,北京:科学出版社,2013年。

袁康校:《越绝书》,济南:齐鲁书社,2000年。

袁珂:《山海经校注》,上海:上海古籍出版社,1980年。

袁燮、傅子云:《年谱》,《陆九渊集》卷三十六,北京:中华书局,1980年,第481—483页。

曾春海:《〈易〉哲学中的感应与亨通》,《哲学与文化》29.4(2002):297—305。

曾宪通、杨泽生、萧毅:《秦骃玉版文字初探》,《考古与文物》1(2001):49—54。

张秉权:《小屯第二本·殷虚文字丙编上辑(一)》,台北:"中央研究院"历史语言研究所,1957年。

章必功:《六诗探故》,《文史》6(1984):167—173。

章炳麟:《检论:六诗说》,收《章氏丛书》卷二,上海:右文社,1920年,第1a—4a页。

章炳麟:《国故论衡》,台北:广文书局,1967年。

张秉权:《殷墟文字丙编考释》,台北:"中央研究院"历史语言研究所,1965年。

张岱年(署名宇同):《中国哲学大纲》,北京:商务印书馆,1958年。

张岱年:《中国哲学史方法论发凡》,北京:中华书局,1983年。

张岱年：《张岱年全集》，石家庄：河北人民出版社，2007年。

张光裕：《金文中册命之典》，《香港中文大学中国文化研究所学报》10（1979）：241—271。

张光直：《中国青铜时代》，北京：生活·读书·新知三联书店，1999年。

张光直：《商文明》，沈阳：辽宁教育出版社，2002年。

张惠仁：《周易感卦涉性爻辞正义及其他》，《中国文化》1（1996）：213—220。

张立文：《帛书周易注译》，郑州：中州古籍出版社，1992年。

张奇伟：《孟子"浩然之气"辨正》，《中国哲学史》2（2001）：42—45。

张世超等：《金文形义通解》，京都：中文出版社，1995年。

张淑卿：《左传称诗研究》，台北：台湾大学出版委员会，1991年。

张西堂：《周颂时迈本为周大武乐章首章说》，《人文杂志》6（1959）：26—33。

张亚初、刘雨：《西周金文官制研究》，北京：中华书局，1986年。

张岩：《审核古文尚书案》，北京：中华书局，2006年。

张映文、吕智荣：《陕西清涧李家崖古城址发掘报告》，《考古与文物》1（1988）：47—56。

张载：《张载集》，北京：中华书局，1978年。

张政烺：《卜辞裒田及其相关诸问题》，《考古学报》1（1973）：110。

赵敦华：《只是金规则吗：评宗教对话的一个误区》，《社会科学战线》2（2008）：32—36。

赵明主编：《先秦大文学史》，长春：吉林大学出版社，1993年。

赵沛霖：《兴的源起：历史积淀与诗歌艺术》，北京：社会科学出版社，1987年。

赵岐注、孙奭疏：《孟子注疏》，收《十三经注疏整理本》，北京：北京大学出版社,2000 年。

浙江省文物考古研究所:《余杭瑶山良渚文化祭坛遗址发掘简报》,《文物》1(1988):36—47。

浙江省文物考古研究所反山考古队:《浙江余杭反山良渚墓地发掘简报》,《文物》1(1988):10—29。

郑杰文:《禅让学说的历史演化及其原因》,《中国文化研究》,1(2002):26—40。

郑玄注、贾公彦疏:《周礼注疏》,收《十三经注疏整理本》,北京:北京大学出版社,2000 年。

郑玄注、贾公彦疏:《仪礼注疏》,收《十三经注疏整理本》,北京:北京大学出版社,2000 年。

郑玄注、孔颖达疏:《礼记正义》,收《十三经注疏整理本》,北京:北京大学出版社,2000 年。

郑张尚芳:《上古音系》,上海:上海教育出版社,2003 年。

郑振铎:《读毛诗序》,收《古史辨》卷三,第 382—402 页。

中国考古学会编:《中国考古学年鉴(1986)》,北京:考古出版社,1986 年。

中国人民大学古代文论资料编选组:《中国古代文论研究论文集》,上海:上海古籍出版社,1989 年。

中国社会科学院考古研究所编:《甲骨文编》,北京:中华书局,1965 年。

中国社会科学院考古研究所编:《殷周金文集成》,北京:中华书局,1984—1994 年。

中国社会科学院考古研究所编:《殷墟发掘报告》,北京:文物出版社,1987 年。

中国社会科学院考古研究所编:《殷周金文集成释文》,香港:香港中文大学中国文化研究所,2001 年。

中国社会科学院考古研究所编:《殷周金文集成(修订增补本)》,北京:
　　中华书局,2007 年。

中国文物研究所编:《出土文献研究》,北京:科学出版社,1999 年。

《中国哲学》编委会、国际儒联学术委员会编:《郭店简与儒学研究》,
　　《中国哲学》,第 21 辑,沈阳:辽宁教育出版社,2000 年。

《中山王鼎》,收中国社会科学院考古研究所编:《殷周金文集成(修订
　　增补本)》,第 02840 号。

《忠信之道》,收荆门市博物馆:《郭店楚墓竹简》,第 161—164 页。

"中央研究院"历史语言研究所中国上古史编辑委员会编:《中国上古
　　史》第三本,《两周编之一史实与演变》,台北:"中央研究院"历史
　　语言研究所中国上古史编辑委员会,1985 年。

钟志翔:《〈易·文言〉修辞立诚论原解》,《周易研究》5(2013):12—20。

周策纵:《古巫医与六诗考》,台北:联经出版公司,1984 年。

周策纵:《易经咸卦卦爻辞新解》,《道家文化研究》12(1998):86—92。

周刚:《春秋赋诗与赋比兴本义》,《沈阳师范学院学报》1(1986):
　　40—45。

周海春、荣光汉:《论孟子之"义"》,《哲学研究》8(2018):44—51、60。

周书灿:《西周王朝经营四土研究》,郑州:中州古籍出版社,2000 年。

朱东润:《诗大小雅说臆》,收《诗三百篇探故》,上海:上海古籍出版社,
　　1981 年,第 47—71 页。

朱国藩:《毛公鼎真伪及相关问题研究》,博士论文,香港大学,1992 年。

朱家桢:《义利关系辨正》,《中国经济史》2(1987):111—124。

朱杰人、严佐之、刘永翔编:《朱子全书》,上海:上海古籍出版社;合肥:
　　安徽教育出版社,2002 年。

朱士端：《说文校定本》，北京：中华书局，1985 年；上海：上海古籍出版社，1995 年。

朱熹：《楚辞集注》，上海：上海古籍出版社，1979 年。

朱熹：《诗集传》，上海：上海古籍出版社，1980 年。

朱熹：《四书章句集注》，北京：中华书局，1983 年。

祝秀权：《西周〈大武〉乐章演变新考》，《河北学刊》5(2011)：81—84。

朱渊清：《六诗考》，《南京晓庄师院学报》1(2001)：42—47。

朱渊清、廖名春编：《上博馆藏战国楚竹书研究》，上海：上海书店，2002 年。

朱自清：《诗言志辨》，收《朱自清说诗》，上海：上海古籍出版社，1998 年，第 1—172 页。

诸祖耿：《战国策集注汇考》，南京：凤凰出版社，2008 年。

《竹书纪年》，《四部丛刊》本。

《缁衣》，收荆门市博物馆：《郭店楚墓竹简》，第 127—138 页。

《缁衣》，收马承源编：《上海博物馆藏战国楚竹书》，第 174—200 页。

《子父辛鼎》《木父壬鼎》，收罗振玉、王辰编：《殷文存·续殷文存》卷一，台北：台联国风出版社，1980 年，第 5 页。

宗白华：《中国美学史专题研究：〈诗经〉与中国古代诗说简论》，收《宗白华全集》第三卷，合肥：安徽教育出版社，1994 年第 480—500 页。

邹昌林：《中国礼文化》，北京：社会科学文献出版社，2000 年。

《尊德义》，收陈伟编：《楚地出土战国简册(十四种)》，第 211—219 页。

左丘明传、杜预注、孔颖达疏：《春秋左传正义》，收《十三经注疏整理本》，北京：北京大学出版社，2000 年。

［法］孟德斯鸠著、张雁深译：《论法的精神》，北京：商务印书馆，1961 年。

［美］安乐哲：《儒家角色伦理学：一套特色伦理学词汇》，［美］孟巍隆
　　译，济南：山东大学出版社，2017年。

［日］浅野裕一编：《古代思想史と郭店楚簡》，东京：汲古书店，2005年。

［日］遍照金刚著、王利器校注：《文镜秘府论校注》，北京：中国社会科
　　学出版社，1983年。

［日］林巳奈夫：《中国古代遗物上所表示的气之图像性表现》，杨美莉
　　译，《故宫学术季刊》9.2(1991)：31—73。

［日］林巳奈夫：《中国古玉の研究》，东京：吉川弘文馆，1991年。

［日］林巳奈夫：《中国殷周时代の武器》，东京：吉川弘文馆，1995年。

［日］池田知久编：《郭店楚简儒教研究》，东京：汲古书院，2003年。

［日］赤塚忠：《中国古代の宗教と文化：殷王朝の祭祀》，东京：角川书
　　店，1977年。

［日］赤冢忠：《诗经研究》，东京：研文社，1986年。

［日］武者章：《西周册命金文分类の试み》，收［日］松丸道雄编：《西周
　　青铜器とその国家》，第49—132页。

［日］松丸道雄编：《西周青铜器とその国家》，东京：东京大学出版会，
　　1980年。

［日］松本雅明：《诗经诸篇の成立に关する研究》，东京：东洋文库，
　　1958年。

［日］宫崎市定：《中国古代における天と命と天命思想》，《史林》46.1
　　(1963)：81—104。

［日］森三树三郎：《上古より汉代に至る性命观の展开：人生论と运
　　命観の歴史》，东京：創文社，1971年。

［日］佐藤将之：《战国时代"诚"概念的形成与意义：以〈孟子〉〈庄子〉
　　〈吕氏春秋〉为中心》，《清华学报》35.2(2005)：215—244。

〔日〕佐藤将之:《参于天地之治：荀子礼治政治思想的起源与构造》，台北：台大出版中心，2016 年。

〔日〕泽田多喜男:《先秦思想史研究一斑：孟子仁义说成立考》，《东洋文化研究所纪要》92(1982)：93—128。

〔日〕岛邦男:《论卜辞中先王的称谓》，《甲骨学》(东京)1.1(1951)：15—20。

〔日〕白川静:《白川静著作集》，东京：平凡社，2000 年。

〔日〕白川静:《中国古代の民俗》，收《白川静著作集》第一卷，东京：平凡社，2000 年。

〔日〕铃木虎雄著、殷石臞译:《赋史大要》，台北：正中书局，1976 年。

〔瑞典〕高本汉著、张洪年译:《中国音韵学大纲》，台北：台湾编译馆，1972 年。

〔英〕弗雷泽著、徐育新等译:《金枝》，北京：大众文艺出版社，1998 年。

二、西文文献

Allan, Sarah. *The Heir and the Sage: Dynastic Legend in Early China*. San Francisco: Chinese Materials Center, 1981.

Allan, Sarah. "On the Identity of Shang Di 上帝 and the Origin of the Concept of a Celestial Mandate (*tian ming 天命*)." *Early China* 31 (2007): 1 – 46.

Allinson, Robert E. "Confucian Golden Rule: A Negative Formulation." *Journal of Chinese Philosophy* 12 (3) (1985): 305 – 315.

Allinson, Robert E. "The Golden Rule as the Core Value in Confucianism & Christianity: Ethical Similarities and Differences." *Asian Philosophy* 2.2

引用文献 / 285

(1992): 173-185.

Ames, Roger T. "Reflections on the Confucian Self: A Response to Fingarette." In Bockover, Mary, ed., *Rules, Rituals, and Responsibility: Essays Dedicated to Herbert Fingarette*, pp. 103-114.

Ames, Roger T. *Sun-tzu: The Art of Warfare*. New York: Ballantine Books, 1993.

Ames, Roger T. *Confucian Role Ethics: A Vocabulary*. Honolulu: University of Hawaii Press, 2011.

Baxter, William H. *A Handbook of Old Chinese Phonology*. Berlin: Mouton de Gruyter, 1992.

Baxter, William H., and Laurent Sagart. *Old Chinese: A New Reconstruction*. New York: Oxford University Press, 2014.

Baxter, William H. and Sagart, Laurent. *Baxter — Sagart Old Chinese Reconstruction*, version 1. 1, 20 September 2014, http://ocbaxtersagart.lsait.lsa.umich.edu/ BaxterSagart OCbyMandarinMC 2014-09-20.pdf

Birch, Cyric, ed. *Studies in Chinese Literary Genres*. Los Angeles: University of California Press, 1974.

Black, Alison H. "*Gender and Cosmology in Chinese Correlative Thinking*." In *Gender and Religion: On the Complexity of Symbols*, pp. 166-195.

Bockover, Mary, ed. *Rules, Rituals, and Responsibility: Essays Dedicated to Herbert Fingarette*. Chicago: Open Court, 1991.

Bockover, Mary. "The Concept of Emotion Revisited: A Critical Synthesis of Western and Confucian Thought." In Marks and

Ames, eds., *Emotions in Asian Thought*, pp. 161 – 180.

Bodde, Derk. "Dominant Ideas." In *China*, p. 22.

Bodde, Derk. "Harmony and Conflict in Chinese Philosophy." In A. F. Write ed., *Studies in Chinese Thought*, AAN 55. 5 (1953): 19.

Boltz, William G. "Review of Richett, Guanzi." *Journal of American Oriental Society* 106 (1986): 844.

Boltz, William G. *The Origin and Early Development of the Chinese Writing System*. New Haven: American Oriental Society, 1994.

Boltz, William G. "*Liijih* 'Tzy i' and the Guodiann Manuscript Matches." In Emmerich *et al.*, eds., *Und folge nun dem, was mein Herz begehrt*, pp. 209 – 221.

Boodberg, Peter. "The Semasiology of Some Primary Confucian Concepts." *Philosophy East and West* 2.4 (1953), 317 – 332.

Brindley, Erica F. *Individualism in Early China: Human Agency and the Self in Thought and Politics*, Honolulu: University of Hawaii Press, 2010.

Brindley, Erica. "Music, cosmos, and the development of psychology in early China. " *T'oung Pao* 92.1 (2006): 1 – 49.

Brooks, E. Bruce and Brooks, A. Taeko. *The Original Analects*. New York: Columbia University Press, 1998.

Brown, Miranda D. "Who Was He? Reflections on China's First Medical Naturalist." *Medical History* 56.3 (2012): 366 – 389.

Bynum, Caroline W., Stevan Harrell, and P. Richman, eds. *Gender and Religion: On the Complexity of Symbols*. Boston: Beacon

Press, 1989.

Cerquiglini, Bernard. *In Praise of the Variant: A Critical History of Philology*, trans. Betsy Wing. Baltimore: Johns Hopkins University Press, 1999.

Chan, Wing-tsit. "The Evolution of the Confucian Concept of Ren." *Philosophy East & West* 4 (1955): 295–320.

Chan, Wing-tsit. *A Source Book in Chinese Philosophy*. Princeton, NJ: Princeton University Press, 1963.

Chang, Kuang-chih. *Early Chinese Civilization*. Cambridge, MA: Harvard University Press, 1976.

Chang, Kuang-chih. *Art, Myth, and Ritual: The Path to Political Authority in Ancient China*. Cambridge, MA: Harvard University Press, 1983.

Chang, Kuang-chih. *Shang Civilization*. New Haven: Yale University Press, 1980.

Chang, Kwang-chih. "Introduction." *Art, myth, and ritual: The Path to Political Authority in Ancient China*, pp. 1–8.

Chang, Kwang-chih. *Art, Myth and Ritual*, Cambridge, MA: Harvard University Press, 1983.

Chen, Ning. "Confucius' View of Fate (*Ming*)." *Journal of Chinese Philosophy* 24.3 (1997): 323–359.

Chen, Ning. "The Concept of Fate in *Mencius*." *Philosophy East and West* 47.4 (1997): 495–520.

Chen, Shih-hsiang. "The Shih-ching: Its Generic Significance in Chinese Literary History and Poetics." In Birch, ed., *Studies in Chinese*

Literary Genres, p.7 - 33.

Cheng, Chung-ying. "A Theory of Confucian Selfhood: Self-Cultivation and Free Will in Confucian Philosophy." In Shun and Wong, eds., *Confucian Ethics*, pp. 124 - 147.

Chou, Ying-hsiung. "The Linguistic and Mythical Structure of Hsing as a Combinational Model." In John J. Deeney, ed., *Chinese-Western Comparative Literature Theory and Strategy*. Hong Kong: The Chinese University Press, 1980, pp. 76 - 77.

Chun, Allen J. "Conceptions of Kinship and Kingship in Classical Chou China." *T'oung Pao* 76 (1990): 38 - 47.

Cohen, Alvin, ed. *Selected Works of Peter Boodberg*. Berkeley, University of California Press, 1979.

Collins, Randall. *Interaction Ritual Chains*. Princeton, NJ: Princeton University Press, 2004.

Cook, Scott. *The Bamboo Texts of Guodian: A Study and Complete Translation*. 2 vols. Ithaca, NY: Cornell University Press, 2012.

Creel, H. G. *Confucius and he Chinese Way*. New York: Harper & Row, 1960.

Csikszentmihalyi, Mark. "Ethics and Self — Cultivation Practice in Early China." In Lagerwey and Kalinowski, eds, *Early Chinese Religion*, pp. 519 - 542.

Dai, Wei-qun. "Xing Again: A Formal Re-investigation." *Chinese Literature: Essays, Articles, Reviews* 13 (1991): 6 - 12.

Damasio, Antonio R. *Descartes' Error: Emotion, Reason, and the Human Brain*. New York: G. P. Putnam, 1994.

Damasio, Antonio R. "Fundamental Feelings." *Nature* 413 (2001): 781.

Durkheim, Emile., and Marcel Mauss. "De quelques formes primitives de classification: contibution à l'étude des representations collectives." *L'Année sociologique* 6 (1901 – 1902): 1 – 72.

Eberhard, Wolfram. "Beiträgezur kosmologischen spekulation Chinas in der Han Zeit." *Baessler Archiv* 16.1 (1933).

Eifring, Halvor, ed. *Love and Emotions in Traditional Chinese Literature*, Leiden: Brill, 2004.

Eifring, Halvor. "Introduction: Emotions and the Conceptual History of *Qing*." In Eifring, ed., *Love and Emotions in Traditional Chinese Literature*, pp. 12 – 22.

Ekström, Martin S. "On the *Concept* of Correlative Cosmology." *Bulletin of the Museum of Far Eastern Antiquities* 72 (2000): 7 – 12.

Emmerich, Reinhard *et al.*, eds. *Und folge nun dem, was mein Herz begehrt: Festschrift für Ulrich Unger zum 70. Geburtstag.* Hamburger: Hamburger Sinologische Schriften, 2002.

Eno, Robert. *The Confucian Creation of Heaven Philosophy and the Defense of Ritual Mastery.* Albany: State University of New York Press 1990.

Fairbank, John K, ed. *Chinese Thought and Institutions.* Chicago: University of Chicago Press, 1957.

Falkenhausen, Lothar von. " Archaeological Perspectives on the Philosophicization of Royal Zhou Ritual." In Huhn and Stahl, eds., *Perceptions of Antiquity in Chinese Civilization*, pp. 135 – 175.

Falkenhausen, Lothar von. *Chinese Society in the Age of Confucius*

(*1000 - 250 BC*): *The Archaeological Evidence*. Los Angeles: Cotsen Institute of Archaeology, UCLA, 2006.

Feyerabend, P. K. *Farewell to Reason*. New York: Verso Press, 1987.

Fingarette, Herbert. *Confucius: The Secular as Sacred*. Long Grove, IL.: Waveland Press, 1972.

Fingarette, Herbert. "Following the 'One Thread' of the *Analects*." *Journal of the American Academy of Religion: Thematic Issue* 47.3 (1979): 387 - 391.

Fingarette, Herbert. "The Problem of the Self in the *Analects*." *Philosophy East and West* 29.2 (1979): 129 - 140.

Fung, Yu-lan, *A Short History of Chinese Philosophy*, trans. Derk Bodde. New York: The Macmillan Co., 1953.

Gert, Bernard., and Joshua Gert. "The Definition of Morality." *The Stanford Encyclopedia of Philosophy* (Fall 2017 Edition), Edward N. Zalta (ed.), URL = ⟨https://plato.stanford.edu/archives/fall2017/entries/morality-definition/⟩.

Giles, Herbert A. *A History of Chinese Literature*. New York: Appleton-Century, 1928.

Glacken, Clarence J. *Traces on the Rhodian Shore: Nature and Culture in Western Thought from Ancient Times to the End of the Eighteenth Century*. Berkeley: University of California Press, 1967.

Goldin, Paul R. "Xunzi in the Light of the Guodian Manuscripts." *Early China* 25 (2000): 114 - 138.

Graham, Angus C. *Yin-Yang and the Nature of Correlative Thinking*. Singapore: Institute of East Asian Philosophies, 1986.

Graham, Angus C. *Studies in Chinese Philosophy and Philosophical Literature*. Singapore: Institute of East Asian Philosophies, 1986.

Graham, Angus C. *Disputers of the Tao: Philosophical Argument in Ancient China*. La Salle, IL: Open Court, 1989.

Granet, Marcel. *Festivals and Songs of Ancient China*. London: George Routledge & Sons, 1932.

Granet, Marcel. *La pensée chinoise*. Paris: Albin Michel, 1934.

Gu, Ming Dong. "Fu-bi-xing: A Metatheory of Poetry-Making." *Chinese Literature: Essays, Articles, Reviews* 19 (1997): 1 - 22.

Hall, David L., and Roger T Ames. *Anticipating China: Thinking through the Narratives of Chinese and Western Culture*. Albany: State University of New York Press, 1995.

Hansen, Chad. "Freedom and Moral Responsibility in Confucian Ethics." *Philosophy East and West* 22.2 (1972): 169 - 186.

Hansen, Chad. "Individualism in Chinese Thought." In Munro, ed., *Individualism and Holism*, pp. 35 - 56.

Hansen, Chad. "*Qing* (Emotions) 情 in Pre-Buddhist Chinese Thought." In Marks and Ames, eds., *Emotions in Asian Thought*, pp. 181 - 211.

Harbsmeier, Christoph. "The Semantics of Qing in Pre-Buddhist Chinese." In Eifring, ed., *Love and Emotions in Traditional*

Chinese Literature, pp. 69 – 148.

Harper, Donald. "Warring States Natural Philosophy and Occult Thought." In Loewe and Shaughnessy, eds., *The Cambridge History of Ancient China*, pp. 813 – 815.

Hegel, G. W. F. *The Philosophy of History*, trans. J. Sibree. New York: Dover, 1956.

Henderson, John B. *The Development and Decline of Chinese Cosmology*. New York: Columbia University Press, 1984.

Holzman, Donald. "Confucius and Ancient Chinese Literary Criticism." In Richett, ed, *Chinese Approaches to Literature from Confucius to Liang Ch'i-ch'ao*, pp. 35 – 37.

Hsu, Cho-yun. *Ancient China in Transition: An Analysis of Social Mobility, 722 – 222 B.C.* Stanford: Stanford University Press, 1965.

Huang, Kuan-yun. "A Research Note on the Textaul Formation of the 'Ziyi'." *Journal of the American Oriental Society* 132.1 (2012): 61 – 71.

Huang, Yong. "A Copper Rule versus the Golden Rule: A Daoist-Confucian Proposal for Global Ethics." *Philosophy East and West* 55.3 (2005): 394 – 425.

Huhn, Dieter, and Helga Stahl, eds. *Perceptions of Antiquity in Chinese Civilization*. Heidelberg: Forum, 2008.

Ivanhoe, Philip J. "Reweaving the 'One Thread' of the Analects." *Philosophy East and West* 40.1 (1990): 17 – 33.

Ivanhoe, Philip J. *Ethics in the Confucian Tradition: The Thought of*

Mengzi and Wang Yang-ming. Indianapolis: Hackett Publishing Co., 2002.

Jia, Jinhua. "An Interpretation of the Term Fu in Early Chinese Texts: From Poetic Form to Poetic Technique and Literary Genre." *Chinese Literature: Essays, Articles, Reviews* 26 (2004): 55 – 76.

Jia, Jinhua. "Modern Interpretations of Liushi: The 'Hermeneutic Circle' and Its Dissolution." *Monumenta Serica: Journal of Oriental Studies* 52 (2004): 363 – 380.

Jia, Jinhua. "From Human-Spirit Resonance to Correlative Modes: The Shaping of Chinese Correlative Thinking." *Philosophy East and West* 66.4 (2016): 449 – 474.

Jia, Jinhua, and Kwok Pang-fei. "From Clan Manners to Ethical Obligation and Righteousness: A New Interpretation of the Term *yi*." *Journal of the Royal Asiatic Society* 17.1 (2007): 1 – 10.

Jullien, François. *La valeur allusive. Des catégories originales de l'interprétation poétique dans la tradition chinoise (Contribution à une réflexion sur l'altèritè interculturelle)*, publications de l'Ecole Française d'Extrême-Orient, volume 144. Paris: Ecole Française d'Extrême-Orient, 1985, pp. 57 – 88.

Jullien, François. *Detour and Access: Strategies of Meaning in China and Greece*. New York: Zone Books, 2000.

Karlgren, Bernhard. *Glosses on the Book of Documents*. Rpt. Stockholm: Museum of Far Eastern Antiquities, 1970.

Karlgren, Bernhard. *Grammata Serica Recensa*. Stockholm: The

Museum of Far Eastern Antiquities, 1957; reprint, Kungsbacka: Elanders Boktryckeri Aktiebolag, 1972.

Keightley, David N. "Shang Divination and Metaphysics." *Philosophy East and West* 38.4 (1988): 367 - 397.

Keightley, David N. "Shamanism, Death, and the Ancestors: Religious Mediation in Neolithic and Shang China (ca. 5000 - 1000 B. C.)." *Asiatische Studien/Études asiatiques* 52. 3 (1998): 763 - 828.

Kern, Martin, ed. *Text and Ritual in Early China*. Seattle and London: University of Washington Press, 2005.

Kern, Martin. "The *Odes* in Excavated Manuscripts." In Kern, ed., *Text and Ritual in Early China*, pp.149 - 193.

Kim, Myeong-Seok. "An Inquiry into the Development of the Ethical theory of Emotions in the Analects and the Mencius." Dissertation, The University of Michigan, 2008.

King, Ambrose Y.C. "The Individual and Group in Confucianism." In Munro, ed., *Individualism and Holism*, pp. 57 - 70.

Kline, T. C., and Philip J. Ivanhoe, eds. *Virtue, nature, and moral agency in the Xunzi*. Hackett Publishing Co., 2000.

Knectges, David R. *Wen xuan, or Selections of Refined Literature*. 3 vols. Princeton: Princeton University Press, 1982 - 1996.

Küng, Hans. *A Global Ethic: The Declaration of the Parliament of the World's Religions*. New York: Continuum, 1993.

Lagerwey, John, and Marc Kalinowski, eds. *Early Chinese Religion, Part One: Shang through Han (1250 BC — 220 AD)*. Leiden:

Brill, 2009.

Lai, Guolong. *Excavating the Afterlife: The Archaeology of Early Chinese Religion.* Seattle and London: University of Washington Press, 2015.

Lang, Peter J. "The Emotion Probe: Studies of Motivation and Attention," *American Psychologist* 50.5 (1995): 372 – 385.

Le Blanc, Charles. *Huai-nan Tzu: Philosophical Synthesis in Early Han Thought: The Idea of Resonance (Kan-ying).* Hong Kong: Hong Kong University Press, 1985.

Legge, James. *The Sacred Books of China: The Yi Ching*, 1899; rpt. New York: Dover Publication, 1963.

Legge, James. *The Chinese Classics*, 1861; reprint. Taipei: SMC Publishing INC., 1994.

Lévi-Strauss, Claude. *The Savage Mind.* Chicago: University of Chicago Press, 1966.

Levy, Dore J. "Constructing Sequences: Another Look at the Principle of Fu 'Enumeration'." *Harvard Journal of Asiatic Studies* 46.2 (1986): 477 – 480.

Li, Feng. " 'Offices' in Bronze Inscriptions and Western Zhou Government Administration." *Early China* 26/27 (2001—2002): 1 - 72.

Li, Feng. *Bureaucracy and the State in Early China Governing the Western Zhou.* Cambridge: Cambridge University Press, 2008.

Liu, James J. Y. *Chinese Theories of Literature.* Chicago: University of Chicago Press, 1975.

Loewe, Michael, and Edward L. Shaughnessy, eds. *The Cambridge*

History of Ancient China: From the Origins of Civilization to 221 BC. Cambridge: Cambridge University Press, 1999.

Loewe, Michael., and Edward L. Shaughnessy. "Introduction." In Loewe and Shaughnessy, eds., *The Cambridge History of Ancient China*, pp. 13 – 14.

Luo, Xinhui. "Omens and Politics: The Zhou Concept of the Mandate of Heaven as Seen in the *Chengwu* 程寤 Manuscript." In Pines, Goldin, and Kern, eds., *Ideology of Power and Power of Ideology in Early China*, pp. 49 – 68.

Lupke, Christopher, ed. *The Magnitude of Ming: Command, Allotment, and Fate in Chinese Culture*. Honolulu: University of Hawaii Press, 2005.

Lynn, Richard J. *The Classic of Changes: A New Translation of the I Ching as Interpreted by Wang Bi*. New York: Columbia University Press, 1994.

Marks, Joel, and Roger T. Ames. *Emotions in Asian Thought: A Dialogue in Comparative Philosophy*. Albany, N. Y.: State University of New York Press, 1995.

McNair, H. F., ed. *China*. Berkeley: University of California Press, 1946.

Miao, Ronald C. "Review on *The Reading of Imagery in the Chinese Poetic Tradition*." *Harvard Journal of Asiatic Studies* 51. 2 (1991): 726 – 756.

Middendorf, Ulrike. "Again on *Qing*: with a translation of the Guodian *Xing zi ming chu*." *Oriens extremus = Zeitschrift f"ur*

Sprache, Kunst und Kultur der L"ander des Fernen Ostens 47 (2008): 97 – 159.

Munro, Donald J., ed. *Individualism and Holism: Studies in Confucian and Taoist Values*. Ann Arbor: Center for Chinese Studies, The University of Michigan, 1985.

Munro, Donald. *Images of Human Nature*. Princeton: Princeton University Press, 1988.

Needham, Joseph. *Science & Civilisation in China, Volume 2 History of Scientific Thought*. Cambridge: Cambridge University Press, 1956.

NG, On-cho. "Is Emotion (*qing*) the Source of A Confucian Antinomy?" *Journal of Chinese Philosophy* 25 (1998): 173 – 175.

Nivison, David S. "A New Interpretation of the 'Shao Gao.'" *Early China* 20 (1995): 177 – 193.

Nivision, David S. "Golden Rule Arguments in Chinese Moral Philosophy." In Norden, ed., *The Ways of Confucianism*, pp. 59 – 76.

Nivison, David. "Two Roots or One?" In Norden, ed., *The Ways of Confucianism*, p. 147.

Norden, Bryan Van, ed. *The Ways of Confucianism: Investigations in Chinese Philosophy*. Chicago: Open Court, 1996.

Norden, Bryan Van. "Mengzi and Xunzi: Two Views of Human Agency." In Kline and Ivanhoe, eds., *Virtue, Nature, and Agency in the Xunzi*, pp. 111 – 112.

Nussbaum, Martha. *Upheavals of Thought: The Intelligence of Emotions*. Cambridge: Cambridge University Press, 2001.

Owen, Stephen. *Readings in Chinese Literary Thought*. Cambridge: Council on East Asian Studies, Harvard University Press, 1992.

Pankenier, David W. "Astronomical Dates in Shang and Western Zhou." *Early China* 7 (1981 – 82): 2 – 37.

Pankenier, David W. "The *Bamboo Annals* Revisited: Problems of Method in Using the Chronicle as a Source for the Chronology of Early Zhou." *Bulletin of the School of Oriental and African Studies* 55.2 (1992): 272 – 97; 55.3 (1992): 498 – 510.

Perkins, Franklin. "Mencius, Emotion, and Autonomy." *Journal of Chinese Philosophy* 29.2 (2002): 207 – 226.

Peter, A. Boodberg. *Selected Works of Peter A. Boodberg*, ed. Alvin P. Cohen. Berkeley and Los Angeles: University of California Press, 1979.

Pines, Yuri. "Disputers of Abdication: Zhanguo Egalitarianism and the Sovereign's Power." *T'oung Pao* 91.4 – 5 (2005): 243 – 300.

Pines, Yuri, Paul Goldin, and Martin Kern, eds. *Ideology of Power and Power of Ideology in Early China*. Leiden: Brill, 2015.

Pollock, Sheldon, Benjamin A Elman, and Ku-ming Kevin Chang, eds. *World Philology*. Cambridge, MA: Harvard University Press, 2015.

Puett, Michael. "Following the Commands of Heaven: The Notion of *Ming* in Early China." In Lupke, ed., *The Magnitude of Ming*, pp. 49 – 69.

Puett, Michael. "The Ethics of Responding Properly." In Eifring, ed.,
Love and Emotions, pp. 37 - 68.

Raphals, Lisa. "Languages of Fate: Semantic Fields in Chinese and
Greek." In Lupke, ed., The Magnitude of Ming, pp. 70 - 106.

Raphals, Lisa. Sharing the Light: Representations of Women and
Virtue in Early China. Albany: State University of New York
Press, 1998.

Richett, Adele Austin, ed. Chinese Approaches to Literature from
Confucius to Liang Ch'i-ch'ao. Princeton: Princeton University
Press, 1978.

Roetz, Heiner. Confucian Ethics of the Axial Age: A Reconstruction
under the Aspect of the Breakthrough toward Postconventional
Thinking. Albany: State University of New York Press, 1993.

Rosemont, Jr. Henry. "Whose Democracy? Which Rights? A
Confucian Critique of Modern Western Liberalism." In Shun and
Wong, eds., Confucian Ethics, pp. 49 - 71.

Rosemont, Jr. Henry. Against Individualism: A Confucian Rethinking of
the Foundations of Morality, Politics, Family, and Religion. New
York: Lexington Books, 2015.

Rosenlee, Li-Hsiang Lisa. Confucianism and Women: A
Philosophical Interpretation. Albany, NY: State University of
New York, 2006.

Rost, H.T.D. The Golden Rule: A Universal Ethic. Oxford: George
Ronald, 1986.

Sato, Masayuki. The Confucian Quest for Order: The Origin and

Formation of the Political Thought of Xun Zi. Leiden:
Brill, 2003.

Saussy, Haun. *The Problem of A Chinese Aesthetic*. Stanford:
Stanford University Press, 1993.

Saussy, Haun. "Correlative Cosmology and Its Histories." *Bulletin of
the Museum of Far Eastern Antiquities* 72 (2000): 13 – 28.

Schaberg, David. "Command and the Content of Tradition." In Lupke,
ed., *The Magnitude of* Ming, pp. 23 – 48.

Scherer, Klaus R. "What Are Emotions? And How Can They Be
Measured?" *Social Science Information* 44 (2005): 693 – 727.

Schwartz, Benjamin I. "Transcendence in Ancient China." *Daedalus*
104.2 (1975): 57 – 68

Schwartz, Benjamin I. *The World of Thought in Ancient China*.
Cambridge, Mass: Harvard University Press, 1985.

Sharf, Robert H. *Coming to Terms with Chinese Buddhism: A
Reading of the Treasure Store Treatise*. Honolulu: University of
Hawaii Press, 2002.

Shaughnessy, Edward L. *I Ching: The Classic of Changes*. New
York: Ballantine Books, 1996.

Shaughnessy, Edward L. *Before Confucius: Studies in the Creation of
the Chinese Classics*. Albany: State University of New York,
1997.

Shaughnessy, Edward L. "From Liturgy to Literature: The Ritual
Contexts of the Earliest Poems in the *Book of Poetry*." In *Before
Confucius*, pp. 174 – 187.

Shaughnessy, Edward L. "Western Zhou History." In Loewe and Shaughnessy, eds., *The Cambridge History of Ancient China*, pp. 292 – 351.

Shaughnessy, Edward L. *Rewriting Early Chinese Texts*. Albany, NY: State University of New York Press, 2006.

Shaughnessy, Edward L. "Of Trees, a Son, and Kingship: Recovering an Ancient Chinese Dream." *Journal of Asian Studies* 77. 3 (2018): 593 – 609.

Shen, Vincent., ed. *Dao Companion to Classical Confucian Philosophy*. Dordrecht: Springer, 2014.

Shun, Kwong-loi. "Conception of the Person in Early Confucian Thought." In *Confucian Ethics*, ed. Shun and Wong, pp. 183 – 202.

Shun, Kwong-loi. *Mencius and Early Chinese Thought*. Stanford: Stanford University Press, 1997.

Shun, Kwong-loi, and David B. Wong, eds. *Confucian Ethics: A Comparative Study of Self, Autonomy, and Community*. Cambridge: Cambridge University Press, 2004.

Sigurðsson, Geir. *Confucian Propriety and Ritual Learning: A Philosophical Interpretation*. Albany, NY: State University of New York Press, 2015.

Slingerland, Ted. "The Conception of *Ming* in Early Confucian Thought." *Philosophy East and West* 46.4 (1996): 567 – 581.

Smith, Kidder Jr. "Mencius: Action Sublating Fate." *Journal of Chinese Philosophy* 33.4 (2006): 571 – 580.

Smith, Richard J. *Fathoming the Cosmos and Ordering the World:*

The Yijing (*I-Ching*) *or Classic of Changes and Its Evolution in China*. Charlottesville: University of Virginia Press, 2008.

Solomon, Robert C. *The Passions: Emotions and the Meaning of Life*. Garden City, NY: Anchor Press, 1976.

Solomon, Robert C. *Thinking about Feeling: Contemporary Philosophers on Emotions*. Oxford: Oxford University Press, 2004.

Szondi, Peter. *On Textual Understanding and Other Essays*, trans. Harvey Mendelsohn. Minneapolis: University of Minnesota Press, 1986.

Turner, James. *Philology: The Forgotten Origins of Modern Humanities*. Princeton: Princeton University Press, 2014.

Unschuld, Paul U. *Huang Di nei jing su wen: Nature, Knowledge, Imagery in an Ancient Chinese Medical Text*. Berkeley: University of California Press, 2003.

Van Norden, Bryan. "Unweaving the 'One Thread' of *Analects* 4: 15." In Van Norden, ed., *Confucius and the Analects*. Oxford: Oxford University Press, 2002, pp. 216–236.

Virág, Curie. "Early Confucian Perspectives on Emotions." In Shen, ed., *Dao Companion to Classical Confucian Philosophy*, pp. 203–226.

Wang, C. H. *The Bell and the Drum: Shih Ching as Formulaic Poetry in an Oral Tradition*. Berkeley and Los Angeles: University of California Press, 1974.

Wang, Nian En. "Fu, Bi, Xing: The Stratification of Meaning in Chinese Theories of Interpretation." *The Journal of the Oriental Society of Australia* 24 (1992): 111–123.

Wang, Qingjie James. "The Golden Rule and Interpersonal Care: From a Confucian Perspective." *Philosophy East and West* 49.4 (Oct. 1999): 415–438.

Wattes, Jeffrey. *The Golden Rule*. New York: Oxford University Press, 1996.

Weber, Max. *The Religion of China: Confucianism and Taoism*, trans. and ed. Hans H. Gerth. New York: Free Press, 1951.

Weiss, Paul. "Morality and Ethics." *The Journal of Philosophy* 39.14 (1942): 381–385.

Wilhelm, Hellmut. *Chinas Geschichte: Zehn einführende Vorträge*. Peking: Vetch, 1944.

Wilhelm, Hellmut. *Heaven, Earth, and Man in the Book of Changes*. Seattle: University of Washington Press, 1977.

Wilhelm, Richard. *The I Ching or Book of Changes*, trans. Carry F. Baynes. 1950; rpt. Princeton: Princeton University Press, 1981.

Williams, S. Wells. *The Middle Kingdom*. New York: Scribners, 1895.

Wong, David. "Is There a Distinction between Reason and Emotion in Mencius?" *Philosophy East and West* 41.1 (1991): 31–44.

Xing, Wen. "New Light on the *Li ji* 礼记: The *Li ji* and the Related Warring States Period Guodian Bamboo Manuscripts." *Early China* 37 (2014): 519–550.

Yang, Lien-sheng. "The Concept of Pao as a Basis for Social Relations in China." In Fairbank, ed., *Chinese Thought and Institutions*, pp. 291 - 309.

Yang, Xiaoneng. *Reflections of Early China: Decor, Pictographs, and Pictorial Inscriptions.* Seattle: Nelson-Atkins Museum of Art and University of Washington Press, 1999.

Yao, Xinzhong, and Wei-ming Tu, eds. *Confucian Studies.* 4 vols. London: Routledge, 2010.

Yeh, Michelle. "Metaphor and Bi: Western and Chinese Poetics." *Comparative Literature* 39 (1987): 252.

Yu, Pauline. "Metaphor and Chinese Poetry." *Chinese Literature: Essays, Articles, Reviews* 3 (1981): 216.

Yu, Pauline. *The Reading of Imagery in the Chinese Poetic Tradition.* Princeton, NJ: Princeton University Press, 1987.

Ziolkowski, Jan M. ed., *On Philology.* University Park: Pennsylvania State University Press, 1990.

人名索引

杨向奎　5,123,130,197

杨载　157

杨泽生　89

姚小鸥　11,195,197,198

姚孝遂　22,24,176,177,193,213

叶嘉莹　162

叶舒宪　8

叶燮　219

殷石臞　205

于成龙　84

于省吾　22,119,127,176,193,213

余英时　5,133

余治平　75,124

虞万里　10

袁俊杰　10

袁康　87

袁珂　235,236

袁燮　129

泽田多喜男　44,239

曾春海　247

曾宪通　89

曾振宇　117

曾子　4,67,69－71,179,216

张秉权　23,82,83,232

张秉权　23,82,83,232

张长寿　192

张岱年　52,94,97,108

张光裕　49

张惠仁　141

张立文　142

张奇伟　41

张善文　141

张世超　24

张淑卿　202,203

张西堂　197

张亚初　9

张岩　239

张雁深　148

张映文　213

张载　243

张振林　210

张政烺　211

章必功　158,159

章炳麟　157,174,182

昭公　4,30,51,106,150,192,196,248

赵敦华　66

赵明　216

赵沛霖　165

赵岐　41

郑杰文　280

郑玄　25,27,29,34,75,86,87,93,141,145,156,170,171,173－180,184－188,201,202,205,212,214

郑张尚芳　81,104,142,209,231

郑振铎　165

钟志翔　80

周策纵　142,158

周刚　159

周海春　32

周书灿　48,49

朱东润　160

朱国藩　192

朱家桢　52

朱杰人　51

朱士端　209

名词索引

后　记

　　记得四十年前在厦门大学读硕士的第一堂课，周祖譔师就突出强调文史哲不分家的中国学术传统，并要求我们到历史系和哲学系修读课程。中文系的课，周师指定我们修读黄典诚教授的训诂学课（我自己另外旁听了音韵学）。周师亲自为我们讲授的课，大多是阅读和讨论新旧《唐书》、《资治通鉴》等史书，以及唐人别集、总集等，主要也是史学、文献学和考据学的训练。周师是唐代文学的著名专家，研究生就读于老清华大学，师从浦江清先生，最推尊陈寅恪先生的学问，故格外强调学术传统的传承。

　　在我读硕士和刚毕业任教的 20 世纪七八十年代，文化热和思想启蒙热方兴未艾，优秀的文化史、思想史和宗教史著作纷纷涌现。因此在此段时间内，我如饥似渴地阅读的大量著作，大多都超出文学的范围，由此而进一步打通人文各学科的界限。硕士毕业后，我在厦门大学教书十多年，除必修课按规定必须讲文学史和文学作品，选修课都是自行设计和讲授佛教与文学、道教与文学一类跨学科课程，很受学生欢迎，同时也不断开拓我的知识范围。这些课程的开设和拓展，深受研究中国宗教与文学关系的著名专家陈允吉师和孙昌武师的熏陶教导。

20 世纪 90 年代我去美国读比较文学博士,开始学习后才知道核心课程都是哲学类。这些课程虽然题为 19 世纪以前批评理论、20 世纪批评理论等,但所谓批评理论实际上就是哲学理论,从柏拉图、亚里士多德到康德、黑格尔;从索绪尔、弗洛伊德到福柯、德里达,每星期要求读一部原著和交一篇读书报告。我一到校,老生们就警告我,修读这些必修课是要脱一层皮的,一定要等身体状况最好、时间最充裕时才选修。此外,东亚语文系这边的教授们也不限于文学的范围。柯睿(Paul W. Kroll)师是研究中国宗教与文学关系的著名专家,上课时总是大力提倡跨学科研究,批评现代界限严明的人文各学科阻挠了学术发展。我上柯师的课总是深受启发,时时都在拓展新的视野,并受到国际学术规范的严格训练。卡斯(Victoria B. Cass)师擅长于比较研究,所授中英小说比较等课并不限于文学比较,而是在社会、历史、思想、性别意识、文化等多方面展开比较,也同样使我不断补充新的知识。博士资格考试,按要求必须考三个不同的领域和时期,我选做的是先秦哲学、魏晋南北朝历史和唐代文学。本书的第一、十一两章初稿就分别是博士资格考试的论文和提交柯师所授课的学期论文。

在美国读书时的另一件幸运之事,是著名思想家李泽厚教授和刘再复教授也碰巧从那时开始定居我读书的科罗拉多大学所在城市博尔德(Boulder, Colorado),由此而增加两位可以时常请教的老师,受惠之深,难以尽言。莱斯大学(Rice University)著名易学专家司马富(Richard J. Smith)教授的学问人品多年来亦对我有深厚的启示和帮助。而近年来我有幸参与世界儒学文化研究联合会(World Consortium for Research on Confucian Cultures)的活动和组织工作,与著名儒学专家安乐哲(Roger T. Ames)教授及众多儒学学者有较多请教的机会,也进一步深化了我对于儒学的理解。

　　我在准备博士资格考试的先秦哲学部分时,已经注意到有关礼乐文化与古典儒学的源流关系的研究,还有很大的开拓空间,可以成为很好的研究课题。然而,由于我当时对禅宗兴趣浓厚,最终还是将博士论文的题目定为《洪州禅与唐代文人》。其后修订博士论文时,由于洪州禅研究在文献和义理两方面都尚不充足,我就集中于这一课题,出版了《洪州禅研究》(*The Hongzhou School of Chan Buddhism in Eighth-through Tenth-Century China*)一书,后来又扩展为《古典禅研究》一书。我在《唐代集会总集和诗人群研究》一书中,也注意分析诗人诗作所蕴含的儒、道、释等思想观念。另外出于一些客观的原因,我还用了许多时间做道教和女性性别研究,出版了编著(合编)《性别化中国宗教》(*Gendering Chinese Religion:Subject,Identity,and Body*)和专著《性别、权力和才华:唐代女道士的生命历程》(*Gender,Power,and Talent:Daoist Priestesses in Tang China*)。

　　但是,博士毕业以来的 20 年中,我并没有放弃读博时所思考的课题,断断续续地在撰写和发表有关礼乐文化与古典儒学关系的论文。特别是在澳门大学执教的几年中,我主要讲授的是《论语》、《孟子》、中国哲学、亚洲哲学、哲学宗教学研究方法和专题等课程,教学相长,通过和学生一起细读和讨论经典文本,从中获得许多灵感。由于我不善言谈,讲义往往写得比实际讲的还多,有时相当于一篇论文。本书的第二、三、六等章的初稿就是当时备课的讲义,其他不少章节的主要论点也萌发于教学过程中。由此集腋成裘,积累了大致围绕同一课题的十多篇论文。李泽厚师多年前就一再催促我将这些论文编辑成书出版。今年上半年承著名哲学专家王庆节教授和黄勇教授厚意约稿,特别是黄勇教授热心地鼓励催促,使得我终于下决心抽出时间,完成修订旧文、编排成书的工作。从撰写各章论文到修改编排成书,黄晨曦博士和潘碧薇硕士先后帮助做了不少搜集资料、整理文章格式和编辑参考书目等工作。责任编辑刘旭博士不但热情鼓励、精心编辑、订正错讹，而且不厌其烦地接受我的反复修订补充。

值此交上功课之际，谨向以上所提及的和未提及的所有教导过、帮助过我的师友致以诚挚的谢意，同时也期待着读者的批评指正。

贾晋华

2019 年 11 月草于香江聚石斋